Jacob Burckhardt

Historische Fragmente

"文化：中国与世界"编委会
（1986）

主编
甘阳

副主编
苏国勋　刘小枫

编委

于晓　王庆节　王炜　王焱　方鸣
刘东　孙依依　纪宏　杜小真　李银河
何光沪　余量　陈平原　陈来　陈维纲
陈嘉映　林岗　周国平　赵一凡　赵越胜
钱理群　徐友渔　郭宏安　黄子平　曹天予
阎步克　梁治平

丁耘　先刚　李猛　吴飞　吴增定
赵晓力　唐文明　渠敬东　韩潮　舒炜

（按姓氏笔画排序）

现代西方学术文库

历史讲稿

〔瑞士〕雅各布·布克哈特 著

刘 研 译

生活·讀書·新知 三联书店

Simplified Chinese Copyright © 2024 by SDX Joint Publishing Company.
All Rights Reserved.
本作品简体中文版权由生活·读书·新知三联书店所有。
未经许可，不得翻印。

图书在版编目（CIP）数据

历史讲稿：第三版/（瑞士）雅各布·布克哈特著；
刘研译. —北京：生活·读书·新知三联书店，2024.11
　ISBN 978-7-108-07605-2

　Ⅰ.①历… Ⅱ.①雅…②刘… Ⅲ.①欧洲—历史—
研究 Ⅳ.①K500.7

中国国家版本馆 CIP 数据核字 (2023) 第 039288 号

责任编辑	王晨晨
装帧设计	薛　宇
责任校对	张　睿
责任印制	李思佳
出版发行	生活·讀書·新知 三联书店
	（北京市东城区美术馆东街22号 100010）
网　　址	www.sdxjpc.com
经　　销	新华书店
印　　刷	河北鹏润印刷有限公司
版　　次	2024年11月北京第1版
	2024年11月北京第1次印刷
开　　本	880毫米×1230毫米　1/32　印张10.5
字　　数	253千字
印　　数	0,001－5,000册
定　　价	68.00元

（印装查询：01064002715；邮购查询：01084010542）

现代西方学术文库
总 序

近代中国人之移译西学典籍，如果自1862年京师同文馆设立算起，已逾一百二十余年。其间规模较大者，解放前有商务印书馆、国立编译馆及中华教育文化基金会等的工作，解放后则先有50年代中拟定的编译出版世界名著十二年规划，至"文革"后而有商务印书馆的"汉译世界学术名著丛书"。所有这些，对于造就中国的现代学术人才、促进中国学术文化乃至中国社会历史的进步，都起了难以估量的作用。

"文化：中国与世界系列丛书"编委会在生活·读书·新知三联书店的支持下，创办"现代西方学术文库"，意在继承前人的工作，扩大文化的积累，使我国学术译著更具规模、更见系统。文库所选，以今已公认的现代名著及影响较广的当世重要著作为主，旨在拓展中国学术思想的资源。

梁启超曾言："今日之中国欲自强，第一策，当以译书为第一事。"此语今日或仍未过时。但我们深信，随着中国学人对世界学术文化进展的了解日益深入，当代中国学术文化的创造性大发展当不会为期太远了。是所望焉。谨序。

"文化：中国与世界"编委会
1986年6月于北京

"现代西方学术文库"自1987年出版第一部译著《悲剧的诞生》，迄今已近40年。这套译丛启迪了几代国人对学术的追求和对精神的探索，已经成为当代中国思想和文化发展的一个路标。其后，三联书店在这套文库编选思路的基础上陆续推出了"学术前沿""法兰西思想文化""社会与思想""西学源流"等西学译丛，为中国全面探究西方思想的时代前沿和历史源流提供了一大批极具影响力的作品。

在新世纪走向纵深、世界图景纷纭繁杂、中西思想交流日渐深化的此刻，我们重整和拓展"现代西方学术文库"，梳理自19世纪中叶以降，为应对现代世界的诸多问题，西方知识界持续做出的思想反省和理论推进，以供当代中国所需。我们将整合三联书店的西学译丛，修订或重译已有译本，并继续遴选优质作品，进一步丰富和扩充译丛书目。

感谢"文化：中国与世界"编委会和丛书主编甘阳在历史时刻做出的杰出工作，感谢译者们的辛勤付出！三联书店将一如既往，与学界同仁一起，继续为中国的学术思想发展贡献自己的绵薄之力。

生活·读书·新知三联书店

2024年6月

目 录

中译者说明 · i

英译本序言 · iii

英译者前言 · ix

第1章　古　代 ························ 1

1. 古代史及其范围　2. 研究古代史在精神上不可或缺　3. 文明与野蛮的界限　4. 为什么今天"有教养的人"不再能够理解古代　5. 埃及的历史意义　6. 最早创建城邦的腓尼基人　7. 迦太基　8. 雅典　9. 罗马及其在世界历史中的使命　10. 罗马帝国的头两个世纪

第2章　中世纪 ····················· 29

11. 中世纪　12. 早期基督教　13. 作为一种殉教者宗教的基督教　14. 禁欲苦修及其立场　15. 尼西亚基督教的传播　16. 教会　17. 朱利安皇帝和复辟异教的企图　18. 西欧阿里乌斯派及犹太人　19. 西罗马帝国的崩溃　20. 克洛维一世之功业　21. 创立宗教的穆罕默德及伊斯兰教　22. 伊斯兰教的专制　23. 伊斯兰教及其影响　24. 8世纪教皇造成的两大局面　25. 查理曼　26. 诺曼人　27. 拜占庭帝国及其使命　28. 毁坏圣像之争

29. 十字军　30. 十字军的痛苦与牺牲　31. 对中世纪晚期的评价

第3章　1450—1598年的历史 ·········· 71

32. 1450—1598年，以及19世纪对这段历史的看法　33. 中世纪晚期的英格兰　34. 理查德三世　35. 玫瑰战争以及苏格兰　36. 勃艮第　37. 勃艮第的大胆查理　38. 法国和统一观念　39. 路易十一　40. 弗里德里西三世治下的德意志帝国　41. 奥斯曼人　42. 佛罗伦萨共和国　43. 1494年的战争　44. 教皇的权力　45. 意大利和欧洲其他地区　46. 西班牙和葡萄牙　47. 宗教改革的开端：总论　48. 路德　49. 德意志宗教改革：它的原因和精神后果　50. 宗教改革：新教与传统——新教义的不宽容　51. 宗教改革：所谓精神自由的树立　52. 宗教改革：大众，他们的动机和后果——路德　53. 宗教改革：政权—教产抄没与教义—教会和国家　54. 地方教会的起源　55. 1526年之后的宗教改革：势不可当的恺撒教皇主义　56. 宗教改革的到来：宗教改革和艺术的命运　57. 天主教会的状况：宗教改革的直接影响　58. 茨温利的后期　59. 查理五世和弗朗索瓦一世　60. 查理五世　61. 亨利八世　62. 古斯塔夫·瓦萨　63. 选民的社团（Community）　64. 加尔文　65. 法国的新教　66. 1555年左右的德意志文化　67. 卡蒙斯的《卢济塔尼亚人》　68. 反宗教改革　69. 圣伊格纳修·罗耀拉　70. 耶稣会　71. 耶稣会与教皇　72. 第三次特伦特宗教会议（1562—1563）　73. 反宗教改革的诸位教皇　74. 德意志反宗教改革　75. 1562年的法国　76. 圣巴托罗缪节之夜过后　77. 作为一种权宜之计的谋杀　78. 法国宫廷的特殊性格　79. 亨利四世的改宗　80. 荷兰　81. 玛丽·斯图亚特　82. 英格兰的伊丽莎白　83. 伊丽莎白时代

第4章　17和18世纪史　　　　　　　　　177

84. 17和18世纪史（1598—1763）之导论　85. 16和17世纪的性格　86. 亨利四世治下的胡格诺派　87. 高马勒斯派和阿米尼乌斯派　88. 三十年战争之前欧洲的列强和社会　89. 17世纪的意大利　90. 黎塞留　91. 三十年战争前德国的形势　92. 瑞典人在德国　93. 瓦伦斯坦的结局　94. 大选侯　95. 第一次革命之前的英格兰　96. 英格兰王室及其工作　97. 克伦威尔　98. 投石党和法国贵族　99. 投石党和巴黎高等法院　100. 马扎然　101. 1650年左右的生活风尚和艺术　102. 查理十世·古斯塔夫治下的瑞典　103. 无限王权的时代　104. 路易十四　105. 路易十四作为教会首脑　106. 法国的整齐划一精神和胡格诺派　107. 西班牙继承战争之前的路易十四　108. 第二次英国革命　109. 英格兰对军国主义的防范　110. 17世纪的各种特征　111. 俄国　112. 乔治一世之后的英格兰　113. 弗里德里西大王

第5章　革命时代　　　　　　　　　　　243

114. 革命时代历史之导论　115. 自上而下改革的时期　116. 北方的绝对主义　117. 北美革命战争　118. 英格兰　119. 诸小国　120. 耶稣会的瓦解　121. 1789年之前的思想环境　122. 18世纪德国和法国的思想发展　123. 卢梭和他的乌托邦　124. 大革命前法国的政治形势　125. 法国大革命的命运　126. 米拉波　127. 神职人员　128. 立法议会和俱乐部　129. 1792年8月10日　130. 九月屠杀　131. 国民公会瓦解前后　132. 路易十六的审判　133. 吉伦特派和雅各宾派　134. 毫无顾忌的党派无所不能　135. 一个政权如何变得极端强大　136. 社会主义？共产主义？　137. 革命的深层核心　138. 卢梭的音乐观和教堂

的毁坏 139.罗伯斯庇尔 140.热月九日（1794年7月27日）之前 141.革命派别的相互毁灭 142.果月十八日（1797年9月4日） 143.波拿巴和果月十八日 144.贵族们和君主们如何屈服 145.法国人对瑞士的入侵 146.老伯尔尼和它为什么被嫉恨 147.雾月十八日（1799年11月9日）和执政府 148.拿破仑 149.拿破仑一世及其远征俄国

索　引 ·················· 305

中译者说明

刘 研

本书是雅各布·布克哈特于1865—1885年间在巴塞尔大学教授历史课程时的讲稿,最初的德文本由埃米尔·迪尔(Emil Dürr)整理,以《历史段章》(*Historische Fragmente*)为题出版。中文翻译依据的是自由出版社(Liberty Fund)于1999年出版的、哈里·琼(Harry Zohn)的英译本《论历史与历史学家》(*Judgments on History and Historians*)。为标明此书的讲稿性质,中译本决定采用与德文本相近的书名——《历史讲稿》。

本书英译本注释极少,为方便中文读者,中译者补充了大量注释,除非特别标明,所有注释都由中译者负责。

《历史讲稿》中译本于2009年由生活·读书·新知三联书店首次出版。翻译工作是我在攻读博士学位期间进行的,这也是我首次翻译一整本书。我的导师刘北成教授做了校订,提升了译本质量,也提高了我的翻译水平。初版时,我自作主张把刘北成老师列为第一译者。借着再版的机会,我对此做了改正,以完成刘老师"实事求是"的嘱托。

再版前,我重读译稿,发现当年的译文比较拘谨冗赘,因此做了大量调整和删减,以增加译文的流畅性,希望能给读者朋友们带来更好的阅读体验。

英译本序言

读者可要小心。这是一部深刻的反主流文化之作,且明目张胆、惹是生非。它针对着我们时代贯穿整个政治领域的公理:平等主义的大众民主尽善尽美;不受约束的资本主义及其消费主义、物质主义风气优越无比;以及如慈父般照看所有人的福利国家好处多多。雅各布·布克哈特(1818—1897)还有力挑战了那个在他的时代已经广为传布,今天更为人们所固执的观念,即过去四百年来的历史,其实质是进步和启蒙的挺进。

在这本由他于1865—1885年间在巴塞尔大学为授课所作的笔记和手稿片段集合而成的书中,布克哈特与自伏尔泰[1]以来的众多历史学家和评论家相论战,因为他们都执意以18和19世纪兴起的理性主义和自由主义为标准评判过去。布克哈特固然在许多问题上不赞同他先前的导师,利奥波德·冯·兰克[2],但他与兰克一样认为,"上帝面前,一切世代皆平等"。某个时代可能在物质财富或知识和艺术造诣上低于别的时代,但并不因此就在其精神洞见的能力或尊严上低人一等。每个时代都有其自身的内在意义,都对人类累

---

[1] 伏尔泰(Voltaire,1694—1778),法国启蒙思想家和历史学家,他的《风俗论》和《路易十四时代》对于阅读布克哈特的这本讲稿极具参考价值。
[2] 利奥波德·冯·兰克(Leopold von Ranke,1795—1886),德国历史学家,现代客观主义历史学派之父。

积的知识和艺术财富有其贡献要做。历史学家的任务绝不是依据其对现代的贡献来评判一切,而要以欣赏的目光去打量过去的每个角落,去发现人类创造过程背后那令人惊叹与着实神秘之处。

由于采取这一立场,与同侪及许多后辈相对照,布克哈特脱颖而出。他所揭示的不亚于是一种历史编撰的心理学。历史学家应该观察、思索和体味人类经验壮观到不可思议的丰富性。他应处处找寻人类的伟大与创举,即使是在那些似乎与他疏异和远离的时代。他的精神应该是探寻、好奇和同情的。但凡他允许自己对过去做出道德评判,这些评判就不应基于当前时代的真理,而应基于更为普遍的价值。因此,我们能以其对无辜妇孺的丑恶屠杀来评判帖木儿[3],但以其权威主义来评判查理曼[4]就毫无道理。除此之外,历史学家还应处处搜寻那些超越政治和经济的、无价的人类精神成就——那些伟大的艺术作品和美文力作,那些勇敢、高贵和恢宏的业绩——它们令文明史增光,令后人鼓舞。

尽管严禁评判过去,布克哈特却毫不犹豫地评判当前,鉴于它所有的骄矜自负。像亚历克西·德·托克维尔[5]一样,他对平等主义大众民主的来临深感忧虑,他认为这将导致粗俗的不断加深,文化和政治的单一化和败坏,最终是煽动家的专制。大众民主文化带有的主要问题是它把平等奉为全部生活的主导原则。主张法律面前人人平等是一回事,这个观念布克哈特也没觉得有问题,但主张所有人都平等,更糟糕的是提出所有信念、观点、生活方式都价值相

---

[3] 帖木儿(Tamerlane, 1336—1405),土耳其化的蒙古人,中亚征服者。
[4] 查理曼(Charlemagne, 742—814),法兰克国王,欧洲征服者,800年接受教皇加冕,成为"统治罗马的皇帝"。
[5] 亚历克西·德·托克维尔(Alexis de Tocqueville, 1805—1859),法国政治家和历史学家,著有《论美国的民主》和《旧制度与大革命》等。

等,那就完全是另一回事了,布克哈特相信这个荒谬推论将导致文化的毁灭和野蛮的复归。

布克哈特同样严厉对待19和20世纪的另一偶像,即作为"进步"之实质的普遍的经济增长和发展。17世纪某个时候,许多人开始相信生活的主要目标是发财致富,活得尽可能舒服和在物质上安逸。这个信念,连带着资本主义的成长、工业化,以及为在经济上掠夺地球资源而不断增多的技术发明,已经造成了一种燥热贪婪,物质主义,在精神和美感上"龌龊"的文化。这头不知餍足的比希莫斯[6]给人性、文化和环境造成的损害令布克哈特震惊。在19世纪晚期,他很好奇,如果资本主义、工业化和科学的共同作用提前开始三四个世纪,地球会遭受什么,而今遗留下来的将是什么?他有此一问。

正当自由主义者们到处庆祝贵族制的衰落,且俾斯麦在帝国议会支持下忙于组建第一个福利国家之际,布克哈特注意到一个核心事实:自16世纪以来国家权力的无情增长。新的父权国家,尽管粉饰以仁慈,却有潜力去不受限制地行使权力,施行专制。随着大众民主、平等主义和工业化的推进削弱了诸如教会和贵族这样一些国家权力的围栏,在布克哈特看来,国家权力被用来服务于暴政只是个时间问题。

在21世纪的门槛,布克哈特的观察依然显得敞亮和深入。刚刚走出法西斯主义的暴政以及两次世界大战的浩劫——这一切多多少少曾被布克哈特预见到——许多民族就变得像布克哈特同时代人一样得意忘形。数以百万计的人把民主、资本主义、消费主义和技术看作无限的恩赐,容不下任何人对这些力量提出烦心的疑问。

---

[6] 比希莫斯(Behemoth),《圣经·约伯记》40章15—24节提到的巨兽。

然而我们的胜利主义可以多少缓和一下。

平等主义、消费主义和福利国家的结合已经造成了广泛的道德败坏、政治冷淡，以及一种政制对有序自由的要求与其公民满足这些要求的能力之间日益严重的不协调。毫无疑问西方社会正在面对严肃的长期问题。自由的行使要求道德和知识上的美德，它们反对那些由当权的经济、社会和文化精英所扶持的习惯。对自由来说最基本的美德是自制，而平等主义、好莱坞式的享乐主义和放纵的物质主义，它们背后的主导原则却是这种观念，人们对快乐和财富的嗜欲不能容忍任何限制。

对布克哈特而言，现代性的另一个麻烦方面是现代文明的普罗米修斯式品质，它在20世纪变得更具破坏性。早在核武器和生物武器、基因工程以及广泛的环境破坏来临之前，布克哈特就担忧，科学、经济优先和国家对权力的无尽索求将把西方引向何处。在他自己的时代，他厌恶铁路，厌恶破坏了欧洲乡村美景的丑陋工厂，厌恶装备有日益增强的军火库的强权民族—国家之兴起。他把这些看作是处在一个无情进程中的元素，跟平等主义、消费主义和福利国家的联姻一样，对高级文化和善好生活具有破坏性。在21世纪的拂晓，我们有更确凿的依据为这一切将如何收场担忧。借助布克哈特对人性阴暗面的了解——这本身是他对历史之悲剧性心领神会的一个成果——我们有理由担心，未来将比乐观主义者所认定的远为麻烦。

尽管他鄙视民主和大部分现代性，但布克哈特在若干基点上是主张自由的哲学家。首先，他热情地相信人类精神，相信它在最严酷的环境中也能上升到卓越的高度。面对历史必然性，没有哪个历史学家比布克哈特更执着地肯定人类自由的分量。长期的趋势和强大的机械力量都起作用，但努力去肯定自己内心见解的孤独天才——就像路德[7]或米开朗琪罗[8]——也起作用。历史充满了曲折的潮流，有时似乎要无限伸展进入未来，却突然转入全新的、始料未及的方向；这些历史的重大意外中有许多是因人类个体的力量而发生。换言之，必然之中有自由。

其次，布克哈特肯定自由的最高形式是内在的——即保持灵魂和精神充分疏离和独立于当下主流激情和习俗智慧的自由。因此，一个渴望被称为自由的社会，必须维护那些促进知识、艺术和精神自由的制度，诸如独立的财产和经济中心，以及免于国家控制的社会力量。这一观点使布克哈特有别于那些渴求中央集权的社会学家，以及那些异常渴望摧毁一切特权和不平等遗存的自由平等主义者。最后，布克哈特相信一个自由社会需要防范煽动家——"伟人"——他们将以人民的名义增加自己的权力和国家权力，并强迫一致。

布克哈特对在他一生中塑造西方文明的各种力量极其不安，他远非准备抛弃西方遗产或引以为耻。他惊叹西方文明的成就，特别是精神和艺术成就，他相信这些远比物质和技术成就重要。由于深深意识到自己所属世界之多元文化的丰富性，他相信西方文明的继承者们有责任去好好了解自己特有的文化遗产。再好不过的起点乃是古典雅典的文化和遗产，伴随一些整个历史上最崇高的艺术和文学作品，自由思想在那里第一次绽放。（他指出，若是雅典而非斯巴达在伯罗奔尼撒战争中胜出，对全人类会更好。）布克哈特对那些不关心自己过去的人有一个称呼："野蛮人"。他贯于批评美国人的财大气粗，但他更严厉的批评在于，他认为美国人不相信能从研

---

[7] 路德（Martin Luther，1483—1546），德意志神学家，宗教改革领袖。
[8] 米开朗琪罗（Michelangelo Buonarroti，1475—1564），意大利雕塑家、画家、建筑家。

究历史中获益良多。的确，在他看来，美国人骄傲于"新"，即没有历史。

布克哈特在雅典和佛罗伦萨这样的小型城市国家中找到了他理想的政治共同体，自由连同高雅文化（文学、音乐和精美的艺术品）不同程度地在这些地方繁荣起来。现代世界则令布克哈特担心，它无情地迈向庞大城市，在这些城市里，人类紧固在琐碎、粗俗和物质饱足之上，过着疏离、孤独和茫然的生活。但他的确是个怀疑论者，他不相信某种政治意识形态或某个能带来焕然一新的"伟人"可以解决问题。如果今后有一个复兴的话，布克哈特猜测，它将作为人类精神不可预料的成果和少数个人安静的作品而出现。他称这些人为"世俗的修士"，他们无心权力，但珍惜"古老欧洲"的文化特质，其中首要的是对自由与美的热爱。布克哈特肯定人类精神之恢宏，坚持自由本身作为目的之不可侵夺，在西方历史编撰史上，可媲美的声音，为数不多。

艾尔伯托·科尔（Alberto R.Coll）

英译者前言

成为该书译者，我深感荣幸。对于这部著作，《神殿入口——世界历史》(*Propyläen-Weltgeschichte*)的编辑，瓦尔特·格尔茨(Walter Goetz)写道："关于世界历史及其各种动力，很难想象会有一个比它更为深刻的介绍。"

雅各布·布克哈特的《历史段章》(*Historische Fragmente*)由埃米尔·迪尔(Emil Dürr)选自布克哈特1865—1885年间在巴塞尔大学为历史课程所作的授课笔记。《段章》作为布克哈特著作集的第7卷首次出版于1929年，可看作是他《世界历史之思》(*Weltgeschichtliche Betrachtungen*)［英文版题为《暴力与自由》(*Force and Freedom*)］*的姊妹篇。目前的译本依据的是1942年由巴塞尔的Benno Schwabe和斯图加特的Deutsche Verlagsanstalt所出的版本。校对参照的是1957年底由斯图加特的K.F.Koehler Verlag所出的没有实质变动的新版本。

布克哈特的著作如此不同凡响、引人入胜，其魅力甚至让人妒火中烧，造成这种效果的那些品质——即兴发言的口吻；简洁凝练的文风，时而引经据典，时而通俗口语；偶尔的自相矛盾和含糊不

---

* 1979年英译本出版时题为《历史之思》(*Reflections on History*)，由Liberty Fund出版。——英译者注。

清；突然的跳跃转换——也着实向译者提出了挑战。布克哈特用19世纪相当生硬的瑞士德语写作，并且他的语言也似乎表明他个人的取向，表明他对自己所属时代的尖锐批评。在能使英文逻辑清楚、文通句顺的限度内，我试图再现布克哈特文风的某些特殊之处。他的强调和问号，以及其他博学慎思的表现已被完完全全如实保留；少量事实的不准确则被更正。这个版本不但面向专家，也面向爱好历史的一般读者，所以我们决定略去德文版中大多数涉及考订和书目的注释，其中大部分是关于布克哈特各种手稿和异文的专门材料以及后来被布克哈特本人删去的段落。但凡可能，那些被确认为必不可少的德文版脚注都纳入了正文之中，但各种细节以及涉及今天不易得到的各种书籍的参考书目通常省略，以便增加连贯性和可读性。

我很想向菲利普·里夫（Philip Rieff）、珍妮特·芬尼（Janet Finnie）、约翰·拉克里夫（John Rackliffe）、保罗·亚历山大（Paul Alexander）和约翰·怀特（John Wight）致以谢意，他们关心此书，予我帮助。约翰·怀特还帮我译出了希腊文和拉丁文。好心的凯瑟林·麦卡琪（Katharine McCagg）编制了索引。

哈里·琼

第1章

古　代

1. 古代史及其范围

　　对历史的总的导论在此略去了，对古代史的专门导论也可以简而言之。说到我们的主题范围，遵循的是这么一条：只有文明民族而非原始民族，可纳入较高意义上的历史。即便是关于后者，也保留着充足的资料（希罗多德[1]）。因为古词 ι'στορία［希罗多德意指的历史］本身兼指民族学和历史学。然而仅当文明民族与之发生冲突，就像居鲁士[2]与马萨吉特人或大流士[3]与斯基泰人那样，原始民族才引人注目。民族学因而将被限制在其基本方面。至于文明民族，那些其文化没有汇入欧洲文明的，也不在我们考察之列，例如日本和中国。印度也一样，它只在很古的时候牵涉到我们——先是因为雅利安种族类型与讲任德语[4]的民族同源，再就是因为它与亚述人、波斯人、马其顿人等民族都有接触。我们的主题是那种显然关乎当今、关乎未来的过去。我们的指导思想是文明的进程，是不

---

[1] 希罗多德（Herodotus，约前484—约前425），古希腊历史学家。下文所指居鲁士与马萨吉特人（Massagetae），大流士与斯基泰人（Scythians）的冲突均见于希罗多德所著《历史》。
[2] 居鲁士（Cyrus，约前600—前529），波斯国王（前550—前529）。
[3] 大流士（Darius，约前549—前486），波斯国王（前521—前486）。
[4] 任德语（Zend），古波斯语。

同民族之间以及各个民族自身之中诸文化层次的演替。我们自己的时代和文化与之一脉相承的那些历史事实的确应该特别加以强调。

这些历史事实之多超出人们想象。这个连续体蔚为壮观。环地中海和远至波斯湾的各民族实在是一个生机勃勃的存在，是最优秀的活跃人群。在罗马帝国中，这一存在果然达成了一种统一。只在这里，精神的各个前提才得以实现；只在这里，发展才占优势，没有绝对的衰落，而只有变迁。

在与日耳曼民族新的融合之后，在又一个1500年或2000年之后，这一活跃的人群重新脱颖而出，他们消化了美洲，而今即将彻底打开亚洲。还有多久，一切消极的存在都将被他们征服和渗透？非高加索人种抵抗、屈服、灭亡。埃及人、巴比伦人、腓尼基人，那时已为这一征服世界的力量奠定了基础。通过间接的和反面的刺激，也通过缓慢的发展，我们在精神上与他们相连。能够从属于这一活跃的人群，实乃幸甚。

2. 研究古代史在精神上不可或缺

古代世界的历史，即所有那些其生命汇入我们生命的民族的历史，在世间一切流行的学问领域中，就像一个贯穿始终的主旋律。

我们不能这么想，觉得经过四个世纪的人文主义，古代世界的一切都被学到手了，所有的经验和材料都被利用了，觉得在那里即将一无所获，因此人们该满足于了解更近的时代，或许是对中世纪做一番怜悯或不情愿的研究，把时间省下来用在更为有用的事情上。

只要我们没有变回野蛮人，我们就绝不应该离弃古代。野蛮人和现代美国的文化人毫无历史意识。

在我们那充满困惑和惊奇的生存中，我们不由自主地紧紧抓住这种关于人的知识，这种我们在生活中所遇到的和为历史所揭示的，关于人类的经验知识。对自然的思索无法满足我们，无法给予我们充分的慰藉和指导。

所以我们决不能把任何过去的东西束之高阁，我们不能留下空白；在所有给我们留下记载的世纪中，向我们言说的其实是那个整体。

世界的三大时代或许像斯芬克斯之谜里一天的三个时段？它们更像行动和受苦的人通过无数化身的持续轮回。一种诚挚的探究会想要辨明所有这些变化并摒弃任何对特定时代的偏袒（有所偏好没什么错，那是品味问题），对人类总体上不完善的感受越深切，这种探究就越想尽快去辨明。一旦了解到，从未有过，将来也决不会有在某种想象意义上的幸福的黄金时代，人们就会免于糊涂地高估某些过去，免于盲目地失望当前或痴迷地期待未来，但人们会在对以往时代的思索中认识到无上高贵的事业之一，那就是被视为一个整体的人类，其生活和受难的经历。

然而古代对我们有极为特殊的重要性；我们的国家概念起源于此；这里也是我们的宗教，以及我们文明中最持久部分的诞生之处。它的形象作品和文字作品有很多垂范后世，无法企及。无论亲近还是对立，我们都从古代获益无穷。

不过还是让我们把古代看作仅仅是人之戏剧的第一幕，我们眼前的这场悲剧充满了道不尽的艰辛、罪疚和哀痛。即便我们的祖辈是另一些民族，他们仍如孩童般酣睡在古代伟大文明的民族旁边，但我们仍觉得自己是后者的真正子孙，因为他们的灵魂传递给了我们；他们的功业、他们的使命、他们的命运，在我们身上存续。

3. 文明与野蛮的界限

我们的历史叙述既不能始于各种最早的国家形态，也不能始于野蛮向文明的转变。在这里，概念同样过于含糊。

在什么时候，由于何种发现，何种物质条件的积累，文明得以发端？凭借太阳历？字母表？织布机？金属冶炼？或别的什么？"野蛮"止于何处？鉴于这个词在德语中的含糊性，既在知识又在道德的意义上使用，这个问题殊难作答。有人认为希腊人野蛮，因为他们蓄奴并消灭政敌。有人认为罗马人野蛮，就因为他们在竞技场和角斗场牺牲人命。由于另外一些原因，由于宗教迫害和铲除异端，中世纪也是野蛮的。说到底，用不用这个词成了个人喜好。我觉得，把鸟儿关在笼子里，也是野蛮的。

首先我们应该排除那些可能出于祭祀或政治原因，从人类幼年开始就已经以僵化形式存在于高度发达文明中的元素，诸如活人献祭。接下来或许应该问一下，难道这些远古民族就不会在我们的文明中也发现某些野蛮的东西，即与他们的伦理相抵触的东西？

现在我们达致真正有区别性的特征，它从根本上分开了野蛮和文化；只是因为文献不足征，它不能成为我们的指针，不能帮助我们确定开端。它是这么一个问题：像野人那样仅仅活在当下的状态止于何处？既在过去又在当下的生活，即有区别有比较的生活，始于何处？全无历史，唯有当下的状态止于何时？

一个民族的宝贵财富是其最早的英雄史诗。在日常生活之外，至少还存在着一个理想的过去，正如塔西佗[5]在其《日耳曼尼亚志》

---

[5] 塔西佗（Tacitus，约55—约120），古罗马历史学家。

中所述:"歌谣是日耳曼人传述历史的唯一方式,在他们自古相传的歌谣中,赞颂着一位出生于大地的神祇陨士妥和他的儿子曼努斯,他们被奉为全族的始祖。"这正是一个前程远大的民族之所为。

当然,虽然斯基泰人拥有美丽的部落传说,但十足的野蛮仍然存在且肆无忌惮,一直在埋没正直与高贵。方式多种多样:残暴无度(那些杀敌立功者的年年聚饮;撒乌洛玛泰伊的处女们[6]);迷信物件[7];从小灌输的宗教恐惧;以及对彼岸的狭隘观点[在国王墓地旁杀死众多侍臣马匹,做成一个完整的 equitatio(出殡马队)];居无定所,到处漂泊(除非迁离大草原)。野蛮透顶的则是国王卧病之际殃及占卜者的做法(国王患病是因为某人在国王的灶旁发过伪誓),最后是对自然异象的诚惶诚恐。

年深日久,或许与先进文明相关的邪恶,也可能随着有关民族的衰落而最终退化为纯粹的野蛮。

无论如何,就我们所知,有历史头脑的埃及因其记载和比较,早早地跻身前列。即便绝对水平上文化还很低,但埃及因其热衷文字记载而理应占据首席。

4. 为什么今天"有教养的人"不再能够理解古代

我们的大学里,历史学家和语文学家喜欢把古代史课程相互推诿。它到处都被看成又穷又老的亲戚,撒手不管未免丢脸。但对于

---

[6] 撒乌洛玛泰伊人(Sauromatae)是讲斯基泰语的部族,他们有这样的风俗,"一个处女在她还没有杀死一个男性敌人的时候是不许结婚的";见希罗多德《历史》4卷117段。
[7] 例如斯基泰人向一把象征阿列斯神的铁刀献祭;见希罗多德《历史》4卷62段。

广大公众,古代完全过时了,公众所支持的"文化"甚至恨它。古代的各种过失提供了借口。真正的原因却在于我们对现代通信和交通,对我们时代(19世纪)的众多发明满怀自负;此外还因为,我们缺乏将技术和物质成就与知识和道德成就区别看待的能力;最后是因为关于举止优雅、博爱慈善之类的流行观点。

但造成当前一般"有教养"的人普遍对古代世界兴味索然的原因则是,今天的个人完全是自我中心,他只想作为个人活着,只要求共同体尽一切可能确保自己的人身和财产安全,为此他唉声叹气地缴税,有时候他也喜欢让自己搭上共同体,即当一名"官员"。

而在古代东方部落化生活着的各民族给我们的印象是,族群内的每个个人都只是一个样本,国王是最高的样本。

即使是在个人得到发展的地方,特别是自希腊人以来,我们长期打交道的基本上仍是各种样本,例如英雄、立法者。他们的确被描述为伟大的个人,这得到感受和传统的证实;但同时他们也都十足地更是样本,都是特性与共性的凝合。还有,在古代完全的个人首先是 ποίτης [城邦的一部分],其程度是处在现有个人与国家关系模式之中的我们所想不到的。但凡谁脱离 πόλις [城邦] 或城邦丧失,总是一场悲剧。

最后,今天"有教养"的人无论何时都铁了心要去为他们的生存讨价还价,不管跟谁。这是对生命和财产的顶礼膜拜。出现了大规模的逊位,不单单是统治者!事尽之前,有无数可以讨价还价之处和让步妥协——这一切都伴随着事关尊重和所谓荣誉的高度敏感。

至于古人则相反,要么拥有一切,要么一无所有,不惧灾祸。国家、城市以及国王的倾覆被视为光荣。这与我们迥异。

5. 埃及的历史意义

当今国家与文化中发生的新的变化发展伴随着一种轻佻，千万别让我们的观点被这种轻佻损害，我们要高瞻远瞩。如此则埃及将以其无与伦比的伟大映入眼帘。

在一个成长的文明（除它位于尼罗河畔之外人们别无所知）度过了数千年岁月之后；在或许即便是这样一些进步也付出了无法估量的牺牲之后；在神祇、英雄以及亡灵统治了无数朝代之后；埃及在美尼斯[8]治下迈出了前所未有的一大步，统一的埃及建立起来。这里从此出现了一个踌躇满志的国家，出现了一个民族，一种生活方式，一种宗教；当埃及人建造并书写之际，世界其他地方只有原始的生活或文明的雏形。此外，承蒙对我们事关重大的天意，那里出现了要树碑立传的强烈冲动。这一切势必逐渐影响到除沙漠部落之外的其他民族。埃及的优先地位无须争论。不管怎么说，年代上这确凿无疑；我们今人对埃及的影响有些看不清了，但这丝毫无损其可能性。

即使其他民族——巴比伦人、腓尼基人、亚述人、伊朗人等等——在他们文明的每个个别元素上都不同于埃及人，他们仍然很有可能承受着一种总体上来自埃及的刺激，没有这种刺激，他们的发展可能会延迟，甚至可能根本不会出现。

古王国时期向我们展现了具备众多官员和祭司的完备政府；一种分级为无数行业、非常富裕的外在生活；一种要把这一切描绘下来并传之永远的宏愿；大量栩栩如生、活灵活现的造型艺术（贝尼

---

[8] 美尼斯（Menes），前3200年左右古埃及国王，统一了南北埃及。

哈桑[9];卢浮宫收藏的文书)以及宏伟的纪念碑;而与这些一并出现的是对精神事物和物质事物的明确区分,这附着于死后生活的观念。墓葬等级制度(上自法老的陵墓,金字塔)和保存遗体的观念属于此地。早在那时,前生和转世必已作为充分发展的学说而存在;不过单是让瞬间从属于永恒,让个体的尘世生活从属于亡灵的庞大群体,或许就是某种分量巨大的东西。

因而,即便当时的生活无疑是"一种伴随许多神圣习俗的苦役",却也不仅仅是祭司的暴政和迷信。承载道德法则之最初呢喃的普里斯纸莎草[10]可以远溯到第五王朝。

作为一个统一的埃及去感受和行动的愿望作为这个时代的主要特征凸现出来。除埃塞俄比亚的征服[11]之外,分享荣誉的愿望是主要的。

6. 最早创建城邦的腓尼基人

埃及和古巴比伦都是有着神法和普遍服从的专制大国,埃及还有一套有效的等级制度。它们的尘世生活消耗在杀伐掳掠中,消耗在边远地区的叛乱与征服中。

腓尼基各城市是第一批有着城市地区和社区生活的政治组织、宪政国家,虽然上有国王;一些城市形成了自我持续的贵族阶级,他们不仅有发言权,而且肯定还直接掌管多数重要事务。这些城市

---

[9] 贝尼哈桑(Bani-Hassan),埃及中王国遗址。
[10] 普里斯纸莎草(the Prisse Papyrus),现存最早的埃及纸莎草,以原收藏者的名字命名。
[11] 埃塞俄比亚人曾在埃及有过短暂统治;见希罗多德《历史》2卷137和139段。

后来都变成了共和国。它们的宪法平衡了多方诉求。或许是游牧族家长式的部落章程提供了宪法的原型？这种城邦有增殖能力；而专制国家却只能流放，强制移民，顶多是建立军事国家，城邦创建了许多真正的殖民地，且成为它们的母邦。西顿、推罗和艾拉托联合创建了的黎波里，这是高度智慧的自发行动。

对于这样的祖国，一种真正的爱国心能够最终有所依属，它超越了埃及人呆板的民族傲慢，且在广阔的外部世界中不再是一条失水之鱼，反而能更加激励自己。

很难说是否后来的希腊城邦曾以腓尼基人为榜样而有所取法。通常像城邦这样的事物不会只靠模仿产生。尽管如此，腓尼基人的影响肯定无法估量。无论如何，腓尼基人在年代上的优先确凿无疑，这一事实增加了他们的永恒荣誉。

没错，早在荷马时代，腓尼基人就被希腊人看作不过是偷田占地之徒，τρώχτης [贪婪的无赖]。迦太基也一样，甚至在与罗马接触之前就以不受欢迎的政治和军事面目出现。

7. 迦太基

含的子孙遍布埃及、古巴比伦、腓尼基和迦太基，对他们多一点尊重没什么不对。犹太人的诅咒并未使他们在世上过得更糟。诅咒，说到底不过是切齿痛恨而又束手无策的产物。《创世记》9章25—27节的诅咒未能应验；含的子孙不但不是奴仆，反而数千年来都是大阔佬。我们厌恶任何把我们的历史标准建立在犹太人憎恨之上的要求。如果他们叫他们的祖先或他们的耶和华变着法儿的咒骂，或他们把其他民族的遭遇说成是耶和华的报复，这并不能叫我们也对这些民族另眼看待。

非常可惜，若不是有查士丁的《特罗古斯〈菲利普史〉摘要》18和19卷，我们就连有特罗古斯·庞培[12]这个人都不知道。对迦太基从建立直到公元前4世纪的历史，这是唯一多少连贯和内容丰富的篇章。

有相当一批迦太基人跻身于第欧根尼·拉尔修[13]所述希腊哲人之列，这表明了他们在此领域的显著才能。至于他们的文献，罗马人只抢救了涉及农业的书籍，很像希梅内斯[14]对待阿拉伯书籍。

8. 雅典

整个前7世纪，雅典似乎尚未卓然有别于其他希腊社会。但从前6世纪起，如下言辞逐渐适用于它："该城高过其他城，恰似松柏高过歪斜的灌木。"［维吉尔[15]，《牧歌》，1卷24—25节］

从那时起，雅典居民开始留意那些古老的特质，留意那些几乎与希腊神话毫不相干的地方神话，留意对受压迫者毫不留情的古老性格。出现了一种独一无二的发展：在政治领域，所有转变的完成都没有骇人的突变和反复；梭伦[16]立法意味着深思熟虑和温和公正的风俗大获全胜；庇西特拉图[17]的专制极为开明；自克利斯梯尼[18]

---

[12] 特罗古斯·庞培（Trogus Pompeius），前1世纪历史学家，高卢血统，所撰44卷《菲利普史》已佚，现存3世纪罗马历史学家查士丁（Justin）所作摘要。
[13] 第欧根尼·拉尔修（Diogenes Laertius），3世纪历史学家，著有《希腊哲人传》。
[14] 希梅内斯（Jiménez，1436—1517），西班牙枢机主教、宗教裁判所大法官。
[15] 维吉尔（Virgil，前70—前19），古罗马诗人。
[16] 梭伦（Solon，约前639—约前559），雅典立法者、政治家和诗人。
[17] 庇西特拉图（Pisistradus，约前605—前527），古希腊雅典僭主。
[18] 克利斯梯尼（Clisthenes，约前570—前508年之后），雅典政治家和改革者。

之后对民主制的完善，非常稳妥，非常舒缓。

这一切，首先是展示了高超圆熟的政治才能。与此同时，雅典人远远高过其他希腊人，在教育、艺术和高雅的谈吐举止方面登上王位。

中心位置极大地有助于带来这一切，但更根本的原因是农业生活和商业生活的理想结合，以及世间少有的优良环境条件。仿佛大自然数百年来积聚其所有资源，就为用在那一刻。

由于彻底地，同时也是错误地释放其全部力量，雅典在政治上迅速衰竭。但它保住了文化地位，当运动会场和德尔菲神庙已丧失其中心意义时，它仍然是希腊人的精神首都。它也在物质上保全了自己，面对罗马人仍能体面地结束自己的生命。

能与之相提并论的是佛罗伦萨和文艺复兴。一座城市志向最高，完成了整个民族需要并乐于完成的事业，就像某个家族的特征可能在家里某一个孩子身上得到最强烈的体现。

我们很难做到在雅典和斯巴达之间不偏不倚，因为我们从雅典获益无穷，而从斯巴达一无所获，并且因为面对雅典的突飞猛进，斯巴达没有守住任何值得敬重的古老虔诚，而是从一开始就对屈服的希腊同胞进行邪恶的暴力统治。然而我们不清楚，是否没有这么个对手，雅典就不会以其他方式迅速衰落，例如从事西西里战役之类的征服活动或其他冒险活动。

9. 罗马及其在世界历史中的使命

罗马，它出自希腊—特洛伊—意大利的含混源头，它主宰了地中海，由此实现了意大利的历史时刻。

东方及其对世界君主制的企望，希腊及其殖民地世界，迦太基及其位置和商业,以及整个庞大的蛮族西方,都融入了一个帝国和一种文明;后来,这个整体在濒临崩溃之际被交托给一个伟大的新世界运动,基督教,在基督教的羽翼庇护之下,这个整体的很多内容存活下来,并为14到16世纪在文化上的复兴提供了可能。

从那时起,我们的视野就被它所笼罩。罗马处处是我们思想和观点有意无意的前提;如果说在精神的基本方面我们今天不再属于某个特定的民族或地区,而是属于西方文明,其原因就在于这个世界一度属于罗马,普世的罗马,并且这一古代的共同文化已经传递给了我们。

东方与西方汇合,它们构成了一种人群,世界得益于罗马及其统治。

罗马史说到底是古代史的第二个阶段。来自各处的水流汇聚于此,不单单是进入臣服状态,而是进入一个可传导的文明。

这就是为什么我们对 ῥωμαικὴ ἀρχαιολογία(罗马古代史——哈利卡那苏斯的戴奥尼索斯[19])的关心仅限于了解什么对于罗马成长和发展为世界主宰是必不可少的;此外,我们乐于回避艰深难解之处。

各民族之中它最强大;它的个性当然可以被描写和刻画得就像是一个人的个性,但它遥远的起因依然尘封。该城高过其他城,恰似松柏高过歪斜的灌木。

在半神话的、典型的王政时期之后,民众的两个等级开始了一个半世纪的斗争,一种政治和德行由此发展起来,有别于任何希

---

[19] 哈利卡那苏斯的戴奥尼索斯(Dionysius of Halicarnassus),前1世纪希腊历史学家、修辞学家。

腊共和国中的政治和德行，而这场斗争一结束，罗马就起而攫取了似乎是它天然财产的意大利。它早熟的政治上的坚韧而今表明在世界范围内都是非凡的，也就是说，罗马自然而然地就熟悉了所有权力运用之事；它如有天赋，能够恰当地处理所有涉及权力的事务，它堪当大任。"罗马啊，请记住，用权力去支配诸族。造就和平的风尚，使屈服者得宽恕，使傲慢者颠仆，这些，将是属于你的艺术。"［安奇塞斯[20]所言，见维吉尔《埃涅阿斯纪》，6卷，851—853页。］

罗马人震慑了高卢人和伊达拉里亚人，征服了萨莫奈人，使南意大利感受到了它的压力。这时，德多齐[21]军阀之中的佼佼者皮洛士[22]兵临，罗马获胜了，并且不再畏惧象阵。

为了争霸西西里，罗马与迦太基进行了第一次战争，气势恢宏，并且罗马清楚地知道，世界霸权到了紧要关头。雅弗和含在较劲，他们相互发难；罗马硬使自己成为海上强国，在付出巨大代价之后赢得了胜利。

从那一刻起，世界历史变得 σωματοειδές（条理分明——波里比乌斯[23]）。与罗马的力量相比，迦太基依靠雇佣兵作战的内在弱点在这场战争中暴露无遗。

命运垂顾，遂使堪与罗马人匹敌的对手崛起。就在罗马人征服北意大利的凯尔特人之后，一个迦太基家庭（巴尔卡家族的一

---

［20］安奇塞斯（Anchises），埃涅阿斯的父亲。维吉尔在史诗《埃涅阿斯纪》（Aeneid）中描写安奇塞斯的亡灵在阴间告知埃涅阿斯，他的后代将建立强大帝国。
［21］德多齐（Diadochi），亚历山大大帝死后，分割继承其帝国的将军。
［22］皮洛士（Pyrrhus，前318—前272），古希腊伊庇鲁斯国王，曾率兵至意大利与罗马交战。
［23］波里比乌斯（Polybius，约前203—约前120），古希腊历史学家。

支——父亲、儿子和女婿）[24]看来能够去除含米特人贪财好利的习气，投身于唯一的目标，即拯救祖国，摧毁罗马。我们所知道的关于含族和闪族的别的任何故事都不能与之相提并论。说到汉尼拔，可以说他高过所有希腊人，甚至亚历山大[25]。罗马怎么也料不到会有这样的对手。它战胜了这个对手，将迦太基圈定在阿非利加一带，并用像马西尼撒[26]这样一些心怀嫉妒的人将其围住。

打这之后，希腊人和德多齐就像一碟早点；菲利普[27]最接近于做一个相称的对手。但这时罗马表示出它对希腊文化最初的仰慕，它自视为希腊传统的延续者和保护者；悠久的希腊精神激荡在罗马人心中。主要是在提图斯·昆提阿斯·弗拉弥尼乌斯和西庇阿家族领导下，罗马自我希腊化了，他们加强了罗马在希腊的政治军事力量。

然而，随着从德多齐体系获得无数战利品，罗马变得野蛮。当它分赐德多齐各国，当成群的国王和王家使者来到元老院，当埃及将其国内和平诉诸它的保护，罗马开始攫取自己的份额。

毁灭迦太基和科林斯之后，罗马有了显著变化。虐待臣服者，压榨半自由人，经常邪恶地挑起战争，这些与意大利日甚一日的动

---

［24］ 指率先在西班牙发展力量的迦太基将军哈米尔卡·巴尔卡（Hamilcar Barca，死于前229或前228年）和他的女婿哈斯德鲁巴（Hasdrubal，死于前207年），以及儿子汉尼拔（Hannibal，前247—前183）。
［25］ 亚历山大（Alexander the Great，前356—前323），马其顿国王，古代世界的征服者。
［26］ 马西尼撒（Massinissa，约前238—前148），努米底亚国王。
［27］ 菲利普（Philip，前238—前179），马其顿国王（前221—前179），他赢得了与罗马的第一次马其顿战争（前215—前205），但在第二次马其顿战争（前200—前197）中被提图斯·昆提阿斯·弗拉弥尼乌斯（Titus Quinctius Flamininus，约前230—前175）彻底击败。

乱交相呼应，与此同时它还在攻取西班牙和高卢行省。

罗马城被那些已经或想要在行省中发财的贵族派所腐蚀。即使公民权在名义上扩及整个意大利，与世界帝国相比较，罗马公民的比例还是缩小了。颁布于世的那些土地法能奏效吗？意大利人对统治民族的批量补充能奏效吗？

国内战争一起，军事人物变得举足轻重——杰出个人，但也是恶棍，由于元老院对战争指挥不力而凸显，就像马略[28]崛起于对朱古达[29]和辛布里人[30]的战争。意大利在同盟战争[31]中被制伏。而今一切民众激情都不过是城里的煽动，旨在利用民众为权势人物谋利。不过还没急着要君主制。苏拉[32]的宣布公敌恢复了贵族派的统治；这个独裁者还自动隐退。

就外部而言，从西班牙到亚细亚，环绕整个地中海和黑海，权力都得到了维护和拓展，对米特里达梯[33]、提格累尼斯[34]以及海盗都获得了胜利，但在罗马，共和国虽不至于死亡，却也时刻担心成为某个贵族派、某个民主派或喀提林[35]党人的牺牲品。元老院的表面统治实际上得仰仗一系列强人。

终于，前三头同盟形成了。

---

[28] 马略（Caius Marius，约前157—前86），罗马将军。
[29] 朱古达（Jugurtha，约前156—前104），努米底亚国王。
[30] 辛布里人（Cimbri），公元前一百多年与罗马多次交战的民族。
[31] 同盟战争（Social War，前91—前88），因罗马的盟邦要求罗马公民权而引发的战争。
[32] 苏拉（Lucius Cornelius Sulla，前138—前78），罗马将军，前82年攻陷罗马后宣布政敌名单并加以迫害，前79年隐退。
[33] 米特里达梯（Mithridates，约前131—前63），小亚细亚东北部本都王国（Pontus）的国王。
[34] 提格累尼斯（Tigranes，约前140—前55），亚美尼亚国王（约前96—前55）。
[35] 喀提林（Catiline，约前108—前62），罗马政治家和阴谋家。

其中之一恺撒[36],近乎神明。他征服高卢,挽救帝国,他抵御日耳曼人,使帝国无忧,他在法萨卢斯、赛普色斯及蒙大的胜利使他占有了帝国,他让苦不堪言的行省尝到了管理的甜头,一反贵族派杂乱无章的纯粹劫掠。

共和派觉得除掉他轻而易举,但没再想想他的宿将仍要比他们强大;接着他们拿他实际继承者之间的纷争来安慰自己,直到这些继承者在后三头同盟中一起宣布公敌并分为东西方。最终,经过又一场竭尽全力的大消耗,奥古斯都[37]成为唯一统治者。而今可知,再也不可能仅仅通过行刺来消除君主制。

奥古斯都王朝铲除了贵族派及其思想意识。对元首权位的贪求立即显现,权力交接扑朔迷离。从韦斯帕芗[38]、图拉真[39],直到马可·奥勒留[40]的贤明统治宛如神明额外的馈赠。

但无论具体人物如何,由于现实状况的摆荡,这是世界历史中的一个伟大时期。在公元后的头两个世纪里,出现了这个世界帝国的一些最重要的后果:统一的组织和对行省的管理;进抵一些鲜为人知的地方(征服不列颠、达契亚及美索布达米亚);希腊-罗马文化的稳妥调适及其向远西的扩展。只在这时,整个古代世界才有了充分的知识交流。与此同时各种宗教都被去民族化。当罗马使高卢的神明罗马化,罗马本身也在被东方化。

接下来,由于新一轮权力动荡和个别骇人的政权,致命的力量开始崛起:新波斯人和日耳曼人出现并向帝国发起可怕的袭击。只

---

[36] 恺撒(Julius Caesar,前101—前44),罗马军事家、政治家,共和国末期的独裁者。
[37] 奥古斯都(Augustus,前63—14),罗马第一个皇帝(前27—14)。
[38] 韦斯帕芗(Vespasian,9—79),罗马皇帝(69—79)。
[39] 图拉真(Trajan,53—117),罗马皇帝(98—117)。
[40] 马可·奥勒留(Marcus Aurelius,121—180),罗马皇帝(161—180)。

有地方防务的需要才能解释为什么到处有人称帝，出现诸如"三十僭主"。但伟大的将军们（伊利里亚人）再次挽救并统一了帝国；伊利里亚地区现在平平无奇，当时却成为核心。为了确保权力交接，戴克里先[41]尝试了他的继承制度。但君士坦丁[42]予以颠覆，他联合了那一伟大且新兴的世界宗教。

正如罗马曾经吸收希腊文化，从而使希腊文化永世长存（所有对东方的知识和理解都建基于此），而今基督教继承了希腊-罗马遗产，护送它度过了日耳曼人入侵的年代。

在可怕的衰落时期过后，罗马主义部分是作为拜占庭国家，部分是作为西方教会而存活着；它逐渐把所有异教徒和阿里乌斯派日耳曼人收入其圈囿，且从暗夜中托起中世纪的新黎明，中世纪只有在罗马才能找到其精神上的统一性。朱庇特言与维纳斯曰："对于他们，无论时空，我都不予限制，我赋予他们权力，无止无尽。"（维吉尔，《埃涅阿斯纪》）

如果日耳曼人通过突然攻占一个异教的罗马而接过古代世界，并因此除了赤裸裸的占有之外与之没有建立其他任何联系，我们对古代世界将有何了解？

无论我们的精神在科学技术方面的表现多么独立于过去，但正是由于意识到它与遥远时代的精神和文明的联系，它才能不断得到更新和祝圣。的确，只有通过与那存在于一切时代的东西，那永恒不变的东西相比较，它才能了解自己，重视自己崇高的性质。

---

[41] 戴克里先（Diocletian，约245—约313），罗马皇帝（284—305），他把帝国分为东西两部分（286），他为复兴异教曾迫害基督徒（303）。
[42] 君士坦丁（Constantine I，约285—337），罗马皇帝（306—337），他接受了基督教信仰，修建了君士坦丁堡。

10. 罗马帝国的头两个世纪

希腊文明的古老地域与意大利、阿非利加和西方汇合成一个世界帝国，这不仅仅是碎片的添加。这个世界帝国的意义不在于它的幅员，而在于它使那么多民族受益，它阻止了各民族之间的战争，使古代世界走到了一个尽可能好的尽头。

罗马帝国对古代的普遍遗产并不负有责任，例如缺乏人权，保存奴隶制（在这件事上，罗马其实并不比黄金时代的希腊更糟，希腊也折磨奴隶，雅典拥有矿奴），独立国家的倒闭（罗马人把希腊人从其自相残杀的愤怒和破败中挽救出来）。至于寡颜鲜耻的神明世界和衰落之中的宗教，这些都属于希腊，目空一切，蔑视一切存在的理论思考也属于希腊。在公元前3世纪希腊诗人阿累塔斯[43]的作品中，正义女神阿斯特莱亚[44]已经退居天庭，维吉尔的"而今贞女亦归来"一句并未将她召回。

没错，像在帕萨尼亚斯[45]那里，对罪恶人性的谴责涉及安敦尼时期，但这些谴责没有最终证明自私自利比此前更严重。

在何种程度上，阿忒密多鲁斯[46]是一般道德的来源？琉善[47]和阿普莱乌斯[48]呢？琉善，最后一个真正的启蒙者和彻底的无信仰者，一切宗教的拒斥者，见证了一种普遍的心灰意冷，但他本人却

---

[43] 阿累塔斯（Aratus），希腊诗人，所著《天象》广泛涉及神话掌故。
[44] 阿斯特莱亚（Astraea）是希腊神话中的正义女神，因不满人类的邪恶而离开人间，成为处女座群星之一。
[45] 帕萨尼亚斯（Pausanias），活动于2世纪的希腊地理学家和历史学家，著有《希腊志》。
[46] 阿忒密多鲁斯（Artemidorus of Ephesus），2世纪希腊哲学家，著有《梦典》。
[47] 琉善（Lucian，约120—180），希腊讽刺家。
[48] 阿普莱乌斯（Lucius Apuleius，约124—约170），拉丁哲学家、讽刺家、修辞学家，著有《金驴》。

是一个自我吹嘘无度的讨厌人物。

琉善鼓吹的整个来世生活，ἰσοτιμία［无贵无贱］，那里的一切都是一种色调，没有谁比别人更出彩，这种来世生活不过是一种尖厉的嘲笑，一种空虚，仅有的活气不过是少数选民能肆意嘲笑，而古代世界的俊杰可能会被糟践。这些选民不过是一具具骷髅，所以一个人的身份不得不一次次确认（让人想起中世纪的"死亡之舞"[49]）。墨尼波斯[50]是一具好嘲笑的骷髅，卡戎[51]已是半个魔鬼。琉善所喜欢的鬼魂，诸如弥库罗斯[52]，甚至在渡过冥河时也嬉笑不止：视此辈哀伤，令吾等发笑。

与此后基督徒的来世生活相比，与异教徒为设法赶上基督徒生活以便度过当时那些神秘事件而做出的努力相比，琉善鼓吹的来世生活对几乎所有人都太过悲惨。说到这里人们该不会忘记在马可·奥勒留统治时期人数虽少但出类拔萃的斯多亚团体，它代表了一种实实在在的宗教，完全具有听忏悔并决疑的神父（有关这些，奥拉斯·格利乌斯[53]的几段文字可供征引）。罗马人中的大德所赖以为生的乃是真正的灵魂滋养。

基督徒坚决而从容地赴死，多大程度上也反映了生活的普遍无意义？

琉善还高度赞扬伊壁鸠鲁[54]，说他从一切今生或来世的迷信中

---

［49］ "死亡之舞"，最初是14世纪的劝喻诗，描写死者与上自教皇，下到贫民的对话，到15世纪，这一题材的画作和诗歌很流行。
［50］ 墨尼波斯（Menippus），前3世纪希腊讽刺家。
［51］ 卡戎（Charon），希腊神话中冥河的摆渡人。
［52］ 弥库罗斯（Micyllus），琉善笔下的鬼魂，生前为鞋匠。
［53］ 奥拉斯·格利乌斯（Aulus Gellius），2世纪罗马作家。
［54］ 伊壁鸠鲁（Epicurus，前341—前279），希腊哲学家，享乐主义伦理学的代表人物。

解放了出来。但在3世纪，伊壁鸠鲁主义绝迹了。

不可否认，衰老确实存在。

这里的邪恶与不幸跟所有时代和人类总体的邪恶与不幸相比，能有多大的不同呢？

角斗和别的许多事情总让我们对罗马人蹙额，但所谓黄金时代的希腊人让我们生厌的地方也不少啊！

无论如何，罗马的头两个世纪跟随后几个世纪应区别对待。

第二个世纪的品格由安敦尼王朝所决定。

的确很值得注意的是，能够继承朱利安王朝、继承图密善[55]王位的是两位伟大的统治者，接着是两位德深仁厚的统治者，他们当中，马可·奥勒留显而易见地凭借其斯多亚人格，力求高过他无数帝国官员。

从当时的法学家身上可感受到斯多亚哲学的影响，并且我们还找到了人道立法的发端；一个直接的成果就是奴隶被赋予某些权利。总的来说，后来令查士丁尼[56]的编撰者载誉的"罗马法"，实际是2世纪诸位伟大皇帝以及3世纪伟大法学家们的作品。

的确，当讨厌竞技场的马可·奥勒留把角斗士送上战场以抵御马尔柯曼尼人[57]时，几乎要有一场造反，好像这个皇帝想迫使民众搞哲学。

他审慎而有效的作战至少解放了潘诺尼亚[58]全境，肃清了整个多瑙河右岸的蛮族，甚至越过多瑙河大举深入。若非阿维狄乌

---

〔55〕 图密善（Domitian，51—96），罗马皇帝（81—96）。
〔56〕 查士丁尼（Justinian I，483—565），拜占庭皇帝（527—565）。
〔57〕 马尔柯曼尼人（Marcomanni），古代日耳曼部落。
〔58〕 潘诺尼亚（Pannonia），中欧的古罗马行省，包括今天的匈牙利西部和巴尔干半岛西北部。

斯·卡西乌斯[59]的反叛，他有可能把波西米亚（马尔柯曼尼人的土地）和加利西亚[60]（萨尔马提亚[61]）变为行省。

自涅尔瓦[62]以来的诸位皇帝发现，如果他们没有子嗣，就易于明智地选定继承人。马可·奥勒留有子康茂德[63]，他恢复遵循继承法，在儿子尚小时他就照着这一期待行事。早在176—177年，他就让康茂德成为共治者、执政官和奥古斯都。假如后来他想到过要废黜康茂德，考虑到康茂德个性的发展，这恐怕也太晚了。假如他让自己的女婿庞培努斯[64]或柏提那克斯[65]继承自己，军队或许还是要拥戴康茂德。

在3世纪出现了继承、冒充继承和篡夺王位的种种发人深省的后果，直到戴克里先提出作为一种完备体制的过继制。

塞普提米乌斯·塞维鲁斯[66]重新统一帝国，他是又一个韦斯帕芗，但是，卡拉卡拉[67]在自己帝国内部的杀戮以及皇帝对军队的依赖，使一切又捉摸不定。最终帝国交到了叙利亚诸帝手中，即使是

---

[59] 阿维狄乌斯·卡西乌斯（Avidius Cassius，约130—175），175年因传闻奥勒留已死而反叛罗马，短暂地统治埃及和叙利亚，后被部下刺杀。
[60] 加利西亚（Galicia），中欧地区，包括今波兰东南部和乌克兰西部。
[61] 萨尔马提亚（Sarmatia），东欧地区，今黑海东北部。
[62] 涅尔瓦（Nerva，30—98），罗马皇帝（96—98）。
[63] 康茂德（Commodus，161—192），罗马皇帝（180—192），暴君，遇刺身亡。
[64] 庞培努斯（Pompeianus），马克·奥勒留的将军和女婿。
[65] 柏提那克斯（Pertinax，126—193），康茂德死后，他成为罗马皇帝，只87天便被近卫军谋杀。
[66] 塞普提米乌斯·塞维鲁斯（Septimius Severus，146—211），罗马皇帝（193—211）。
[67] 即马可·奥勒留·塞维鲁斯·安东尼乌斯（Marcus Aurelius Severus Antoninus，188—217），因常穿高卢斗篷（Gallic cloak）而得名卡拉卡拉（Caracalla），他是塞普提米乌斯·塞维鲁斯的长子，父皇死后他与弟弟该塔（Geta）成为共治皇帝，他谋杀该塔并屠杀该塔的支持者；217年被谋杀。

其中最杰出的亚历山大·塞维鲁斯[68],也于235年被刺杀。

罗马帝国自奥古斯都时代起为众多行省官员所掌控,而今落入了佞臣和惯于谋杀的军队手中。康茂德之前,被弑之君皆为恶徒;235年起被弑的则是想要严明纲纪的有为之君。祸不单行,蛮族也从四面八方侵入帝国。235—284年的这半个世纪是糟糕的时期。

最大的奇迹和对罗马帝国的辩护在于,它竟然能够重获统一。帝国主要满足于维持大致服从以及税收和边界;它比掠夺成性的元老院政权强百倍。税收是直接税。帝国有大片税收区和关税区。直接税不时修正;内地税是一种间接税,相当高。税收以谷物征集,货物用来支付军队和官员的薪俸。剩余部分大多留给地方生计,留给诸如城市、帕吉[69]的地方法规来处理。城邦和自治市仍然存在,在其中同样有善举。

在统治权力之外,暂时还没有精神上或物质上的吸引力能够分散民众的忠诚。

思想和言论的自由几乎不受限制。教育由国家提供,但它终究不是一种权力工具。私人生活不在警察监控之下。帝国没有骚扰民众,但民众的确在相互骚扰。

朱利安王朝和弗拉维王朝的残酷皇帝(图密善)中,只有挥金如土之辈才是帝国的真正威胁,因为他们必须诉诸大范围的搜刮掠夺,或许还要动用一帮密探。但希腊城邦也曾为自己劫掠。

绝对主义在罗马帝国被认为自然而然,服从的原则从未遭到质疑。这就是为什么绝对国家能够无所顾忌地行事,并且从理论上

---

[68] 亚历山大·塞维鲁斯(Alexander Severus,约208—235),罗马皇帝(222—235),生于叙利亚,有指挥才能,但被马克西米的支持者刺杀。

[69] 帕吉(pagi),罗马行省中最小的行政单位。

讲，从不背后下手。服从并非一种必须兢兢业业、条理分明地加以维护的学说。政权无须为保守主义辩护，也无须组建作为一支忠实大军的官僚机构，更别说要在一套考试制度的帮助下使教育成为垄断事业和官僚机构的基础。众多官职只从属于自治市。

整个帝国之中绝无政党，否则帝国主权还得与之争斗。

用蒙森的话讲："时至今日，对于东西方的许多地区，帝国时期都标志着良好治理所能达到的高度，本身是很普通，但此前此后的治理都不曾达到。倘有一天，主的使者开列收支账目，看看塞维鲁斯·安东尼乌斯所辖之地而今是否处于更通情达理、仁民爱物的治理之下，看看自那时以来，道德及人们的幸福，大体而言是有所增进抑或反不如前，那么，裁决是否倾向于当今颇成问题。"[70]

唯一的威胁来自军队，特别是行省军队，当他们为扶植一个皇帝而你攻我伐的时候。

希腊民主政体对χρεῶν ἄφεσις［免于匮乏］和ἀναδασμὸς［土地分配］的吵嚷笃定到头了，尽管它在琉善那里又有一次征兆。

除了卡里古拉[71]死后出现的一个短暂阴谋，再也没有谁想去恢复共和国。

说到经济状况，我们不能忘记一个体现在古代早期，特别是希腊人反机械思想中的大前提，其主要原因是家用奴隶和工场、农业奴隶的存在。有人推测在3世纪之后，顶多是家用奴隶有明显减少，因为此后被释者的墓碑很不常见；至少碑铭是停止了。当需求增加而资金不足时，或许更经济、更可取的做法就是节省开支，拿自由

---

[70] 蒙森（Theodor Mommsen，1817—1903），德国的罗马史专家，这句话出自他的《罗马帝国各行省》一书导言。
[71] 卡里古拉（Caligula，12—41），罗马皇帝（37—41）。

的仆人来代用，而非购买奴隶。一种自由的家政在那时开始了吗？这丝毫不能表明田间奴隶是增加还是减少了。而工场奴隶的一般状况，只能猜测，没法证实。他们所占的比例或许不大。

奴隶们仅有的一般权利是，他们的主人不可杀死他们或夺去他们攒下来的 *peculium* [小笔财物]。除此之外，奴隶就是一件动产，勉强具有法律保护的婚姻，但他的主人实际上不会予以尊重。虐待"之后"死亡，抑或虐待"导致"死亡，判然有别；如果是前者，即使君士坦丁大帝的法律也不会处罚主人。

Collegia 或者说行会的存在表明，自由劳动者在贸易中占绝大多数。它们显然不同于常常被查禁、在政治上可疑的会社，这些会社的目的不过是社交乐趣、宗教崇拜和葬礼。工匠只能是自由的个体雇主。他们是不是更多地跟奴隶或自由民一起工作呢？不管怎么说，他们亲身劳动。当集体劳作，比如为军队服务的时候，他们可能会分担任务和收益。似乎他们还拥有合股基金。稍后行会中有了强制加入的成员；谁若想干某种工作，他就不得不属于相应的行会。国家首先靠市政官满足自己的税收，接下来就是靠这些行会。危急时刻，国家把每个团体都变成榨油机。两个阶层也都对市政开销、修筑、供应和娱乐承担义务。

此外，帝国的工场（奴隶劳动，因为是集体的？）作为一种垄断，保留了某些营生，像军备、紫色服装和采矿；这一垄断体制后来还进一步扩张。行会也参与这些事项；它们可看作是承包商。行会有共同的宗教仪式和丧葬地点；不过它们只在大一些的城市中呈现出完备的形式。

劳动者肯定不会比希腊人和早期罗马人更被尊重吗？

一个地方是否繁荣，通常要看该地曾经有过的文明比起现在是更高还是不及。

西贝尔[72]除了抱怨没有进口、纯粹消极的贸易，还抱怨缺乏任何大工业和创造新价值的活动。如果情况真这么糟糕，很难理解罗马帝国靠什么支撑自己。

至于土地耕种，或者不如说所谓的荒芜和弃耕，我们必须做出分辨：罗马帝国的过错所造成的荒芜；由于各民族自身的过错，在很久以前就已经造成的荒芜（如狄奥·克里索斯托[73]、帕萨尼亚斯和斯特拉波[74]所见，单单希腊人已把希腊闹得荒无人烟）；以及敌人的入侵所造成的荒芜。

大地产并不必然导致荒芜；起码在各个行省中，情况千差万别。的确，就意大利而言，大地产该遭抱怨。它们起源于贵族占据 ager publicus［公田］，后来蔓延到了整个意大利和各个行省。但大地产本身并不必然带来糟糕的、不怎么获利的种植，以及对隶农和奴隶的虐待。

作为农业衰败的原因，西贝尔引述了如下几条：小农服役于战争；自身挥霍和国家税收压力导致的中等阶级的破败；为数不多但规模巨大的庄园（大地产）有害于耕作和产出，带来田地荒芜和人口减少。

西贝尔给出的原因除了非常狭隘和不足，忽视了罗马帝国衰落的主要原因，而且在3世纪之前也不适用，正是罗马结束了集体财产，结束了各个部落的公共牧场（例如在西方凯尔特人的土地上），只承认明确划定的地产。唯有在此之后，农业才有可能在许多地方取代游牧。例如在高卢，主要农作物的引进和增长得归功于罗马，这被清楚地证实［塞利尔（Cellier）］。

---

［72］ 西贝尔（Heinrich von Sybel，1817—1895），德国历史学家。
［73］ 狄奥·克里索斯托（Dio Chrysostom，约40—115），希腊雄辩家，游历极广。
［74］ 斯特拉波（Strabo，约前63—23），希腊地理学家、历史学家、哲学家。

然而，每种占有形态都伴随一个被压迫的阶级，一定条件下他们会哗然而起。即便那些在我们看来似乎极有缺陷、妨碍耕作的制度，诸如集体财产、各个部落的公共牧场，却有可能适合当时的生活，而当罗马人终止这些事物的时候，大片大片的人被弄得很不高兴。某个羊倌儿未能如设想的那样成为农夫，他死掉了。顺便说一下大地产，我们绝非信口开河，那个时候整个拥有土地的阶级都被高利贷者盘剥，破产者居多，犹太人掌权，农户遁入城市。

论及"荒芜"，需要指出，像约旦河上游东岸的浩兰（Hauran），只在此时才成为生聚之地，并维持到伊斯兰化之前。形成对照的是，狄奥·克里索斯托说帖萨利[75]荒无人烟，阿卡迪亚[76]一片废墟，而帕萨尼亚斯则走过了漫长、荒凉的旅程。这都是希腊人咎由自取，自波里比乌斯时代起，一些希腊人就有意识地实施节育。在坎帕尼亚[77]，土地耕种的显著减少看来只是后来才发生，而在北非，罗马的粮仓，主教辖区多达477个，可见人口之盛。不列颠的增长也很明显；在盎格鲁人和撒克逊人到来之前，凯尔特语（而今局限在威尔士和康沃尔）已经让位给罗马方言。在高卢，文化和人口似乎一直增长到安敦尼王朝。高卢语言持久且旺盛的生命力或许可以作为证明。*agri decimates*［什一税地］的人口，出自 *levissimus quisque Gallorum*［一股股高卢人］和 *inopia audax*［旺盛的需要］[78]，看来是已经罗马化的高卢—罗马人的一次人口激增。于是图拉真和哈德良[79]环绕此地划出 *limes*［边界］。

---

〔75〕帖萨利（Thessalia），位于希腊中部。
〔76〕阿卡迪亚（Arcadia），位于希腊的伯罗奔尼撒，其居民几乎与世隔绝，好比中国的桃花源。
〔77〕坎帕尼亚（Campania），位于意大利西南。
〔78〕见塔西佗《日耳曼尼亚志》29节。
〔79〕哈德良（Hadrian，76—138），罗马皇帝（117—138）。

西贝尔所依据的事例极为片面，不足以解释罗马帝国的衰落。毋宁说，主要原因是如下几条：自康茂德、卡拉卡拉和赫利奥盖巴勒斯[80]以来帝国的内部失序，连同随之而来的帝位战争；此外是马可·奥勒留之后，日耳曼人在全部边界上的新活动，以及他们巨大的人力资源——或许是一次突然的增长；还有就是萨珊王朝。作为一种反作用力，多少也由于帝国的内部失序，出来挽救局面的是三十僭主。

　　即使在最好的情况下，伊利里亚诸帝也必须靠武力重整帝国，此后的形势，即便没有饥荒和瘟疫，也不可避免地变得危如累卵。

　　因此，头两个世纪的帝国与3世纪的帝国应区别看待。农业奴隶的废除和武装自由农户的强制建立在3世纪能有所补益吗？日耳曼人的定居的确提供了许多这类农户，但还远远不够。为害不浅的财政制度却依然如故。但在危难之际，这种制度很难改变。

　　说到这里，需要挽回一下。有多少普遍的、不可避免的人类不幸像在别的任何时代一样，也在此时出现，发挥作用？不幸是个相对概念，它其实是不满现状的程度。除非某人恍然大悟，不再委曲求全，否则谈不上什么不幸。

　　3世纪晚期，这个世界帝国仍需自我重建、维持统一，以便作为一个整体基督教化。

　　让我们对罗马帝国存有适当的敬意吧。世上再没别的王朝可以夸耀像从涅尔瓦到马可·奥勒留那样前后相继的五位贤帝（单纯世袭的王朝可能做不到这一点），以及像从哥特人克劳迪乌斯[81]到戴克里先那样一系列救星。

---

[80] 赫利奥盖巴勒斯（Heliogabalus，204—222），217年杀死卡拉卡拉后成为罗马皇帝（218—222），乖谬放荡，信巴力神，试图把他的信仰强加给罗马人，在由此引发的起义中被杀。
[81] 克劳迪乌斯（Claudius，214—270），罗马皇帝（268—270）。

第 2 章

中世纪

11. 中世纪

（1）[1882年] 实际上是作为对古代的景仰，才有了"中世纪"一说。它意味着"中间期"。15世纪的意大利人已经意识到了这一点。(*medium aevum* 是否译自 *Mittelalter*、*moyen âge*？)

这个称谓表达了一种观点，即有一千年的历史一无是处，其存在或许是对人类的惩罚；这给了它野蛮的名声，它的发端事实上是蛮族的泛滥成灾。意大利人于是颇为不平，他们因蛮族而丧失了主宰世界的权力，尽管其实早在君士坦丁治下就事已如此了。对他们而言，似乎更加现代的时期基本上在罗马史终结之际就能立即开始。他们对中世纪近乎不耐烦。

用此称谓表达这种观点，最先是在文艺复兴的意义上，后来则尤其以现代"强权"的名义（中世纪国家权力的碎化被痛惜），最后是由于"世界文明"的说法。

对中世纪固然容易有失公允，但人们终究不能等闲视之。尽管现代文化主要源于古代，但我们的生活有其中世纪根源也是知者日多。人们逐渐通过各种途径欣赏到了中世纪的诸多特殊品质。某些方面甚至让人心潮澎湃，但却令那些满脑子现代观点的人敌意丛生。总的来说，对中世纪既强烈又广泛的偏见迄今犹存，且不说那些更根深蒂固的看法了。有一种关于所谓黄金时代的幻觉认为，在这种时代里大德奇才相聚一处，就好像"幸福"在某时某地有明确的门牌或住宅。

在我们当前这一历史时刻，在1882年的境况之下，我们尤其不能对以往任何时代评头论足——如今不论是我们总的形势，还是各种特定事件，方方面面都充满了怨恨和威胁，各国钩心斗角，武装到了牙齿。

既然我们相信关于中世纪的知识同样是我们最宝贵的财富，也就是说，对精神传统的通览使我们有别于野蛮人（以及那些非常现代的人），我们最好避免依照我们时代幸福与不幸的标准评价过去，这些评价都是错觉。

对以往所有事物感兴趣并评判它们的相对精神价值，这是我们时代非常独特之处。当然，我们的时代本身巨变频仍，所以它对往昔的评价也变化很大。不过有一点仍非常肯定：今天的欧洲人至少有一个以中世纪为形态的漫长的青年时期。

人类生活乃是一体，对于我们孱弱的感知而言，它在时空中忽起忽落，有福有祸，但实际上它遵循着更高的必然性。缜密地追踪该必然性始终是件可疑又费力的事。并非所有这时或那时被研究者视为世界历史意旨的东西都真能配得上这种称号。

生存的边缘往往凄惨，人类普遍有此经验，因为民族也好，个人也罢，常把自己的生存推向可能性的极限；这种生存几乎难以承受。

这样一种民族的幸存值得一提，至少它不像古希腊人那样自我耗尽，也没有被其他民族摧毁。日耳曼部落大迁徙中消失的民族是如此之多；一旦没有自己的国王，它们就失落在其他民族当中。我们能随便地为它们感到惋惜吗？如果它们存活更久，它们（以及那么多在远古就已消亡的其他民族）是会做出壮举善行，还是会更多地做出些伤天害理的事呢？

无论如何，当高度文明、不识干戈的时期变成朝不保夕、凶残冷酷的局面，不幸之感将激增，日耳曼部落大迁徙就是一例。

我们当然会有些惋惜，但无须用空论来宽慰自己，说什么有些东西的衰落能带来好处，或衰落之后又会有复苏。因为绝不是每次毁灭之后都会跟着有起死回生（那些卷入其中的人及其亲属绝不会从腐烂中苏醒）。涂炭生灵的那些大毁灭者对我们来说仍是个谜。面对阿提拉[1]的野心（他来不及实现），或面对成吉思汗以及尤其是帖木儿的功业，我们仍然大惑不解，顶多支支吾吾地说，被这些人所摧毁的那些势力在特定条件下或许也会为害不浅。财物损失数目巨大。出类拔萃、广受推崇的诗歌和艺术作品所遭到的毁坏更让我们难以释怀，我们确信它们不可替代，我们知道，正是这种天然力量与这种美的结合空前绝后。（就让我们闭上双眼；经验告诉我们，人类经历许多世代才能获得少许精华，且在未来不会做得更好；因而，此时此刻，面对物华天宝的毁灭不存，我们不妨痛悼。）

我们唯一的，但也很靠不住的安慰乃是：业已丧失的古代杰作倘若幸存，将堵住新的文学和艺术的去路，使它们难以自然而然地展现出来，或至少是难以独树一帜。

然而通常来说，认为以往时代幸福或认为它们可怜，不过是偏袒一种不可靠的事物，反对另一种不可靠的事物；如此一来我们所听从的仍是我们自私的偏见（顶多是我们时代的偏好），这种偏见赞同那些似乎与之同调的东西，非难那些它觉得难以理解或格格不

---

[1] 阿提拉（Attila），匈奴王，逝于453年，在各蛮族中他对罗马帝国的威胁最大。

入的东西。

举例来说，我们强烈反感伊斯兰，因其呆板的宗教、谨小慎微的艺术、备受束缚的诗歌，以及一成不变的专制政体。但是只要让其信徒发声，我们和我们的怜悯就被打发了。时至今日，伊斯兰仍给予其信徒非常坚定的支持，他们引以为豪，并使传教企图几乎无隙可乘。如果有谁忽略伊斯兰而想象历史，他肯定也会忽略伊斯兰作为对手而带给拜占庭帝国的哪怕是短暂的复兴，以及后来通过十字军而带给西方的复兴。（这个劲敌极大地使拜占庭帝国保有生气。它最终屈服于伊斯兰得归咎于西方造成的削弱；记住1204年。）不过，蒙古人终究会来，难以想象有何种条件能使他们在近东和欧洲建立起非伊斯兰化的统治。

话说回来，庆贺像怜悯一样令人生疑。当庆贺一些胜利的民族时，他们的喜悦，所谓胜利者的喜悦，被失败者的无穷愁苦所冲淡，后者也同是人类，或许更为出色。再者，胜利的喜悦为时不久，因为无论民族或个人都不能守住其地位一成不变，过段时间之后，借助各种手段的生存斗争就会重新开始，愈演愈烈直到你死我活——不光是通过武力，也像今天这样通过关税（因为人们由此来打击一种基于自由竞争的活动，即今天的工业，它是当前权力和财富的表征）。

30　　再说，所有民族和所有时期中，人们所能确认的无非是那些具有活力和真正自由的部分何其强劲；因为唯有这些人才对他们的境况充满自豪。但我们连奴隶在罗马帝国中所占的比例都不清楚，更别说半自由人（litae等等）和奴仆（servi）在获胜的日耳曼人中所占的比例了，我们也不清楚这些人对自己缺乏自由有何种感想。

不做任何关于幸与不幸的评价，抛开任何没用的赞同或不满，我们只管去思考和理解那些起作用的力量，它们的演替、互动和嬗变。为此目的，我们得从可能是来自宣传手册的那点叙述中解脱出来。我们必须更多地按着现象的内在联系来编排它们，在这种联系中它们构成了各种条件和持久的事态。文明史派上用场。对这个概念的界定多有变化；它将长期有一种主观和业余的外观，以及复杂和含糊的范围，从所谓古代到所谓历史哲学。人人都可根据一己之见来入手。不过，人们放进文明史的不是那些他们所喜欢的东西，而是那些他们相信自己应该或必须放进去的东西。

这个称谓若是让我们觉得自己所关心的无非是知识文化的兴衰和对地球的物质开发，它对于我们所虑及的东西来说终究是太狭隘了；我们真正着眼的乃是对总体上更加重要和有效的力量有所理解，并因此对多多少少由这些力量造成的各种持久的状况有所理解。

根据需要，文明史与教会史、法律史、文学史、交通史、伦理史等都有重叠，但它并不要求自己成为它们的全部。它对资料的选取遵循着自己的内在原则。在文明史的许多价值中，终归得到承认的学术价值可能在于，较之叙述性的呈现，它更易于把一个包括多个世纪的时代的精神意义提炼为一个简短的讲课。

文明史自然联系到史料研究。史料作为特定时代和民族的纪念与写照引起文明史的兴趣，而不仅仅是用来查证某些单个事件；文明史学者以不同于历史学家的眼光来阅读史料。事实上，只有从史料而非手册中才能有效地了解文明史。

（2）［1884年］说到最近的中世纪之敌，他们是如下人等：

首先是那些认为基督教总的来说是场错误和不幸的人；其次是那些人，他们不能忍受大量极度偶像化的民间想象跟各种新宗教纠缠混杂（伊斯兰教的想象稍显平淡，基督教则否）；还有一些人，他们根本不懂什么叫稳定，他们急于造成一种一个人可以在里面为所欲为的局面，但其他任何人也可以为所欲为，逻辑上讲，最蛮横的家伙最有可能为所欲为——他们急于实现哲学无拘无束的发展，科学的速胜，无论远近都畅通无阻的交通，以及从地表开始的对世界的工业开发。最后是这些敌视者当中所有主张平等一律的人。

许多标准使我们可以把勒南[2]看作中世纪之敌；他在《马可·奥勒留》中反复刻画自己。588页："人类的最高目标乃是个人自由。"——"人只属于他自己"；由此出发，伏尔泰、卢梭[3]，以及法国革命造成了："人类的新信仰"，614页。——"基督教是国家之贼"，赫然出现在590页。——在勒南看来，宗教民族对一切征服者都敞开，比如印度人。他说，只有在中世纪激烈地改革基督教，城市和国家才能虽有基督教而仍能存活。依勒南之见，中世纪没有"祖国"；人们是基督徒、穆斯林或佛教徒。

接着是603页："人类生活被耽搁了1000年。大工业毫无可能。由于到处散布对高利贷的偏见，所有的银行和保险业务都遭禁止。只有犹太人能掌控金钱；他们被迫致富"，于是他们又因富有而遭谴责。因为禁止谋利，基督教"把资本连根铲除"；财富没有增殖能力。"由于所谓高利贷的罪行，极度的恐惧散布于整个中世纪社会，十多个世纪以来，这对文明的进步都是一大障碍。"联系前面一句："人类生活被耽搁了1000年。"（现在我们终于知道，勒南所谓"人类生活"是为何物！）

他还抱怨说，干活儿的人越来越少。照他的说法，穷人在基督教中得到了"无须劳苦的欢娱"，并期待着"靠贫穷赢得天堂"。

---

[2] 勒南（Ernest Renan, 1823—1892），法国历史学家，著有《基督教起源史》，《马可·奥勒留》是其中第7卷。
[3] 卢梭（Jean-Jacques Rousseau, 1712—1778），生于日内瓦、成名于法国的启蒙思想家。

在605页，他还说"人类社会的完善和个人福祉的增加……"绝不是基督教的目标。（此岸，"好生活"就够了。）

此外是630页：考虑到凯尔特人的、意大利人的，以及其他民族的迷信渗入教会：6至10世纪的世界较之以前更加异教化；"时至今日，我们的基础教育虽有进步，我们的父母也没有丢弃哪怕一个他们的小高卢神祇。圣徒崇拜是件外衣，多神教在它下面重整旗鼓"。

最后是在632页，论及3世纪："造成一种没有形而上学或神学的一位一体论基督教，一种与理性的犹太教大同小异的基督教,*此乃季诺碧亚[4]和萨摩萨塔的保罗[5]一心所求，但在萌芽之中就被掐灭了。否则这些尝试将导致一种简化的基督教，一种犹太教的延续，有些类似于伊斯兰教。如果他们大功告成，他们无疑将预先阻止穆罕默德在阿拉伯人和叙利亚人中的成功。有多少狂热将因此而避免啊！"（只不过，对财神的狂热将更早地左右一切，就像在犹太人那里一样。）

勒南的宗教愿望或许符合他们自己的需要。

但我们至少在有些方面逊色于中世纪人，他们的生活中没有经年不断或始终造成威胁的民族战争，没有伴随着生死竞争的被迫的大工业，没有信贷和资本主义，没有对（哪怕是不可避免的）贫穷的憎恶。如果这些人已经像今天所做的一样采掘无烟煤，我们又会在哪儿？

---

[4] 季诺碧亚（Zenobia），古叙利亚王国女王（267—272）。

[5] 萨摩萨塔的保罗（Paul of Samosata），叙利亚基督教神学家，季诺碧亚女王的朋友和高官，因主张一位一体论而被教会驱逐，但在女王庇护下发挥影响，直到王国被罗马人灭亡。

* 布克哈特在此插入一句：一件妙事，勒南将其透露出来，只此一次！——英译者注中世纪的伟大与不幸,实非勒南所能虑及。

只有止住那点精打细算,只有当思考和感受压倒一切,伟大才能显现。每当此时,中世纪给我们这些后世子孙的印象总是,它伴随着幸福之感。

(3)但我们绝不是必须为中世纪开脱,我们所要做的只是描述以往生活的实际情况,无论那是什么样。中世纪是当今世界的青年时期,一个漫长的青年时期。我们生活中有价值的东西都能在此找到根源。对于我们今天的衰败,中世纪毫无罪责!那是个有着自然权威的时代。这一点我们已经失去,亦难再得;相反,我们被涌自下层大多数的浪潮所吞没,但这并非中世纪之过。

以往时代和力量的强烈冲击不在于它们与我们有亲缘关系,而在于它们的天然品质,亦即它们恰恰自然而然地存在。比方说,正统对于日耳曼阿里乌斯主义〔6〕的胜利不是由于智力上的优越,而是由于一种气质,它由此控制住了与教会竞争的小教派。

一个时代或一项事业是否伟大,取决于那些能够牺牲的人占多大比例,不管他们站在哪边。在这方面,中世纪相当经得起检验。献身!而非定期付薪的担保!

伟大始于何处?始于对一项事业的献身,无论它是什么,始于个人空虚的彻底消除。

伟大不靠智力上的优越,因为智力优越可以配合着恶劣的品质。

伟大乃是,某种精神与某种意志的结合。

---

〔6〕 阿里乌斯主义(Arianism),利比亚神学家阿里乌斯(Arius,256—336)所倡导的一位一体论。

12. 早期基督教

何时、何地、何人,决定将三本对观福音书分别集录出来?想必此时,这些文本已令人敬畏,谁都不敢把它们合成一个本子。在什么团体中人们预先有了这些独立的福音书?至于次经[7],《希伯来福音书》[8]传布尤其广泛;优西比乌斯[9]说伊便尼派[10]非此不读。

伊斯兰教径直采取了一种权力的世俗立场,同时它也小心谨慎,不会放任人们背离信仰。基督教则在一个宗教大激荡的时代让众多想象相互竞争,三个多世纪以来它不得不对付各种异端,各类衍生的宗教、巫师、诺斯替教徒及幻象家,他们合起来足以裹挟许多群体,基督教除了凭一己之力与之搏斗,别无他法。单是迫近的审判日之基督再临,以及千禧年这类许诺就足以使人们如痴如狂,而像孟他努派那样说预言、突然通灵,就更了不得了。孟他努[11]就将他本人看作是圣灵。

虽然有这一切,人们大概仍然看得出,杰出的人物属于那个思想正常的中心,迫害或许格外加强了这个中心。如果有哪个权威曾因巨大奉献而产生,那就是教会的权威。

全基督教界都在这时表白了信仰;任何掩藏世俗智慧的地方,

---

[7] 次经(Apocrypha),未被列入正典的早期基督教著作。
[8] 《希伯来福音书》(*Gospel of the Hebrews*),有强烈犹太教色彩的基督徒所奉的经书,已佚。
[9] 优西比乌斯(Eusebius Pamphili,约263—339),巴勒斯坦的卡萨里亚城(Caesarea)主教,著有《教会史》10卷。
[10] 伊便尼派(Ebionites),1—4世纪活跃于巴勒斯坦,倾向犹太教的基督教派别。该派承认耶稣是弥赛亚,但否认他是神;以偏离摩西律法为理由拒斥使徒书信,但推崇《希伯来福音书》。
[11] 孟他努(Montanus),2世纪人,自称附有圣灵,能说预言,他谴责主教与使徒著作日益扩大的权威,与两个妇女百基拉(Prisca)和马克西米拉(Maximilla)一起传教,颇有声势。

任何渗入异教仪式的地方,我们都在对付异端,例如巴西里得[12]。

巴尔库克巴[13]反叛首先是一场对基督徒的血腥迫害。基督徒始终面临的一个危险就是异教徒的那种时而变得非常强烈的信念,即一切灾难都出于基督徒的扩散或对基督徒的宽容。

奇迹,包括起死回生在内,从一开始就对基督徒构不成问题,并且在这个团体中,人们的确相信自己看到诸如预言和治愈病患之类的超凡力量依然存在,而一切异教的奇迹却显得不过是巫术。

基督徒之间的互助(君士坦丁将国家收益交由他们支配之前),说实话,可能非常接近于使徒时代朝不保夕的财产共同体。成为基督徒的人很难继续富有。在康茂德治下的罗马只有很少的富人和贵族皈依。

一旦有殉教,立即会引来对殉教者尸身的崇拜。在里昂的迫害中(殉难者有坡提努斯[14]、布兰蒂娜[15]等人),迫害者焚毁尸体,并将骨灰扬入罗讷河——既是阻止对他们的崇拜,更是怕他们复活。

对于魔鬼,异教徒和基督徒有许多相似的观点,但异教徒在此问题上被一种狂野斑斓的想象所支配,而基督徒抱持一种相当一致的信念。

教会文献显然自始就极为丰富。同道和团体之间的书信集无疑是最初的形式;接下来应予重视的是对异端的反驳和针对异教的护教词。一旦不再有任何真正改宗的犹太人,希伯来文献定然沉入深深的晦暗之中。奥利金[16]对希伯来文献的钻研备受推崇。到3世

---

[12] 巴西里得(Basilides),2世纪诺斯替主义者,谙熟犹太教和基督教经典,浸润埃及和希腊思想,自称有得自圣彼得和圣马提亚的秘传。
[13] 巴尔库克巴(Bar Kochba),反抗罗马的犹太英雄,兵败后死于135年。
[14] 坡提努斯(Pothinus),2世纪里昂第一任主教,里昂迫害中的殉教者。
[15] 布兰蒂娜(Blandina),里昂迫害中的女殉教者。
[16] 奥利金(Origen,约185—254),基督教神学家。

纪,已经出现了大量经院的神学著作和注疏。

德西乌斯皇帝[17]大迫害之后的诺瓦提安[18]论争中,在罗马已经能够举行由60名主教和无数长老执事组成的宗教会议。他们来自意大利、北非,"以及其他地方"。与此相关,优西比乌斯还给出了罗马会众的成员数目。事关萨摩萨塔的保罗的安提阿宗教会议(270年之后)规模甚大,与会者众多。而今不但在对待 *lapsi*[失节者],以及给归正的异端者重新施洗问题上争论激烈,还添上了关于基督本性的持久争论。

在康茂德、阿拉伯人菲利普[19]、亚历山大·塞维鲁斯以及瓦莱里安[20]治下的皇宫中都能感受到基督教的影响,至于瓦莱里安,优西比乌斯在其《教会史》7卷10章中记载:"起初他整个宫廷满是虔诚的人,简直成了上帝的教堂,直到埃及祭司教唆他彻底倒戈并沉溺于恐怖的秘密献祭与迫害。"奥勒良[21]皇帝是基督教事务的仲裁者,反对萨摩萨塔的保罗是他的决定之一。

13. 作为一种殉教者宗教的基督教

或许在所有宗教当中,基督教,通过对其信徒和殉教者的崇拜,最鲜活地保留了关于自身发展的记忆。佛教只崇拜佛陀本人的遗存,

---

[17] 德西乌斯(Decius, 201—251),罗马皇帝(249—251)。
[18] 诺瓦提安(Novatian),3世纪基督教神学家,殉教者。德西乌斯皇帝大迫害之后,在对待失节者问题上教会出现分歧,诺瓦提安反对重新接纳失节者并于251年起成为对立教皇,他的宗派持续了两三个世纪。
[19] 阿拉伯人菲利普(Philippus Arabs,约204—249),罗马皇帝(244—249)。
[20] 瓦莱里安(Valerian),罗马皇帝(253—260),他于257年起迫害基督徒,260年东征波斯,兵败被俘,死于狱中。
[21] 奥勒良(Aurelian,约212—275),罗马皇帝(270—275)。

对其各个传播者没有特别的纪念,因为他们的修为终究不能与佛陀相提并论。而基督教呢,正如它重视个人得救,它也极大地神化其各个传福音者,并且实际上将其仪式及上帝观念的大部分移注到了他们的遗存和墓葬上。这些地方没什么可论证的,人们相信并期待它们显灵;这的确意味着朝向第二个阶段的转变,在这个阶段中每个地方都必须有它的圣物,对这种财宝的竞争和觊觎随即产生。圣徒被十分强烈地地方化了,其方式可以跟希腊神话的情况相类比。

形成对照的是伊斯兰教圣地的稀少。并且这些地方也非恩典的特别所在,而是只供纪念。(但诸如各个神圣的马拉布[22]的墓葬又如何呢?)伊斯兰教没有把安拉的效能散发给众多地方和人物。

对于形形色色的基督教圣徒崇拜来说非常重要的是,人们得对他们的故事有所耳闻。在特鲁瓦,圣帕特洛克洛斯[23]有个小圣祠,只有一名教士(后来他被叫作诵经人)。当地人对这位殉教者兴趣不大,因为找不到关于他殉难的记述;若是能读到那些上帝的圣徒们的殉难故事,照乡下人的风俗,他们会更加虔诚地予以崇拜。于是有人长途跋涉,带回关于该圣徒受难的记述,交给这个我们刚才提到过的、在那里供职的牧师去诵读。后者大喜过望,立即抄录一份并上交给他的主教,结果却遭到重罚,就好像这故事是他自己编的。但不久之后,一个法兰克乡绅去往意大利,从那里带回了极为相似的故事。

殉教者优越于其他圣徒;说到殉教,用的词是 *passio*、*agon*、*certamen*。基督教此时的存亡紧紧依靠那些至死仍声明信仰的人。它完全变成了殉教者的宗教,这与古代宗教截然不同,后者并不对

---

[22] 马拉布(Marabouts),穆斯林宗教和军事团体成员,在11和12世纪分布于北非和西班牙,他们被视为圣徒,其墓地受到朝拜。
[23] 圣帕特洛克洛斯(St. Patroclus),特鲁瓦人,259年殉教。

其信徒大做文章,对其最初的倡导者也只有一种神话的看法。(例如狄俄尼索斯[24]等等;然而说到狄俄尼索斯崇拜,它最接近于迫害、信仰表白和殉难。)皇帝们的迫害使基督教立刻到处都有"垂范的土地"在其脚下。一个好例子是戴克里先的迫害,面对坚定不渝的殉教崇拜它一无所获。

说到"垂范的土地":在阿尔勒,一个遭诬告的妇女被判处沉入罗讷河,颈上套着石头。水中她求告当地伟大的圣徒,他在一次迫害中曾泅渡罗讷河:"圣君尼斯[25],光荣的殉教者,他在这水里游过,这水是神圣的。"当然,她获救了。

14. 禁欲苦修及其立场

(1)禁欲苦修并非出自事工称义(后来才变成这样),也并非出自替那些忙于尘世生活无暇忏悔的人忏悔(这也是后来的想法),它其实是基督教固有的由衷悲观的真切表达。与此完全契合的是独身——绝不仅仅为拒绝色欲,尽管这也很重要(感观享乐与基督教正相矛盾,在这方面基督教与各种自然宗教一刀两断),还因为人类的生存毫无意义。在4、5世纪里,向往灭绝的意愿存在于最高贵的心灵中,全然不顾帝国的外在命运。与此并存的是芸芸众生,尽管劫难重重,他们仍痴迷于竞技场。

只在日耳曼部落大迁徙之后,有苦修倾向的人才因此变成教士或修士,从那时起,神职人员才被迫构成苦修的阶层,而他们的实际行为往往大相径庭。基督教至少将在一个明确的阶级中得到稳定

---

[24] 狄俄尼索斯(Dionysus),希腊神话中的酒神和丰产之神,围绕该神的崇拜往往狂欢暴饮,突破禁忌,这种崇拜活动在希腊传播时曾遭到抵制。
[25] 圣君尼斯(Saint Genesius),阿尔勒人,305年殉教。

的践行。这解释了为什么会有对独身的要求,这一要求反复出现并最终通行。神职人员将体现出俗人不能达到的完善;唯有这样,神职人员才配得上分发教会的救赎手段。也只有作为对这种弃绝的回报,神职人员才能要求人们表示敬意,这种敬意基于他们被视为圣洁。

当然,代为忏悔和事工称义在此的确已经出现了。与此同时,独身问题开始牵涉到教士团逐渐赢得的整个权力地位,教士团必须全面占有教士以确保教会财产不被挥霍,或被教士家庭用尽。

从何时起,代为忏悔的先兆,即苦修者的代祷,被认为是管用的?从何时起,修道院因为这些祷告而得到捐赠?

(2)苦修及其在修院生活中的彻底实现,乃是逐字逐句地遵循《新约》;一般基督徒在其尘世生活中不再能达到《新约》的严格规定。即便是2世纪,重要的基督教团体也已经接纳了那些德行平常、不能十分圣洁的人。同是早在这个已经基督教化的世纪,也出现了像孟他努派那样可怕的苦修异端;不过到后来,正统基督教以修院生活平和地将自己区别出来,并在此找到了它非常妥当的表达。修士是坚定的基督徒,而俗人也可求得心安,他们想到除自己之外还存在着如此坚定的基督徒,且当前时代无须尽善尽美。在外界不再可能或者说不再被允许的超凡力量(charismata),在修道院中也得以延续。

15. 尼西亚基督教的传播

有人可能会问这是如何发生的:进入5世纪时,借助尼西亚信经,并通过能够理解其他民族的希腊人,基督教成为在两种语言中能把人们更加紧密联系起来的巨大的社会权力。亚历山大及其继承人已经拉近了近东,并使近东诸文明与他们自己的希腊文化达成了理解。罗马逐渐征服东方各国,与此同时使罗马精神与希腊精神相融合。这个最冷酷的民族无法抵制希腊文化,它唯一的狂热对象。历经诸位皇帝,一个同质化的希腊-罗马世界形成了。这个世界正是基督教扩张的背景和目标。崩溃的帝国之下,从不列颠和赫拉克勒斯之柱[26]到幼发拉底河和底格里斯河,同质化的基督教界成了新的根基。而今各民族可以来了;它们都会被尼西亚基督教教义及时驯服,否则中世纪将是暴徒的巢穴。

这是必由之路,唯有如此,各民族才不会彼此视为野兽。将来的所有时代都将铭记这一点。

16. 教会

基督教优于异教,无论后者是古典的还是别的类型,它的神祇都不圣洁,它面向的是一个不复存在的中等阶级,它的诗歌与文业已耗尽,它因普遍的邪恶而自我谴责,凡此种种。

不过,最大的奇迹在于,一种外在的权力形式——教会,能够从基督教中形成,并且被视为正统的普世教会随后能够维持住;此外,由神圣作品组成的一部公认正典也形成了。

个人与基督教现实及教义高度私人化的关系从一开始就是基督教教义的内在特质。因此必然会导致观点分歧,即便在围绕使徒的最早圈子里也是如此,改宗的犹太人和异教徒之存在显明了这一点。保罗书信揭示出,即便在使徒团体内也涌现了许多裂隙。使徒渐次去世后出现的危险是,再也没有什么充分的权威。于是出现了对纪律的要求,纪律当然倾向于排斥而非吸引。《使徒信经》直到后使徒时代才产生,或许是作为受洗候选人的信条。

---

[26] 赫拉克勒斯之柱(Pillars of Hercules),直布罗陀海峡东端的两个海角。

另一方面，团体中的仁爱以及上帝面前人人平等提供了凝聚力，此外，迫害最有力地促成了团结；没有这些，很可能会出现大量宗派，异教可以把它们再次吸收。

但除了可被任意强化的禁欲苦修，希腊哲学（甚至在保罗这里）、东方的通神论和魔法也来势汹汹。还有一些宗教想造成影响；西门·马古斯[27]就是一个例子。出了数个弥赛亚，诸如巴尔库克巴等人。

伴随这些情况，发生了原始基督教向晚期古典世界之世界观和文化的转换，向异教徒之基督教的转换，以及后来向日耳曼和斯拉夫世界的移入。

基督教的冲击力是罕见的。它大声疾呼，要求彻底排挤其他宗教。早在1世纪它就所向披靡；所以塔西佗有言，*Odium generis humani*[人所共愤][28]，即大众日益愤恨；终于，在君士坦丁治下，国家只好妥协，把这种压倒性的力量融入自身之中，无可奈何。

基督教教义有其危险，即各种异端。我们对整个二元论的诺斯替主义及其爱安[29]理论略而不谈，它纵然多彩多姿，各种体系起源纷繁，却难以塑造团体。我们同样略去犹太—基督教各宗派，诸如伊便尼派（迟至2世纪末仍有伪克莱门特[30]的研究圈子）。毫无疑

---

[27] 西门·马古斯（Simon Magus），见《新约·使徒行传》8章9—24节，此人在撒玛利亚行巫术并企图用金钱购买使徒的权能。

[28] 塔西佗《编年史》，第15卷第48节："元老、骑士、官员，甚至妇女，竞相参与（谋反）。他们恨尼禄。"尼禄曾迫害基督徒。

[29] 爱安（eon，或aeon），诺斯替主义认为从最高存在流溢出一系列爱安，最低下的爱安落到世上，可拯救世上"属灵的人"和部分"属魂的人"，而"属物质的人"无法得救。

[30] 克莱门特（Clement），殉教的罗马主教（约88—约97），历来认为他就是《新约·腓力比书》中保罗所说与自己同工的革利免，许多作品伪托克莱门特之名，伊便尼派就曾利用他的权威。

问，犹太人傲慢到对这种事情不屑一顾；在基督徒的历次迫害中，他们惯于煽动异教徒。巴尔库克巴也杀害基督徒。

摩尼教强烈要求有一个自己的教会，它把基督教看作不过是异教通神论及被忽视的犹太教的一种掩饰，它没有显露柏拉图的影响，但提供了混合着佛教思想的波斯二元论。摩尼教在中世纪的重现显示出它一定的生命力。当时的近东真可说是 *vagina religionum*〔宗教的温床〕；人们也应记得后来在穆罕默德出现前，萨珊王朝治下的局面。

终于在150年左右出现了孟他努主义及其癫狂的预言，宣称圣灵时代的开始并引发了一种新的精神激荡。孟他努自视为圣灵（？）。激进的苦行和狂热是该派的特征；它宣讲千禧年说。以多少低调的形式，孟他努主义也波及东方。

希坡律陀[31]、菲利西斯姆斯[32]、诺瓦提安及麦勒修斯[33]，他们的分裂被认为仅仅是在补赎教规的践行方面存有异议与争执，夹杂着私人恩怨。

更危险的分裂出在三位一体问题上，诸如圣父受苦派和萨摩萨塔的保罗[34]。

---

[31] 希坡律陀（Hippolytus，？—236），第一个对立教皇（217—235），他指责当时的教皇对异端和失节者宽大，遂退出罗马教会并自立为教皇。
[32] 菲利西斯姆斯（Felicissimus），迦太基教会执事，在3世纪中叶领导了一个分裂性宗派。他质疑主教乃至使徒的权威，反对迦太基主教西普里安对失节者的严厉态度。
[33] 麦勒修斯（Meletius），3世纪中叶阿里乌斯派推举的安提阿主教。
[34] 早期基督教中的一位一体论（Monarchianism）分为两派，一派是动态的一位一体论者（Dynamistic monarchians），以萨摩萨塔的保罗为代表，认为耶稣生为凡人，后来才从圣父获得权能；另一派是形态的一位一体论者（Modalistic monarchians），认为基督是圣父显示的影像，照此说法，圣父必定曾经死在十字架上，因此该派也被称为圣父受苦派（the Patripassians）。

面对这一切，教会仍能维持住统一（主要文献是西普里安[35]的《论教会的统一》）；甚至能等级制地组织起来；能召开宗教会议，开始是应急，后来成了常规；能以越来越大的决心培育其普世性。它不仅祛除邪说恶行，必要时还跟在外部形式、组织和仪式上的每一种偏离做斗争。它实现了主教的完全权威和罗马大主教一职的开端。爱任纽[36]在《驳异端》第3卷第3章中说："因由彼得和保罗这两位最荣耀的使徒所创建，它首屈一指，整个教会，亦即各地信徒，都须与之（即罗马教会）一致。各地基督徒都通过它护持着源于使徒们的传统。"

没有德西乌斯、瓦莱里安等皇帝治下最后的迫害，矛盾、争辩和野心很有可能把教会拆散成宗派，异教信仰可能会因此压倒它们或至少与之平起平坐。教会生活并不依赖深奥的教义阐发或野心勃勃的个人，而是靠团体感情，靠身为上帝子民的共同感受，靠兄弟般的互助和仁爱。宗派分裂会给这一切以致命一击，用以征服异教徒的特殊力量将因此丧失，无论各个宗派的宗教热情有多高。

当在戴克里先治下，基督教即将掌控帝国之际，它陷入了在三位一体问题上的那些危险的分裂。戴克里先的迫害固然没有消除这些宗派，但它们无疑集结了与宗派分裂并存着的团结精神。当君士坦丁应对基督教的时候，他遇到了一种作为既定传统的稳固的普世组织。如果没有这个，他可能根本不会把基督教放在心上。

如果好的判断力在信仰和观点问题上能说上话，大多数异端将不会散布开来，由此教会可能会始终有力。然而，使教会强大的同一种力量，也会造成朝向异端的能力和性情——当然，得有许多人

---

[35] 西普里安（Cyprian），248年起任迦太基主教，258年殉教，强调主教的权威。
[36] 爱任纽（Irenaeus, 125—202），希腊神学家，里昂主教，著有《驳异端》5卷。

武断的帮助。也有天生的宗派主义者。

17. 朱利安皇帝[37]和复辟异教的企图

朱利安死后,阿波加斯特和尤金尼乌斯[38]实际上接过了他复辟异教的计划,他们至少可以依靠异教徒,这个事实表明事情终究还不确定。

想想如果没有对波斯人的战争,让朱利安统治十年左右,他会大有作为。

当然,把异教组织成一个抗衡的教会不大可能;但对于大的示威来说,农业人口和许多城市里的人或许是可资利用的。说不定异教至少能把自己置于稳固的基础上,免遭进一步的废弃,并由此可使自己与基督教并存,因为有谁知道一个宗教能多长时间禁绝任何变通的主张,特别是由于有了俸禄。

另一方面,可以想象当面对这种局面时,基督教神学家们将停止他们在三位一体问题上的口角;切实的力量将再次变得首要;这种局面好比后来正统在阿里乌斯派诸侯治下的情况。

不过,可能还有一个此前此后都未出现的大危险:如果被帝国抛弃,教会可能会被地区和宗派撕碎,随后它会发现自己难以重获统一。在罗马或许就会有一场真正的较量,异教时来运转,而主教区则轻易丧失其刚刚开始的新生优势。

---

[37] 朱利安(Julian,约331—363),罗马皇帝(361—363),原为基督徒,后试图恢复异教,有"叛教者朱利安"之称,死于与波斯人交战。
[38] 阿波加斯特(Arbogast)是罗马皇帝提奥多西一世(Theodosius Ⅰ)的大将,镇守西部帝国,他造反后推举尤金尼乌斯(Eugenius)为西部帝国皇帝(392—394)。他们二人统治期间立即复辟异教。提奥多西平定叛乱后,阿波加斯特自杀,尤金尼乌斯被处决。

18. 西欧阿里乌斯派及犹太人

勒南在他的《马可·奥勒留》中唉声叹气，惋惜与"理性的犹太教"大同小异的"一位一体论基督教"在3世纪被击败了。

在未来，犹太人多次紧跟阿里乌斯派，他们最害怕的就是正统，可予证实的是拉文那等地的犹太人，阿尔勒的犹太人（508年）和那不勒斯的犹太人，536年，面对贝利撒留[39]的进攻，他们许诺要照顾该城的需要。在西哥特人的西班牙，犹太人显然为数众多；他们在这里的报复行动是与准备入侵的阿拉伯人订约。

整个正统的中世纪都压制犹太人并周期性地迫害他们，即想要消灭他们。然而如果西欧的阿里乌斯派能挺得住，那么犹太人可能会在一两个世纪中成为全部财产的主人，并可能早在那个时候就让日耳曼和拉丁各民族给他们干活儿。中世纪大概就不会存在了，或至少会大不一样。如果让人随意裁定，他将选择：7或8世纪起犹太人的普遍主宰，或原本所是的中世纪。

19. 西罗马帝国的崩溃

当一个大肌体行将就木，一大堆病症和糟糕事儿就同时发生或接踵而至，这是个通常的病理事实。

不知道是不是巧合，情况很特别，代表帝国的并非由过继、选举或篡夺产生的强力君主，而是两个嫡出的弱人[40]，在危急时刻，

---

[39] 贝利撒留（Belisarius，505—565），拜占庭帝国的名将。

[40] 提奥多西一世逝后，罗马帝国一分为二，长子阿卡狄乌斯（Arcadius）获得东部，次子霍诺留（Honorius）获得西部。阿卡狄乌斯被权臣卢菲努斯（Rufinus）控制，霍诺留则受将军斯提里克（Stilicho）摆布。斯提里克与卢菲努斯是竞争对手，后卢菲努斯在视察军队时被杀。

他们的领导权能够也必然会成为争夺品,所以不但没有齐心协力,反而有下属挑起的争斗。军队麻烦的天性也火上浇油。

各军队似乎获得了它们自己的独立意志;不列颠的罗马军团猜疑中央政权,于是叛乱;入侵和罗马的篡逆交织在一起,蛮族部队经常听从自己的冲动而非帝国的权威。军队中各种危机不断,看起来像是难以预料的自然事件。

这一切之外还要添上外来压力。庞大的蛮族世界突然意识到它施威的日子到了(拉达盖伊苏斯;在高卢的日耳曼人,406年[41])。收买、零星安置等,再也不能满足它;世界历史的主宰意志降临于它。狭义上说,Völkerwanderung [民族大迁徙] 意味着帝国的许多部分遭受了日耳曼各族的蹂躏;方式千差万别。

有一些历来的困难需要强调一下:我们缺少一份西部的史学家的详细记录,甚至缺少一个精确的、能确定月份和星期的年表。不过,依因果关系来判断,各种事件经过肯定含混不明,不可避免地负有许多乖谬的动机。巨大的、在劫难逃的命运,最终被视为一个个具体人物的过失。到处都是痛苦和不幸,与此相伴的是各种想象和编造,以及特别是谴责,对控诉的狂热甚至抓住了那些本来能够知道真相的人。有鉴于此,我们不时获悉的 nexus causalis [因果关系],不是压根儿不存在,就是有完全不同的形式。

在克劳狄亚[42]和佐西默斯[43]那里有一种喋喋不休,硬要索求

---

[41] 406年,拉达盖伊苏斯(Radagaisus)率大量蛮族攻入意大利,摧毁许多城市并包围佛罗伦萨,后被斯提里克击败,拉达盖伊苏斯被处死;同年,汪达尔人侵入并盘踞高卢,直到413年被西哥特人驱逐。
[42] 克劳狄亚(Claudian),4世纪晚期拉丁诗人,为提奥多西一世、斯提里克及霍诺留等人写过颂歌,讽刺过卢菲努斯。
[43] 佐西默斯(Zosimus),5、6世纪之交的东罗马帝国历史学家,著有自奥古斯都以来直到410年的罗马诸皇帝纪。作为异教徒,他把帝国的衰落归咎于基督教。

最隐秘的谋划和动机。但还是得说,很不幸这是实情,即卑鄙的个人阴谋在举世攸关的时刻的确起了某种作用。最终我们必须考虑到因斯提里克[44]而针对正统的乱成一片的宗派仇恨。无论在东罗马帝国或在西罗马帝国,每个行省的反叛,每支蛮族的入侵,都可看作是受到了竞争对手的鼓动。

20. 克洛维一世[45]之功业

他信心十足,在权力的阶梯上步步高升:486年—496年—506年。作为大部分高卢的主宰,他除掉了其他法兰克人统治者,表面上拥有相关民众的充分认可。他的所有创举都贯穿着罪行。但谁也不能让每个卑鄙无耻之徒都相信,当他犯罪时,他是在创建国家。当克洛维去世之际,他是:(1)狭义上的整个法兰克民族以及阿勒曼尼人[46],即毗邻的日耳曼民众的领袖;(2)以巴黎为 *cathedra regni* [首都] 的整个罗马化高卢的主宰。这个民族,无论统治者或被统治者,所有人都是或即将是尼西亚正统。勃艮第的并入肯定是下一结果。

---

[44] 斯提里克(Stilicho),提奥多西一世手下大将,后辅佐西罗马帝国幼主霍诺留,战功卓著。因斯提里克是汪达尔人且亲阿里乌斯派,霍诺留猜忌他并于408年将他处死。有猜测说他策划了对权力竞争者卢菲努斯的暗杀,意图使自己的儿子做皇帝以及纵容蛮族侵入高卢,但都无确凿证据。

[45] 克洛维一世(Clovis Ⅰ, 466—511),法兰克国王(481—511),墨洛温王朝创建者。他先是通过谋杀亲戚而成为撒利族法兰克人的唯一首领;486年他击败罗马军团,结束了罗马在高卢的统治;496年击败了来犯的阿勒曼尼人并在该年的圣诞节皈依了正统基督教;507年又击败西哥特人。

[46] 阿勒曼尼人(Alemanni),据3世纪罗马历史学家 Asinius Quadratus 解释,Alemanni 的意思是"所有人"(all men),这表明阿勒曼尼人包括了许多来源不同的部落。他们于5世纪初占据了今阿尔萨斯和瑞士的部分地区,496年被克洛维斯征服。

作为一个国家，法兰克王国仍显得笨拙和临时。但它是个可行的建构，不像耀武扬威的阿里乌斯派各族那种草率的模仿，它们觉得自己能够永久统治正统的罗马民众。不管怎么说，这个王朝持续了两个半世纪，而在西哥特人、伦巴第人、盎格鲁－撒克逊人中却很难形成王朝。最高权力常被篡夺，但丕平[47]之前没人篡夺王位。这个国家熬过了许多非常可怕的打击，后来在丕平的王朝治下获得了辉煌的新生。

21. 创立宗教的穆罕默德及伊斯兰教*

一个光彩的、能够克己的民族，一个对自己的每个个人和每个部落怀有无限信心的民族，即将被召唤向一种新的信仰以及在此信仰名义下的世界霸权。

阿拉伯半岛的宗教样式繁多；异教色彩斑斓，与之并存的有对安拉的古老信仰；犹太部落和来源不同的基督徒也生息在这片土地上；在他们面前，拜占庭人正忙于争论基督的性质；萨珊王朝有其二元论宗教；这两大帝国的政治和军事基础都在动摇。

穆罕默德所遇到的特殊情况是对克尔白圣寺的朝拜仪式，整个麦加的存在自古就指向这一朝拜仪式。他没有予以贬斥，没有试图另立圣所；古老的克尔白圣寺只需"净化"；黑色陨石作为必要的神物保留下来。

穆罕默德不能规避克尔白圣寺和朝圣（尽管本质上它们跟他的

---

[47] 丕平（Pepin或Pippin，714—768），他于751年正式废黜墨洛温王朝末代国王并开创加罗林王朝，他的儿子即查理曼大帝。

* 第21节至第23节，作者表现了他对伊斯兰教的偏见。这是我们不能同意的。——中文出版者注信念没有必然联系），他不但把它们纳入了自己的体系，并且使之成为自己整个礼拜仪式的核心。他一度被迫逃离麦加；于是他全体追随者的狂热更加变成了对克尔白圣寺的渴求，他决定性的胜利就是取得麦加。他很难想象，对克尔白圣寺的向往会在未来感染所有民族。眼下他则禁止一切非信徒来圣寺朝拜。

49 　　单靠他苍白的讲道，他可能只会赢得些许的和暂时的成功；但从希志来[48]开始，他不断为其信徒引介新的目标：除了他许诺给他们的麦加之外，还有对沙漠商队的劫掠，以及在阿拉伯半岛的征服活动和随之而来的战利品。紧接着自然就是对外界的圣战。世界帝国是个简单的推论。

　　穆罕默德本人非常热情，那是他的根本力量。他的热情是一个激进的简化者的热情，极为真诚。那是最顽固的种类，即教条主义的激情，他的胜利属于热情和浅薄最大的胜利之一。一切偶像崇拜，一切神话的东西，一切宗教上宽松的东西，一切现存信仰中的流派分支，都让他怒不可遏，他生逢其时，此时他所属民族中的大量阶层显然高度适合一场各种宗教的极端简化；他的天才在于他对这一点的预知。而此时受到攻击的各民族或许也多少厌倦了他们现有的神学和神话。从年轻时起，穆罕默德就在至少十个人的帮助下审视了犹太人、基督徒和袄教徒的信仰，他从中吸取了一切可用的片断并按照自己的想法加以整合。因此在穆罕默德的布道中，人人都能找到与自己熟悉的信仰相共鸣的地方。

　　非常不同凡响的是，凭借这一切，穆罕默德不仅在有生之年获得成功，获得阿拉伯半岛的尊崇，而且创建了一个世界宗教，时至今日，这一宗教仍然存在且自视甚高。

----

〔48〕 希志来（hegira），622年穆罕默德从麦加转赴麦地那，为伊斯兰教纪元的开始。

在这个新宗教里,一切都得在阿拉伯人的一般见识之内,也就是说,它必须可行。因此伊斯兰教有着非常简单的教义问答,这一简单物的主要元素如下:

真主的独一及其各种属性。

安拉既不受生,亦不生出。

先知亚当、挪亚、摩西、耶稣,以及作为最后一位先知的穆罕默德的启示,但有关于一位马赫迪的些许暗示。

绝对的天意;宿命论(穆罕默德本人称之为"顺服"),它对野心勃勃的力量具有极大的滋长作用。碰到麻烦事就说是"Mektub"[前定]。

信天使(因为穆罕默德发现过提婆、火精和雌魔)。

永生和末日审判,天园和地狱("天园是在刀剑的荫下"[49])。

道德法则,各种道德训诫,其中有"莫撒谎"(因为穆罕默德把撒谎的权利留给了自己);这些说教中有些成了《古兰经》的民法,至今有效。

最后是,祈祷、斋戒和朝圣。

或许可以这么想,除所有绝对的价值之外,这一宗教和 *Weltanschauung* [世界观] 几乎对处于特定精神发展阶段上的全人类都适合。真诚的奉献、神秘主义和哲学,能够也已经附着于这一宗教。但伊斯兰教中较为深刻的元素来自外在于它的力量。

不管穆罕默德当初如何打算,伊斯兰教训导头脑与心灵的方式决定了他们后来所创建的国家与文化只能是现在这种形式而非其他形式。

这个浅薄的宗教(它比阿拉伯人的偶像崇拜有更好的道德影响

---

[49] 见《布哈里圣训实录全集》,4卷52章73节。

吗？）在广阔的地区摧毁了其他两种宗教，基督教和二神教，因为它们正经历危机。它的统治及于大西洋沿岸，深入印度和中国，时至今日仍在黑人中扩展。只有少数地方能够从伊斯兰教那里被重新夺回，并且还得靠拼尽全力。而今在基督教政权统治伊斯兰教民众的地方，这些政权明智地许可他们的信仰；基督教对这些人毫无影响力。

德林格[50]的预言是无谓的，他说伊斯兰教包含着"转瞬破灭的因素"。这是他的论述："伊斯兰教毫无疑问包含着转瞬破灭的因素〔我们欧洲呢？不也包含这样的因素吗？*〕，就因为它是有着凝固、僵化教条的宗教，这些教条囊括全部生活领域并阻遏任何发展〔别名"进步"：伊斯兰教的生存不正是因为它排斥进步吗？**〕。这些教条出自一个单一的民族，出自一种显然低水平的文化，当它们继续存在并传入其他民族时肯定会显出缺陷甚至害处，它们最终必将被自身引发的内在矛盾以及生活的需要所粉碎。"

但时至今日，这一宗教已经存在了那么长的时间，并且目前伊斯兰世界正是靠这种狭隘性生存！无论自己过得怎么样，伊斯兰各民族都认为，谁若不能从属于这一宗教和文化便是一大憾事。这一世界宗教自视甚高，认为不信仰它就是不幸。

我们通常倾向于从重大后果中推导出重大原因，所以在此就从穆罕默德的成就出发，推导出这个创建者的伟大。退一步说，人们觉得穆罕默德这个人总不至于是个骗子，他对事情应该是认真的。不过，这一涉及伟大的推论有时可能会出错，可能会把单纯的强大

---

〔50〕 德林格（Johann Joseph Ignaz von Döllinger，1799—1890），德国神学家和历史学家。
  * 布克哈特插入的话。——英译者注
  ** 布克哈特插入的话。——英译者注

误解成伟大。穆罕默德的成功，倒不如说是人性的劣质得到了强有力的表现。伊斯兰教是一次浅薄事物的胜利，而人类的大多数是浅薄的。（当今的穆罕默德崇拜者是群自我赞美的人。）不过浅薄的东西乐于专制，喜欢将其枷锁强加在高贵的精神上。伊斯兰教想把各个杰出的古代民族的神话传说剥夺殆尽，像对待波斯人的《列王》[51]，1200年来它还真的做到了在数量惊人的民众中禁绝雕刻和绘画。

穆罕默德是预言者吗？是诗人吗？是巫师吗？都不是，他是个先知。

他的人生和他的宗教的关键时刻，始于与麦加城外的阿拉伯人的联合。他的信徒迁出麦加。622年7月，他的希志来。

22. 伊斯兰教的专制

一切宗教皆排外，但伊斯兰教尤其突出，它立即发展出似乎与宗教密不可分的国家。该国家似乎与该宗教浑然一体。《古兰经》是它精神方面和世俗方面的律法书。

（1）正如德林格所说，它的法规囊括了全部生活领域，始终凝固和僵化；心智非常狭隘的阿拉伯人将这一品性强加给了许多民族并由此永久改造了它们（多么深入且广泛的精神奴役啊！）。这就是伊斯兰教蕴含的力量。

（2）与此同时，世界帝国以及从中渐次分离出来的诸多国家不可能是别的体制，而只能是专制君主制。圣战，说不定要征服世界，这种生活的根据和理由无法容忍其他任何体制。不过，遭遇到

───────
[51]《列王》，波斯史诗，菲尔度悉（Ferdowsi，940—1020）历时35年创作而成。

的传统也总是绝对主义（拜占庭、萨珊波斯等等）。于是很快就出现了粗劣的素丹主义。

只有爆发真正的宗教冲突，伊斯兰教才能暂时地重新变得荣耀。只为理想而生的统治者将再次出现，且穆斯林团体将再次成为国家的真正主人（尽管从不允许投票选举）。那时统治者只是信徒的理财者，就像努尔丁[52]；在战斗中他谋求殉教。

但只要宗教冲突的刺激过去了，通常的专制就再次显现。它容许，特定条件下甚至渴望物质财富，但无论何时何地，它都没有为谋生提供安全的环境。有时候它爱好高级的知识文化，但又用宗教将之局限在明确的范围内。现代西方"进步"观念的两层含义：一是宪政国家，再就是营利性事业和商业的无限增长；都被这一专制完全拒斥。而今它通过这种拒斥来保持力量，与西方形成对照。它没有走上这条路：（1）西方由宪政国家变成大众民主制，（2）民众变成贪图享乐的专业人士和工人。它的确曾经学会借贷，但又任意抛弃信贷体系，从而陷入破产，当这发生时，大多数民众甚至浑然不觉。

23. 伊斯兰教及其影响

通过对一种来世生活的感观描绘，穆罕默德显出了他本人的分量。

这是个初级的宗教，内在性微乎其微，尽管它能够跟它在各民族中偶然发现的任何一种禁欲苦修或宗教投入结合起来。

这一宗教竟如此自傲，觉得自己绝对优越于其他一切宗教，全

---

[52] 努尔丁（Nureddin, 1118—1174），与十字军作战的穆斯林将领，品行高尚。

然拒斥一切外来影响，这在宗教史上非常罕见甚至绝无仅有；这些品质长成了根深蒂固的傲慢和无所顾忌的自以为是。实际上这跟缺乏任何有深度的文化，缺乏对日常生活的清醒判断是一致的。

从哈里发到所有小喽啰，这个彻底专制的国家体制之后果是一些更深入的特征。尽管出于地域和习俗，时不时会有对家乡的强烈情感，但却完全缺少爱国主义，即对某个民族或某个国家整体的热爱（甚至连"爱国主义"这个词都没有）。这是个优点；一个穆斯林在整个伊斯兰世界都如同在家。这就是为什么战斗的号召不是以政治家园的名义，而只奉信仰之名，努尔丁；有关的战争鼓动者明白，他的听众只能被宗教狂热激发起来，即使战争的真正目的可能与信仰毫无关系。

至少大体上，专制有以下更深入的后果：

一切活动都避免直截了当，而选择蜿蜒曲折。一切事情都迂回委婉，拖沓迟延。

一旦开诚布公和实事求是被看作冒犯，人们可能只有通过阿谀奉承和阴谋诡计来达到目的。

相互之间，遍是猜疑。

一个基本主题：自我中心主义更多是指向金钱和财产，而非荣誉和声望。

忘恩负义。

在伊斯兰世界，奴隶的许多来源中很重要的一个是宫闱体系，没有阉人和黑奴，宫闱体系不可想象。不过黑人在这里的境况比在美洲种植园要好得多；阉人是他主子最亲近的朋友，女人们害怕他并谋求他的好感；黑人"家奴"被当作家里小孩一样对待，地位远在同为家庭仆役的阿拉伯人（被称作Chadam）之上。

伊斯兰世界中真切的、极端的专制权力最有力的证明在于，它能如此大规模地使皈依它的各民族的全部历史（风俗、宗教、以往看待事物的方式、古代的想象）失效。做到这一点，只靠向这些民族灌输一种新的宗教自豪，比什么都强烈的宗教自豪，并驱使这些民族羞愧于自己的过去。

24. 8世纪教皇造成的两大局面

（1）意大利的乱局

意大利的支离破碎始于伦巴第人入侵，那时还没有教皇的参与。如今这却成了教皇的政策，因为他肯定不希望有谁在政治上称雄意大利，而他自己也永远不能组建全意大利的政权，这或许是君士坦丁赠礼[53]的意图。他对过于强大的伦巴第诸王及意大利本族的君主们心存忌惮。但他肯定渴望至少拥有一个自己的国家。他目前的这种地理位置当然使他不想被明确划定界线。最重要的是，他必须避免对任何国家的严重依赖，特别是要避免拜占庭教会的命运，尽管它不能总是一点不靠某个世俗权力或武力，或其他帮助。因此，在某些情况下，它成了意大利遭受外来干涉、动荡不宁并因而衰弱的原因。

（2）西方的教会统一体

欧洲为生活的总体性，为一种更高的统一体寻求着形式和力量。形式之一有见于罗马教会，形式之二有见于查理曼大帝的统治。

西方的统一体及其所有连带后果十分有赖于教皇；唯有教会

---

[53] 君士坦丁赠礼（Donation of Constantine），据称由君士坦丁一世于324年签署，将罗马城、意大利乃至整个西罗马帝国的主权和精神权威授予教皇。意大利人文主义学者瓦拉（Lorenzo Valla）在1440年通过分析该法令的拉丁文证明其为伪造。

的统一体聚拢了各民族,能够成为一种最有力的社会纽带。现在浮现出一个问题,即如果没有教皇,这种统一体能否实现或能否维持。举例来说,单靠本笃会,能够保住作为统一体之宗教的基督教吗?

25. 查理曼

今天我们对这个世界帝国及其合意与否的看法取决于,曾经属于这个帝国的各民族的 *viri eruditi*〔学者〕把他们民族从那时以来的发展看作是好事还是坏事;在此,权力的合意度通常是理所当然的原则。

任何帝国,亦即任何一整片多民族区域的主宰,都将通过不可避免的拉平化来削弱或摧毁许多独一的民族特征,这些特征此前被这些民族精心呵护着(尤其可以参阅西贝尔,《德意志民族与帝国》,13页)。

此外,它通常离亲民的统治要多远有多远,并倾向于官僚体制,该体制将民众的全部能量都用于政权的目标。帝国越大,它的意图对于它内部各个地区来说就越显得专横和不可理喻。我们所讨论过的罗马帝国是一个众所周知的典型。即便是支撑王朝的统治民族,其境遇也好不到哪儿去。

不过无论规模大小,重要的政治目标往往或多或少地被王朝的或个人的临时利益取代。

很难想象这些帝国在政治上真有活力,联合起来的各民族能自发地参与总的意志与行动;一个中央集权的帝国更适合那些已经度过其盛年的衰老民族。无论采取何种名义,一旦任何政治的和个体民族的生命再次自我肯定,帝国都将分崩离析。无论何种侥幸存活的帝国残余,随后都会因不得不背负从前的负担而颇有不便。

最近人们试图论断查理曼,说他有些事情做得恰当合理,像兼并萨克森人[54]、扩张日耳曼文明兼古典文化、向附属地区传播基督教、抵御诺曼人,尽管有这些功绩,但他错误地争取世界霸权并作为征服者到处发动战争。这一整个批评实际上只能指向他对意大利的征服以及他与教皇的关系。

不管怎么说,通过彻底征服萨克森人,他最早使德意志得以可能。他消灭了阿瓦尔人[55];他所了解到的诺曼人还只处于他们的初级阶段,但对这些人相当忧虑;没有谁会要求说他该把他们从其故土搜出来,防患于未然。就这么一个人的力量,既征服了萨克森人,同时又复兴了罗马帝国,我们真得承认这是头等的精神现象。他仅仅是想做其中一件事,就能够做到另一件事。

不过到最后,主要的非议在于,查理曼利用罗马教会之助要在尘世实现上帝之国,以及利用随之而来的权威去统治所有基督教国家,去征讨所有非基督教国家;一个神圣的使命使征服者可以不择手段。不过当查理曼的帝国四分五裂之际,受他之邀共治世界的教皇却毫发无损。

(这或许就是世界历史隐秘的至高意志吧。)

一段时间内,对一个伟大人物的记忆和对加洛林王朝的记忆仍

---

[54] 萨克森人(德语Sachsen,英语Saxon),又名撒克逊人,属日耳曼民族,其中一支于5世纪中叶迁入不列颠,留在大陆的一支于531年征服图林根,占据德意志西北地区,此后与法兰克人交战直到被查理曼大帝征服。
[55] 阿瓦尔人(the Avars),游牧民族,4和5世纪活动于中亚草原,西迁进入欧洲后于6世纪晚期达到鼎盛,占据匈牙利平原,626年曾围攻君士坦丁堡。自被查理曼大帝击败后便从史籍中消失,今达吉斯坦的阿瓦尔人可能是古代阿瓦尔人的后裔。

然有相当价值,理由如下:有关民族在大约一百年中强大有力;面向未来,他们具备共同的大前提和记忆,他们文化上的同质性远非过去所能相比。在未来几个野蛮的中断时期之后,这些民族彼此之间不断接近和理解;一种西方共同体的感受形成了。

26. 诺曼人

当人们以为 *Völkerwanderung*〔民族大迁徙〕结束已久,当欧洲以为自己只有一个死敌,即伊斯兰的时候,一个依然原始、拥有极端力量的日耳曼部族起而劫掠了文化正处在上升中的欧洲世界。他们是海盗,但不是普通的海盗;他们的头领想靠夺取战利品在家乡赢得荣誉和青睐。而他们的生息之地——北海,要求人们极其勇敢、强壮和具有牺牲精神。大量人命牺牲不难预料,这就要求有超过斯堪的纳维亚半岛所能提供的大量精壮人力。把这些由其首领率领的劫掠团伙刻画得多么暴烈和惊人都不为过;生育和自然力肯定展现了处处令人惊愕和畏惧的现象。他们所碰到的一切,在他们走后,似乎都要凋敝。

他们注定了要做以下的事情:在法兰西建立最强大、最独立的公国;通过一次最后的入侵来建构英格兰,这次入侵的确至今仍是最后一次——他们创建了定型的英格兰;由诺曼底出发,从阿拉伯人、拜占庭人和伦巴第人手里攫取南意大利和西西里,并防守这一地区,以致阿拉伯人和希腊人只得放弃任何要求;创建安提阿的诺曼人国家;最后是建立对俄罗斯的主权,这甚至在蒙古重枷之下仍然延续并最终挣脱出来。

诺曼人到处建立可行的国家,他们能够对胡作非为有所节制,并能追求伟大的目标。

27. 拜占庭帝国及其使命

它的力量主要体现在与伊斯兰斗争时的领导地位。在一开始的巨大损失（整个东方、阿非利加和西西里）之后，拜占庭帝国站稳脚跟并在小亚西亚持续推进，甚至远至美索布达米亚。没有这个国家，支离破碎的欧洲，四分五裂的加罗林帝国该怎么过活？尼基弗鲁斯[56]对奥托大帝[57]军队的嘲笑值得一提。

拜占庭帝国不可能跟西方的十字军达成切实的协议，达成某种真正的合作。十字军对东方有害无益；他们重新激起了伊斯兰教十足的英雄狂热，单单与东罗马帝国的战争原本不可能唤起这种狂热；他们采取了不断恶化的做法并最终在1203—1204年，通过与当地一个派系的勾结，洗劫了拜占庭帝国本身。拉丁帝国是卑鄙的；只在这时候，对伊斯兰的反抗才决定性地遭到削弱，最终巴列奥略王朝[58]实际上屈服于土耳其人。随后，在伊斯兰的晚近阶段，欧洲只得面对土耳其人战栗惊恐数个世纪，那些与之结盟的地方除外。而只要巴列奥略王朝一息尚存，他们就有助于保卫欧洲。

28. 毁坏圣像之争

（1）挑起事端的主要是将军们，特别是当了皇帝的将军们，他们来自异教和犹太化地区，受到了一种"狂热"的驱使，这种"狂热"肯定比此前拜占庭帝国中崇拜圣像的"狂热"更少理性。这是

---

[56] 尼基弗鲁斯（Nicephorus，912—969），拜占庭皇帝（963—969）。
[57] 奥托大帝（Otto the Great，912—973），德意志国王（936—973），962年在罗马加冕称帝，966—972年为夺取南意大利而与拜占庭帝国多次交战。
[58] 巴列奥略王朝（Dynasty of Palaeologi，1261—1453），拜占庭帝国末代王朝。

浅薄的狂热，与穆罕默德的狂热类似。此外，这些将军都了解伊斯兰国家的结构，由于政教合一，它似乎强于政教有别的拜占庭国家。他们是军人，对武力强制抱有极大幻想，认为靠着武力能摧毁所有对手；任何非军事的抵制或反对都让他们大为光火，并打算不择手段。于是，在帝国本来需要尽可能和平之际，他们搞起了内战。

表面上看，这场斗争是教会的一部分反对另一部分，即宗主教、主教、都主教等，各自为政，排斥异己。方式有些是正统的，即宗教会议、教会法令等，但也有一种无底的残忍，亲历或旁观使人们知道了当毫无宗教顾虑制约时帝国的本来面目。

现在人们只得任由破坏肆虐，直到出现诸如属于伊琳尼女皇[59]的那些将军，他们意识到同遭受恐怖迫害的多数民众站在一起会赢得何种影响力。现在，党派意识在胜利的军团中公开地延烧起来，毁坏圣像的侍卫被制伏。

在9世纪，毁坏圣像之争的第二个阶段取决于如下事实，一些军区中这个传统仍然存在，口吃的米哈伊尔[60]，一个异教的，而且还犹太化了的将军登上了皇位并创建了一个王朝。亚美尼亚的利奥[61]再度发起（毁坏圣像），起初带有宗教上的淡漠［参阅利奥[62]的《中世纪》，246页］；接下来是口吃的米哈伊尔，一开始同样淡

---

[59] 伊琳尼（Irene，752—803），拜占庭女皇（797—802），掌权期间支持圣像崇拜。

[60] 口吃的米哈伊尔（Michael II the Stammerer，770—829），士兵出身，升至将军，他在刺杀亚美尼亚的利奥之后成为拜占庭皇帝（820—829），创建了弗里吉亚王朝（820—867）。

[61] 亚美尼亚的利奥（Leo the Armenian，775—820），即拜占庭皇帝利奥五世（813—820）。

[62] 利奥（Heinrich Leo，1799—1878），普鲁士历史学家，1830年出版了《中世纪史》2卷。

漠。总的后果是教会多少被折辱了，尤其是一个主要机关，宗主教职位。但圣像崇拜和修道生活获得了全胜。

伊斯兰的乐祸者会有相反的估算，诸如：由能征善战的皇帝们统治的拜占庭，却因教会迫害而大分裂，这真是太走运了！否则说不定他们会压倒我们。

赫茨贝格[63]在他的《拜占庭帝国和奥斯曼帝国史》（99页起）中表明，今天许多希腊人对伊苏里亚的利奥[64]很着迷，且赋予他极大的荣誉。接着他承认，我们不清楚利奥的教会措施其意图何其深广，哪些措施意在久远，哪些不过"作为战斗工具"。接着出现了常见的学究观点，即担心粗野的迷信，对此他说，只有一个属灵的宗教改革者，或只有渐进的、耐心的反制才能成功。不过照赫茨贝格所说，利奥有像提奥多西大帝这样的前人作为迷人的典范，他就是用类似的办法来清除阿里乌斯派和各种异端。他继续说，利奥是否还想赢得犹太人和阿拉伯人有待商榷。站在利奥这边的有大多数将领、小亚细亚（但不是欧洲的希腊！）有教养的平信徒、官员和上层阶级，以及部分神职人员（但却是多么大的一部分！）。反对他的则是群众，特别是妇女。赫茨贝格承认了那些反圣像崇拜者的无望处境；他说，较之他们的最终失败，更让人吃惊的是他们竟如此顽强。这场争执比三位一体争论走得要远得多。

61 有没有这种可能，即在伊苏里亚的利奥治下，这个傲慢的、令人畏惧的国家开始认为自己值得热爱？并且或许开始嫉妒除它之外一切受到其臣民爱戴的事物——它是他们唯一还保留的东西？

（2）一直以来，对备受折磨的拜占庭帝国来说，使生活变

---

[63] 赫茨贝格（Gustav Friedrich Hertzberg，1826—1907），德国历史学家。
[64] 伊苏里亚的利奥（Leo the Isaurian，680—741），即拜占庭皇帝利奥三世（717—741），他于726年开始反圣像崇拜，揭开了漫长的毁坏圣像之争。

得可以承受,且帝国也从未加以干涉的少许事物之一就是圣像崇拜。一旦大多数迷恋圣像的异教徒成为基督徒,这个新宗教的崇拜某种程度上不可避免地会转向这些圣像本身;例如那时出现了 ἀχειροποίητα〔非人手所制的圣像〕。但到处都没有证据说有巫术或其他邪恶的迷信活动靠这些圣像进行。除了独个地受到崇拜的圣像,各个教堂在壁画和镶嵌画中还有着庞大的圣像世界。当伊斯兰教拒斥一切圣像时,人们或许只会变得更加热衷于它,至少在毁坏圣像之争时,回教徒统治下的基督徒最热忱地献身于它。

与圣像世界密切相关的是修院生活,因为圣像绝大多数出自修道院。与此同时,造像是禁欲苦修(清贫、劳苦)可见的表达,在城镇、山区和岛屿广为传布。必须指出,圣像和修士享有一种古老的尊严,自瓦伦斯[65]以来的其他任何皇帝都无法竞争。而且,凭借苦修及其身份,修士是一种外在于强制性国家的自由岛屿,也是主教人选的一个主要来源。很难让修士群体协助推行诸如历次宗教会议、历次骚乱中的那些决议,这在7世纪似乎有过,但很罕见。

圣像膜拜和修院生活,像一切教会事物一样,是民众在强制性国家里所保留的最后的东西,这个国家本该饶过它们,因为国家在其他所有方面都对民众有所取偿。

而且,发起毁坏圣像之争的不是一个有可能想要通过束缚教会、束缚其宗教仪式和修士生活来再次增加国家权力的皇帝,而是一个教条主义者,伊苏里亚的利奥。

说不定,像他那样教条和狭隘的人,心中涌起了一种一知半解的或启蒙的狂热;他从自己的军事声望中获得了力量。或许,他心

---

[65] 瓦伦斯(Valens,约328—378),东罗马帝国皇帝(364—378),378年他率军与哥特人交战,战败被杀,使东罗马帝国岌岌可危。

中增长着对胜利国家的高傲自豪，该国家开始认为自己值得热爱，后来当某些导致嫉妒的真实原因出现时，它认为自己是唯一值得热爱的事物。这基本上正是为自己树立荣誉的古代城邦的立场。

如此一来，他绝不仅仅成了专断的暴君，更成了品味的专断裁决者。这样一个人对受苦民众的冒犯直达神经和毛发，这超出了宗教问题。

争执过程中，的确形成了一个启蒙了的群体（知识人、持异议者、渎神者、政客等等），他们涌现出来，热衷于打碎圣像。他们时时刻刻喜欢看到不管什么宗教都陷入深深的苦难，还有军人和官员，他们把所有不想或不能纳入军队或国家的东西都看成障碍。

29. 十字军

关于他们，乌拉赫的埃克哈特[66]说出了最真切最深刻的东西："这种新刺激对一个衰老乃至垂死的世界很重要。"他把伊壁鸠鲁主义者视为这一事业的敌人。

理想乃是"为上帝的天国服役"。这一理想渴求某种既属人又属灵的东西，它圣化了所有西方人。此前只有武力和个人献身；这一回，全部力量都服务于共同的神圣目标。欧洲意识到了它的全部实力，意识到某种伟大必须合力完成。民众有一种预感，即他们在更生，在增强，并因而意气风发。那一共同动机必然给出了对于生活的更高觉悟，不同于此前采取过的所有力量和权力。十字军东征与穆罕默德和各哈里发的征服之差别在于，这次关心

---

[66] 埃克哈特（Ekkehard），德意志历史学家和修士，著有记载十字军情况的《世界编年史》。

的不是世界,而是一个受崇敬的地点。愿望基本上没有指向尘世的财富(因为从前面的十字军那里一定已经得知了这片土地的贫瘠),而是指向对最神圣遗迹的捍卫。目标提升了十字军,而回教徒则在短暂、神圣和献身性的战争之后,就再次被贪得无厌所腐蚀。

在十字军这边,目标虽小,决心却大;在回教徒这边,目标是全世界,决心却很快就消沉。借助十字军而发生的那些壮举不可能被卑鄙的专制所收用。

一旦他给总体动向置入了强大决心,教皇就完成了或许是他最伟大的使命。这只有教皇能办到,后来他再没做过同样伟大的事情。较之乌尔班二世[67]在克勒芒的演说,英诺森三世[68]的训谕看来是有些卑鄙,他号召一支镇压阿尔比异端的十字军,他知道他这伙人的主要打算是劫掠和杀戮。

十字军东征成就了一种西方共同生活的意识。那些参与其中的民族,或以类似方式完成类似任务的民族,例如西班牙人,从此成了欧洲较为重要的国家。

不要怀疑事已至此是出于预谋;相反,人们充满梦幻图景。最先觉察到这个大潮流的教廷至少掌着舵,因为对它便利的一些原因以及它之前的性质和历史。由于没有提供领导,帝国在全欧又一次败绩。这个世界要求有一个伟大的、免罪的中心机构,并硬是赋予它理想的分量。它在后来变成了授予王冠的机构;现在它命令欧洲人去往东方。从此,我们就处于西方。

---

[67] 乌尔班二世(Urban Ⅱ,约1042—1099),教皇(1088—1099),他在南法城市克勒芒(Clermont)的演说激发了第一次十字军东征。
[68] 英诺森三世(Innocent Ⅲ,1160或1161—1216),教皇(1198—1216),他于1209年发起了讨伐法国南部阿尔比派的十字军。

30. 十字军的痛苦与牺牲

不论是对于基督徒或是对于回教徒，十字军的痛苦与牺牲都绝非徒劳和无谓。在西方，十字军那有力的拼争和随之而来的精神富足，直接或间接地决定了所有更高的水准和文化。伊斯兰世界里，古老的宗教战争及其奉献精神再次闪亮燃烧，在叙利亚和美索布达米亚跟在西班牙一样。塞尔柱王朝已经使伊斯兰教荣耀；在反基督徒的战斗中，一种道德上的伟大在伊斯兰教中被唤起。

31. 对中世纪晚期的评价

对一些现代人来说，这个时期作为一个分崩离析、遍布邪恶和自私自利的时代声名狼藉。但在任何时代里，新的力量若要针对之前的束缚为自己开辟道路，肯定都会造成这种印象。

这些力量只能以个体利益的面貌，即以自私和邪恶表现出来，别无他法，因为旧的元素不会自动退避。

在作为西方任务的一连串发展中，这一点也占有非常必要的位置。无须探讨这件事或那件事能否以更节制的方式来做。就是那样的一些人，做了他们要做的事。

我们对过去时代的道德批评易于出错。它很难从我们自己时代的纠葛中超脱出来，且总把当前的迫切需要转交给过去。此外，提出批评的那些人，他们平静地生活在一种由外部确保的、流行的工业主义所必需的秩序的保护之下，他们对暴烈不安和艰险的生活一无所知。

最后得说，这种批评对人物太挑剔且固守既定原则，对即时的压力和日常的自我保护少思寡虑。

对这个时期的评价是，中世纪的理想，即教会制度和骑士制度在其中崩溃了，或者不如说，从各个方面被冲破了。但理想的一个特征就是它们不能永存（它们支配了诗歌以便长存），特别是如果它们的生命像教会制度或骑士制度这样脆弱。

从它们的废墟下已萌生出崭新的事物，尽管其形式仍很含糊。生命运动不只是通过截然相反的、大的对立才发生，它也通过蜕变来突破。生命本身则始终可见。

过去和现在的狭隘狂热者以及历史的哲学解释者陷入了一些难题，在这些难题上的尴尬程度是他们的事，对我们妨碍不大。

第3章

1450—1598年的历史

32. 1450—1598年,以及19世纪对这段历史的看法

(1)[1859年3月10日]最近一段历史的主要产物是强权国家,一些极具影响力的民族的生活形态。它们之间的平衡据称有赖于五个大国(后来是六个)。但不仅小国对此终日惴惴不安,就连大国本身在44年的和平期间也从未弥兵解甲,且预先就花光了后代的钱财,以防别国坐大。

内政方面,国家集中了全部权力和全部司法;各小国也不得不照这种模式重塑自己。但凡病态的、被压制的、反抗性的元素结合起来,革命就指向整个国家,是的,指向现存的一切。但我们觉得自己每次都能予以压制。

这一声称要成为法治国家的现代国家德行如下:法律面前平等;通过消除一切压迫性的中间统治来保护物质利益;由于宗教淡漠和官僚态度(至少相对而言),也由于国家对其独占权力的警惕把持,从而宽容;私人生活及其乐趣方面细致讲究;不过首要的是思想和研究的自由,以及对世界和历史的客观评价。

何种程度上这有利于一个人的道德发展?作为私人个体,他有所得;作为公民,他堕落了,一有险情他就习惯性地吁求某种国家全能。真诚的善心,这香兰美蕙,配合着政治上彻底的无根性。

那么总的来说欧洲是在上升还是在下降呢？靠纯粹的算计绝不能断定。有关民族尚未竭尽全力，且在精神和道德领域要想估计正确的话，必须考虑到不可见的力量，考虑到奇迹。这里也不例外。

我们的任务就是去描述现代各民族在最近三个世纪的生活。

（2）[1869年后，或许是1872年？] 以一种基本上乐观的态度看待1450—1598年的历史，并把它说成是"进步"（我们认为自己就生活在这种进步随后的拓展中）的开端，这为期不久。

当然只在总体上这才是真实的，细说起来就得承认，各大国的专制、反宗教改革等现象曾经索取了相当多的牺牲（如果愿意，就一定能听到那些受害者的声音）。

不过总的来说，人们一度还是把他们所认为的好处，或至少把从1830年左右起他们所处状况的伟大前景跟1450年开始的许多重大变革联系起来。

鉴于日趋衰落的19世纪有许多迫在眉睫的危机，这些乐观的论断已经落空，说到自1450年以来与我们相关的事件和发展的可取度，我们有理由更谨慎地表态——甚至有理由彻底放弃关于以往事物的可取度这种想法。

尽管有这一切，我们在精神方面对这一时期的极大兴趣却丝毫不减。只要我们当前的西方文化一息尚存，我们就将通过吸收形形色色的过去事物来内在地丰富自己，并把早先世界各个时期精神的状况和变化看作对我们自身精神意识的巨大促进。的确，拿过去的不同时期相互比较，或与当前做比较的这种能力，是使我们远离当今的胡作非为、远离野蛮的主要力量之一，蒙昧野蛮绝不去做任何比较。在这方面，1450—1598年无疑是对我们有显著教益的一段历史。

不过，绝不能高估这个时期对我们当前发展的助益，我们需要的是一种客观的评价。此外，只要我们总是盯着物质福利这一标准——即物质福利稳中有升这一标准，我们就不是对过去状况进行确切评价的特别合适的人选。无论是个人的还是集体的伟大力量，它只有在斗争中才能生成，这些斗争可能非常可怕。而那一标准本身是荒谬的，因为贪婪和欲望不知道节制；不满的人比比皆是。

另一方面，我们的世纪倒是非常适合详尽地认识过去的精神内容。

肯定会让我们满意的是，将要讨论的这个时期留给我们大量资料，以及许多生动鲜活、引人入胜的画面和人物。

我们抵制错觉——首先是，认为人类急不可耐地渴望和向往摆脱中世纪，它被看作是阴暗悲惨的境况。长远来看，中世纪可能是一段有益的拖延。如果那时就已经像我们现在这样开发地表，或许压根就没我们了。（那是个损失吗？）让我们至少先来设想我们所关心的那个时代是为了其自身，而非为了我们。

我们还抵制这么一种错觉，即认为从那时起总的来说各种发展都通向幸福。1830—1848年间的自我欺骗真的跟这一幻想走得很近；但鉴于我们世纪之末所笼罩着的阴云，或许我们得更谨慎地说话。

早些时候，非常暧昧含混的"进步"观念包括以下内容：公民权利向更大范围民众的扩展；刑法的温和化；最宽泛意义上的交通，包括铁路和电报的全球网络；各种知识的大传播；一切价值和财产的可流动性；等等。

不过，更近一段时期对世界的研究已经用一种完全不同的观念取代了这一进步观（或者说使这一观念有了新的阐明）：始于植物和动物，接着又基本上贯穿人类生活的生存斗争。于是"幸福"概念必须从这个制高点出发来重新加以审视，甚至可能从历史研究中被完全清除。在其《关于无意识的哲学》中，爱德华·冯·哈特曼[1]甚至出于幸福论的观点召唤这一持续斗争的远景,当智力不断提出一种可怕的斗争时。

如果把哈特曼的论断应用到"1450年以来的历史",这段历史就意味着征服劣等人种的开始,特别是红种人;照他看,这将以他们的彻底灭绝告终。(胜利者何以由此就兴盛呢?墨西哥和秘鲁的西班牙人是狡诈的魔鬼。)他说,真正的慈善家也只能盼望加速这些最后的痛楚。白人占有地球越快,白人中不同支系之间的斗争爆发得也越快,又因为他们更加势均力敌,斗争也将更残酷;但相应地,对人种的进步发展也更有益。依哈特曼之见,战争绝不是这种斗争的唯一途径;发展较高的民族的工业冲击也能达到目的。但是,随着地球成了发展程度最高的那些民族的奖赏,随着整个世界的民众变得日益开化,土地条件、气候等差异还是会不断造成新的发展萌芽,它们的成熟仍只能通过相互的生存斗争。(照此下去,人类将逐渐变成名副其实的魔鬼,最终还将因为只有智力的发展而残废。)

(3)[1872年11月4日]而今我们也被编织进去的那一结构,其线索基本上是在那段时期织就。任何对过去的思考最迟也得在那里打一个结。但所有开始于那一时期的事物也都经历了许多大变迁。

强权体系以及绝对主义,一度是一些小国里的实践,依统治者的脾气建立,如今却被转变成一种各个大民族的体系。各民族或主导公众舆论的各阶级的意志(激情和利益)取代了内阁的意志。但凡仍然存在的王朝,它们也都主要致力于实现民众的意志(1876年10月加了一句)。

---

[1] 爱德华·冯·哈特曼(Eduard von Hartmann,1842—1906),德国哲学家。

一个民族之内，任何单个的封国或邦国都危在旦夕，因为即使它满怀善意，也不可能代表整个民族。

普遍民主作为一种懵懂的冲动，从法国革命及其对人性本善与人人平等的信念中喷发出来，涌动于各个民族的里里外外。它伴随着显著的同质性出现；它的基本特征以普选的形式得到了君相们本人的承认，普选可被扩展为对几乎任何事情的公投。

公投的主要动力是关于财产和享受的重大社会问题。对于权势人物来说，约束或打断这一活动唯有一招：必须怂恿各民族再次意识到它们之间那些早被完全抚平了的古老差异，并让它们相互角力。能做到这一点是因为，由于宿怨和对世界的掠夺，它们仍有利益冲突，例如英国跟俄国、英国跟美国及其他国家；因为迄今整个地球还没有被最活跃的那些民族占据，它们还得为此相互争斗；还因为，欧洲仍有零星小利有待侵吞，为此它们相互妒忌；最后是因为，不管文化上如何同质化，非常强烈的种族仇恨仍然存在。但从大的民族战争中，一次又一次产生出集权的、军事的，有些条件下是君主制的国家（直到今天仍然如此）。

在这一时期，海洋（注意是所有的大洋，而不再仅仅是大西洋）非常显著地压倒了地中海（如果地中海，连同埃及，不是作为通道或可能的战场而具有重要性的话，它就只不过是个小水塘）。与此相关的是土耳其、希腊、奥地利、意大利和西班牙的衰落。但即便在海洋民族中，西班牙和葡萄牙也远为逊色，荷兰也一样；它们有其未立遗嘱的推定继承人。两个盎格鲁-撒克逊民族以其直属的和殖民地的财富，正通过完全不受约束的活动而处于对世界进行大开发的进程中。尽管她的海岸线微不足道，德国也被迫在商业海运和海军方面同他们竞争。一个非常的命运基于这样一个事实，即像美国这样的盎格鲁-撒克逊殖民地能够获

第3章 1450—1598年的历史

得独立，且在急剧扩张的情况下仍能保持统一。由于其思想倾向，它终将无法忍受任何海洋上的界线（除非给它设置国内的界线。1876年）。

天主教会与它各个对手之间的冲突所采取的形式是16世纪的朋友或敌人都料想不到的。

新教受到通行文化的强烈影响。而天主教在体制方面依然固定，这种体制是它作为反宗教改革在16世纪采取的。那些不想与它同行并已投身现代精神的人被憎恨，他们也激烈报复。天主教对立于所有这些做法，且对立于几乎所有的天主教政权和官僚。目前它作为唯一自上而下的绝对权威高度显眼，没有哪个政权在内政方面还是这样。它从前与文化、世俗生活和科学的联系大多被斩断了，它与现代思想的对立急剧地达到顶点。

精神的主观性，它在16世纪如此剧烈地躁动于一切新事物之中，且造就了那么强有力的一些人，此后它始终合法地无拘无束，或在一些打断之后又变成这样。"许可"在今天并不缺乏。不过有个很不同的问题，我们时代是否适合于头等的、创造性的天才；我们时代会不会跟1500年左右那个时代一样原创和高产，从而让所有后来的世代铭记；知识的累积会不会阻碍更高级的生产性；创造性的人物和应该去鉴赏的那些人，他们身上真正伟大的情绪，是否正被贪得无厌和庸庸碌碌所破坏；当今的民主是不是在方方面面都带来了对杰出人物暗中的不信任，有些情况下甚至是公开的敌意。不管怎么说，因其规划包含了享乐的平等，民主自外于一切精神事物。

不过，不光是在民主政体中，在所有阶级和党派中，民众渴求的首先都是物质享受。之后他们为了进一步改善生活，当然也会喜欢上诗人、艺术家，甚至可能是天才的思想家，前提是他们安逸地待在自己的窝里。

（4）[1880年10月21日] 那些在物质和精神世界主导着后来时代的重大形势，大多形成于16世纪；这是个巨变频仍的时代。它有一个特别的优势：在此有可能把历史看作是精神史并把握住散碎的外在事实——不仅因为在有关运动中有许多理想主义的，甚至形而上的动力，还因为其代表者是一些有原创性的人物，有些是第一流的，他们分布于政治、军事、宗教、艺术和科学领域。精神通过强大的、富于表现力的人物具体地向我们表达。特别是15和16世纪之交这个时期，总体上给人的印象是新鲜、生动有力，是极不寻常的一代。欧洲事事都能拿出出类拔萃的人物——探险家、征服者、军事家、政治家、宗教创建者、每一个都能将其领域翻新的学者、不时用只言片语就能概括时代整个视野的思想家、像莫尔[2]和拉伯雷[3]这样的空想家，最后还有诗人以及特别是一流的艺术家群体。但即便是二三流的人物也参与了这普遍的活力，他们也率真地倾其所有作为贡献。文学方面我们开始获得那些至今仍被认真阅读的著作。当然，到了16世纪后半叶，不再有那么多风格各异的伟大人物了，那些如今有权势的人不再率真而开始反思，或者他们服务某个运动；但无论站在哪一边，他们都靠自己惊人的力量唤起了广泛的参与。我们对他们的名字耳熟能详——塔索[4]和卡蒙斯[5]，莎士

---

[2] 莫尔（Thomas More, 1478—1535），英国政治家、人文学者，著有《乌托邦》。
[3] 拉伯雷（François Rabelais, 约1493—1553），法国人文主义作家，著有《巨人传》。
[4] 塔索（Torquato Tasso, 1544—1595），意大利诗人，著有史诗《被解放的耶路撒冷》。
[5] 卡蒙斯（Luis Vaz de Camoëns, 约1524—1580），葡萄牙诗人，著有史诗《卢济塔尼亚人》。卢济塔尼亚是古罗马行省，包括今葡萄牙大部和西班牙西部，后用为葡萄牙代称。

比亚[6]和蒙田[7]，圣特雷莎[8]和圣卡罗·博罗梅[9]，科利格尼[10]，沉默者威廉[11]，英格兰的伊丽莎白，以及上升时期的亨利四世[12]。

除了世界历史这个体现为人物的方面，各种大的运动，国家与社会中那些带来了一个新纪元的变化也意义深远。

西方基督教的观念解体了。当东方的基督教文明面对奥斯曼人步步后退之际，西方几乎袖手旁观。奥斯曼人碾碎了进入他们势力范围的回教国家和基督教国家。他们帝国的兴起至今是近东最后一次新的重大变化。地中海萧条了，南欧始终受到严重威胁。

失之东隅，收之桑榆：葡萄牙人和西班牙人开始向远洋进发。欧洲人涌向东印度各文明古国，并在美洲创建大块大块的殖民地。当土耳其语的城市名在小亚细亚扩散时，美洲充斥着西班牙语和拉丁语的城市名。

在家里也发生了世界强权的转移，世界的重心转到了大西洋国家，它们在大西洋及所有海洋都有利益。

十字军东征的氛围已经消散，其生不逢时的代表人物堂·塞巴斯提安[13]也丢了命。但作为补偿，空气中出现了一种新的味道：征

---

〔6〕 莎士比亚（William Shakespeare，1564—1616），英国剧作家和诗人。
〔7〕 蒙田（Michel Eyquem de Montaigne，1533—1592），法国思想家、散文家。
〔8〕 圣特雷莎（St.Theresa，1515—1582），西班牙修女、天主教会的圣徒、反宗教改革的领袖。
〔9〕 圣卡罗·博罗梅（St.Carlo Borromeo，1538—1584），推动天主教改革的米兰大主教。
〔10〕 科利格尼（Gaspard de Coligny，1519—1572），法国将军、胡格诺派领袖。
〔11〕 沉默者威廉（William the Silent，1533—1584），奥兰治亲王、荷兰独立的奠基人。
〔12〕 亨利四世（Henri Ⅳ，1553—1610），法国国王（1589—1610），波旁王朝创建者。
〔13〕 堂·塞巴斯提安（Don Sebastian，1554—1578），葡萄牙国王（1557—1578），远征摩洛哥，战败被杀。

服世界和商业牟利。当然,直到后来,在欧洲人的各个母国才发展起一套与新型劳动观念相结合的、十分现代的开发世界的方式;那就是殖民地原料和国内制造业所构成的循环,伴随着在殖民地的强制贸易。眼下在16世纪,西班牙人想要的不过是统治和享受;他们寻找埃尔多拉多[14];美洲各大帝国的财富竟对国内的、西班牙本土的生活与精神影响甚微。1580年,西班牙还占据了葡萄牙及其殖民地的财富。法国和英国的殖民地还在襁褓中;但在这里,人们也发现了一片黄金国,可以负担起欧洲的政治和军事开销。

中世纪封建国家化为中央集权的现代国家,它那时首先要求权力(绝对主义),此后就作为一种宪政的和平等的国家,作为一种目标明确的和公共福利的制度运转起来,伴随着个人的服从等等。一种新的国家权力观念因意大利僭主国家而开始,在法国得到预示,而今在所有西欧国家付诸实践(注意:英国也不例外),在德意志只实践于一些较小的范围里,而整体却更加分崩离析。中层统治者被摧毁了,或被削弱为有名无实,贵族仅剩下特权;强制性的、明确的措施取代了所有模糊的和有争议的职责;即便是最顽固的反抗也被驯服。最后是在宗教改革时期,改宗新教的国家得到了先前教会的政治权力。但这些统治者如何使用他们的权力呢?他们推行了试验性的政策,没多久这些政策就大多变成了征服或吞并(这是大胆查理[15]覆灭的原因)。这些政策就是内阁最早的乐趣和作为。

这些政策的背景和动机就是重大的民族利益冲突。

倘若没有那些内阁的撺掇,各民族就会相安无事吗?我们今天

---

[14] 埃尔多拉多(El Dorado),传说中的黄金国,被认为在南美,16和17世纪的探险家极力搜寻。
[15] 大胆查理(Charles the Bold, 1433—1477),勃艮第公爵(1467—1477)。

不得而知；傲慢和利益冲突纠缠得实在是一塌糊涂、难以预料。即使是"幸福的民族"也不能保有它们的"幸福"。在几个民族中还存在着昭彰的恶魔般的傲慢。

旧恨尚未了结：法国和英国，安茹家族和阿拉贡家族。一旦中间的勃艮第公国的主要部分及西班牙的全部权力经由继承落入了哈布斯堡王朝手中，哈布斯堡王朝与瓦卢瓦王朝的不可避免的争斗就接踵而至，下一个受害者是意大利——对该地区的某些部分以及对整个地区的霸权。

意大利和源自它的欧洲精神大转变：文艺复兴。这一转变到处突破中世纪的知识、思想和观点。古人，紧接着是现代人，完全取代了始于中世纪经院神学的中世纪权威。整个精神视野被重新定向；此外还兴起了一种艺术，它迅速压倒或粉碎了全欧洲的艺术。意大利高产丰收的同时伴随着周期性的入侵；直到西班牙的统治明确下来才带来所谓稳定。

教皇作为一个教会国家的拥有者，居留在这样一个被文艺复兴笼罩、荣耀，但与此同时沦为其政治品性的牺牲品并使自己走上最偏邪道路的意大利。

教皇与意大利和欧洲，与早就争吵不休的相邻各国及贪婪的诸王朝，处在一种毫无理性的关系中。遗忘了其早先使命的教皇一职已经变成某种有待利用的东西，长期被从中获利的不虔诚的人把持，因为这个位子已经变得相当诱人且缺乏监督，像在淫妇专政[16]的日子里。现在它面临着前所未有的危险：

---

[16] 淫妇专政（pornocracy），据意大利历史学家利乌特普兰德（Liudprand，约922—972）指控，从教皇塞尔吉三世（Sergius III）在位的904年到教皇约翰十二（John XII）死亡的963年，教皇受名誉不好的母女特奥多拉（Theodora）和马洛齐亚（Marozia）摆布。

德意志宗教改革。这首先在德意志本身造成了巨大的精神转变，随后多多少少地，或在宗教意义上，或在政治或经济意义上震撼全欧。这些冲突绝不单纯限于教会，它们本身时而纠缠，时而开解，又被众人涂涂抹抹，一种出自无数人手笔的文学记下了每个细节。推波助澜的是出版业的巨大影响，而今它头一次在欧洲意义上发挥作用。对遥远地方和对上古的了解配合着无比强烈的宗教冲动。

而今两个竞争教会的利益，跟哈布斯堡王朝与瓦卢瓦王朝的对立，跟西方与奥斯曼人的对立纠缠在一起。那时在外在命运的天平上，一边是新教徒、弗朗索瓦一世[17]及土耳其人，另一边是查理五世[18]。诸教皇与为天主教作战的哈布斯堡王朝为敌，因为后者也想占有意大利。一些时候他们希望新教徒获胜。尤其惊人的是天主教的亨利二世[19]与德意志新教徒联手反对查理五世。

反宗教改革中，旧教会在几乎整个拉丁世界，以及部分日耳曼、凯尔特和斯拉夫世界再次获得立足点。在其自身内力和仍属天主教的各个政权外力支持下，它谋求再次征服人类。它与西班牙紧急联合起来，后者此时也在为世界君主制而战。在此处境中，旧教会回想起并回归到了它原初的使命，它在很大程度上重获新生。宗教改革带来了威胁，也带来了拯救。

这一切都交汇于1560至1593年的一系列大危机。一个新民族从中诞生，那就是荷兰。与此同时，英格兰对于欧洲举足轻重

---

〔17〕弗朗索瓦一世（Francis I，1494—1547），法国国王（1515—1547）。
〔18〕查理五世（Charles V，1500—1558），神圣罗马帝国皇帝（1519—1558），作为西班牙国王是查理一世（1516—1556）。
〔19〕亨利二世（Henri II，1519—1559），法国国王（1547—1559），弗朗索瓦一世的次子。

的意义也显现出来，要不是紧跟着有斯图亚特王朝的争斗，欧洲会更快地领教到它的厉害。只在现在，斯堪的纳维亚才清楚地站出来。

16世纪后半段的生活方式很值得注意。跟这个世纪的开端相比有一个巨大反差；整个世界再次变得信宗教，或至少是信宗派。以如此辉煌的文化时期开始的16世纪有一个可怕的后半段。重大的历史转变总是代价高昂，且常常是在人们已经觉得划算故而买单之后。

1598年的韦尔万和约[20]势必只是一个间歇。

我们再来强调一下1450至1598年这段时期特殊的重要意义。

综观历史，一方面是充沛的机械力量，特别是大国的群体威力，一方面是像文化和宗教这样精微难测的力量，它们最具高度的展示有赖于非常少的几个人，且能够带动和塑造整个民族；两者在文化较高的各民族中有一种绝妙的并存和联结。这一点在16世纪将看得特别清楚。关乎大群体命运的个人元素在此得到了特别值得注意的表现，恰恰因为激荡这个世界的有关人物并非个个生来就是王侯和大人物。

我们拒斥幸福论的、所谓进步的思考方式。我们当前的世界局势跟那一时期的决断有极大关联，但这并不意味着那一时期作为一个整体特别幸福或值得赞扬，且为此我们的世纪也必须被认为特别幸福和值得赞扬，而这还真就是1830—1848年的观点。这种关于过去的可取度的观念应当彻底抛弃，以这种思路说话的人在世上还真不少。实际上，一个历史判断总该是它至少能被所有国家认可，如果不是所有派别的话。

―――――――

[20] 韦尔万和约（The Peace of Vervins），1598年亨利四世和菲利普二世派遣代表在法国北部小城韦尔万签订的和约，根据条约，菲利普从法国撤军，不再支持法国的天主教党派，该和约结束了法国内战。

有一种流传甚广的错误观念认为，一项革新，无论它一度出于多么伤天害理的行径或暴行，因为后来建基于它的局势竟能维持且似乎建立了新的合法条件，它就由此合法化了，或它就是历史的"必然"。人类仅仅是把自己有益的力量追加在暴行上并顺应暴行，不管喜不喜欢。

补充说明

中世纪封建国家的瓦解：如此繁冗划分的特权和如此草草履行的职责。

试验性的政策：越是最近生成的权力，越难保持稳固——首先是因为那些创造它的人已经习惯了迅速的进一步行动，他们是并想始终是革新者；其次是因为，他们激发起来或压制下去的势力，只要有其他暴行就可加以利用。

教皇职位：作为一个国家，假如它并非将被吞并的话，它需要作为统治者的意大利政治家，即需要那些还能选择做铁砧或是铁锤，且后来做了铁锤的人。然而，它又成了贪婪之辈和罪犯的牺牲品。——尤利乌斯二世[21]的统治意味深长。——如果路德碰到的是亚历山大六世[22]那种人物，会是什么情况？

宗教改革：它所造就的国家中，神职人员不再构成一个政治阶层，它在权力和财富方面的遗产落入了各个政权手中。

反宗教改革：它不仅仅是反抗，也是天主教会在新教影响下的一次内部改造。

---

[21] 尤利乌斯二世（Julius Ⅱ，1443—1513），教皇（1503—1513），意大利人，对外他曾打败威尼斯并与法国对峙，对内他试图整治罗马的腐败，他还赞助过拉斐尔、米开朗琪罗等艺术家。

[22] 亚历山大六世（Alexander Ⅵ，1431—1503），教皇（1492—1503），为扩张权势不择手段。

历史中的"必然性":的确有历史学家"听到了必然性如草生长"(汉斯利克[23])。

所谓前因后果的历史视角是可疑的:除了能说清楚的因果关系,暧昧的力量从方方面面发挥作用,它们的缘由只有过段时间才能确定。

觉悟的提升在现代或许是一种思想解放,但同时也是痛苦的提升。反思性思想的后果就是那些能发动全部大众的主张,但即便它们自我实现,却也只能推出新的主张,即新一轮拼命的、虚耗的斗争。

关于进步的思想方法:"这条或那条走廊将是最漂亮的,就因它通向我们的房间。"这种态度,这种对所有失败者之微弱呻吟的充耳不闻,是多么冷酷和无情啊,而那些失败者所要求的通常不过是 *parta tueri* [保护既有的东西]。要让某种新东西出现,必须毁掉那么多!

"集权"和"改善总体状况"这两个概念的混同:比照1500年左右,后者在实质上是高度可疑的。

我们所要做的仅仅是,当各种力量并列或依次出现时,对它们进行客观的观察和描述。

33. 中世纪晚期的英格兰

这里在世纪之交发生了王室权力趋于彻底绝对主义的增长,以及向着欧洲大国的趋近。原因是爱德华三世[24]的所有子孙及他们的

---

[23] 汉斯利克(Eduard Hanslick,1825—1904),德国音乐评论家和音乐历史学家。
[24] 爱德华三世(Edward Ⅲ,1312—1377),英格兰国王(1327—1377),兰开斯特王朝和约克王朝的国王都是他的后裔。

追随者之间有一场毁灭性的争斗，名门望族也一并被铲除——这是一次贵族的大放血，可以跟从奥古斯都治下直到图密善时期罗马人在历次内战中的流血相提并论。此外，绝对主义得以可能还因为，新的都铎王室对于专制统治极具天赋。只有英格兰－威尔士每次都举国一致地行动。爱尔兰无声无息，苏格兰多数时候怀有敌意地孤立一旁。

尽管此前的政治发展磕磕绊绊，但可以被看作是迈向议会领域的一大步。

13世纪起，下院就已经牢牢把住了税收权，自从爱德华一世[25]默认这一点，下院对王权就始终倨傲。使它丧失这种地位得有极端的事态。对于那些审慎的国王，特别是那些得胜疆场的国王来说，与下院保持良好关系一直都不是件难事。

但上院有时很折腾，它本身就是王室（金雀花家族），有着野心勃勃、桀骜不驯的诸位亲王，他们有头衔，有大片地区的中间统治权；但这种权力并不世袭，也不会导致形成次一级的小朝廷。

有两次，上院派系由亲王带头，想迫使国王接受一项联合统治的任命，这将削夺国王的治权（爱德华二世与兰开斯特伯爵[26]，理

---

[25] 爱德华一世（Edward Ⅰ，1239—1307），英格兰国王（1272—1307）。
[26] 爱德华二世（Edward Ⅱ，1284—1327）为英格兰国王期间（1307—1327），先是宠信加瓦斯顿（Piers Gaveston），引起兰开斯特伯爵托马斯（Thomas, Earl of Lancaster, 1280—1322）不满，以托马斯为首的贵族迫使国王成立了分享王权的贵族委员会（1310）并处决了加瓦斯顿（1312）。1321年，为驱逐国王的新宠德斯彭瑟父子（Despensers），托马斯发动兵变，战败后以叛国罪被处决（1322）。1326年，爱德华二世的王后伊莎贝拉（Isabella）发动政变，德斯彭瑟父子被处死，爱德华二世被捕，在国会胁迫下退位，并于狱中被谋杀。

查德二世与格洛斯特的托马斯,后与博林布鲁克[27])。每次都是一位亲王先丧命,国王随后罹难。但国会始终强大。

当这一切发生的时候,一种普遍的设想仍然流行,即认为英国的事情都是依法办理,这层合法性的外衣在最血腥的日子里也不忘披上,令人啼笑皆非。即使是最昭彰的暴行也伴随着羊皮纸和签名上的印玺。

英法战争中战绩的起伏一直是调节器,这场战争有苏格兰和佛兰德斯参与其中,有克雷西、茅佩提斯和阿金库尔三次大战[28]。终于在1420年,特鲁瓦条约[29]使英法两国王冠可加于一人。

但在1429年之后,形势急转直下,1422年亨利五世[30]已死,上帝厌倦了对英国人的眷顾。

---

[27] 理查德二世(Richard Ⅱ,1367—1400)为英格兰国王期间(1377—1399),实权先是由叔父兰开斯特公爵冈特的约翰把持,约翰出使西班牙后,国王的另一个叔父格洛斯特公爵托马斯(Thomas of Gloucester,1355—1397)成为贵族首领,他组建无情国会,处死国王一些亲信(1388)。1389年约翰回国后,国王在他帮助下恢复权力。1397年,国王突然报复,处死了格洛斯特公爵托马斯。1399年冈特的约翰亡故,国王没收了兰开斯特家的地产,约翰的长子,生于博林布鲁克堡的亨利(1367—1413)便造反并拘捕了理查德二世,经国会认可,博林布鲁克即位为亨利四世(1399—1413),开创了兰开斯特王朝。理查德二世死于狱中。
[28] 克雷西(Crécy)、茅佩提斯(Maupertius)、阿金库尔(Agincourt)均为法国地名,英法先后于1346、1356、1415年在这三地交战,英国因长弓手的优势以少胜多。
[29] 特鲁瓦条约(Treaty of Troyes)于1420年签订,废除了法国王太子的继承权,英格兰国王亨利五世娶法国国王查理六世之女凯瑟琳为妻,查理六世死后,亨利五世可继承法国王位。
[30] 亨利五世(Henry Ⅴ,1387—1422),英格兰国王(1413—1422),他重新挑起了英法百年战争并取得阿金库尔大捷(1415),1420年迫使法国签订特鲁瓦条约。

34. 理查德三世[31]

（1）约克家族的国王爱德华四世[32]于1483年4月去世后，他的遗孀伊丽莎白·瑞沃斯[33]显然必须把为幼主爱德华五世摄政的权力交给格洛斯特的理查德，不管他可能是什么样的人。但她把权力和官职一边倒地分派给她的亲戚，这只会毁灭她的家族。

泡利在他的《英国史》第5卷[34]中认为，拿本日历来，他就能够详细说出，在格洛斯特公爵为自己谋求王位前，他仍然忠于他侄儿的日子是哪一天。做梦！

理查德不是怪物，但是个恐怖人物。他没有犯无谓的罪；后来他也抵偿了他的受害者。他以一种"权宜"的态度行事。

或许理查德会让我们看到一张账单，全然不同于泡利引导我们所设想的，1483年6月，当他宣布自己成为英国国王之际，他或许会这么说：

"我知道，这片国土上的森林大火只烧那些最高的树木。只要不熄灭，它就烧下去。关键是谁能挺到最后。兰开斯特家掌权的时候，他们把别人往死里整，当我们约克家得势，也一样。我个人总觉得，使一堆难题变简单的办法就是，把那些潜在对手有可能依附

---

[31] 理查德三世（Richard Ⅲ, 1452—1485），1483年他的兄长爱德华四世死后，他为侄儿爱德华五世摄政，但不久就将小爱德华和他的弟弟理查德关进伦敦塔，自己加冕称王。1485年亨利·都铎从法国率兵渡海，进逼伦敦，在博斯沃斯（Bosworth）战役中击毙了理查德三世。

[32] 爱德华四世（Edward Ⅳ, 1442—1483），领导约克家族在玫瑰战争中获胜后成为英格兰国王（1461—1470和1471—1483，1470年因国内反叛一度丧失王位）。

[33] 伊丽莎白·瑞沃斯（Elizabeth Rivers, 约1437—1492），爱德华四世的王后（1464—1483）。

[34] 拉芬博格（Lappenberg）著有《英国史》2卷，描述了英国早期直到1154年之前的历史，泡利（Pauli）续写了3卷，从1154年写到1509年。

的人物除掉,早就该有一个强大的王权了。

"这就是为什么我亲手杀死威尔士亲王、亨利六世[35],以及,如他们所说,我可怜的兄长克拉伦斯[36]。但我的兄长爱德华跟我总是心照不宣,因为他知道如何去统治。如今,当他刚刚艰难地咽下最后一口气,我那两面三刀却又头脑简单的嫂子就蹦出来了,并且把她的亲戚摆在所有职位上,可能我就该有有二心。我确实本该被信赖;我本该成为爱德华五世最忠诚的捍卫者,但他们本该唯我是从。于是我不得不拿掉那些姓瑞沃斯的和姓格雷斯的,糟透了,在英国,仅仅把某人关在牢里是不够的。接着,我的兄长爱德华四世的那些所谓的朋友挡了我的道。管那些绅士是谁?就好像我根本不知道他们打哪儿来,他们是怎么弄到那些地的。都是些阴谋家!但我知道自己是金雀花家族的一员。没得说,他们当中的黑斯廷斯[37],得流血,其他人,得坐牢,剩下的,投靠我。真可惜,所有这些事儿把局面弄得乱七八糟,以致如果我的侄儿们长大的话,他们不会饶过我;即便是现在,就因为他们还活着,因为他们自己终究还不能统治,他们始终是我们约克一派分裂的由头。所以我必须夺取王位,逻辑上这就包含着我的侄儿们得消失。如果这让许

---

[35] 1422年,十个月大的亨利六世成为英法两国国王,1437年亲政,后精神失常。玫瑰战争爆发后,爱德华于1461年加冕为国王爱德华四世,亨利六世被囚于伦敦塔。1470年,约克家的沃里克伯爵(Earl of Warwick)与爱德华四世的弟弟克拉伦斯,以及亨利六世的王后玛格丽特(Margaret)联合起事并使亨利六世复位,爱德华四世出逃。1471年,爱德华四世率军回到英格兰,在战场上杀死沃里克伯爵,后又逮捕玛格丽特。至于亨利六世与玛格丽特所生的独子威尔士亲王(Prince of Wales,1453—1471),有说死于战场,有说为理查德所杀。爱德华四世胜利返回伦敦的当夜,亨利六世突然死于伦敦塔中,据说凶手仍是格洛斯特公爵理查德,尽管当时理查德只有19岁。
[36] 克拉伦斯(Clarence,1449—1478),爱德华四世的弟弟,理查德三世的兄长,因反叛爱德华四世而被关入伦敦塔,后被秘密处决。
[37] 黑斯廷斯(Hastings),上院贵族,在1483年的一次上院会议中被摄政的理查德突然逮捕,随后以叛国罪处决。

多善良的英格兰人心里滴血，只能怪他们一点不了解今日英格兰王室的具体情况。很可能我不久也会死掉；但我的后继者将证明我是对的，不管他是谁，都会对我们家族仍然留存的后代进行又一轮惩治，以免某个宗派会依附他们。最糟糕的是，杀死我两个侄儿这件事，也给那潜伏着的亨利·里士满[38]帮了大忙。你们这些好人们还不了解这个姓都铎的，否则你们会更同情我。你们现在浑身发抖。但如果没有我，事情会是什么样？我兄长所谓的朋友们跟我嫂子的亲戚们现在将会以爱德华五世的名义打来打去，结果没有谁能活下来被授予权威并当之无愧地高举英格兰的大旗。至少我杀掉的只是那些挡我道的人。所以，管好你们自己吧。"

（2）理查德是王室里的罗伯斯庇尔——至少就他们约克这一系而言。正如罗伯斯庇尔杀掉了所有不赞成他的共和国观念的共和派，理查德肃清了约克家族的所有成员及追随者，以防某个分裂的派别能依附他们，最后他落得孤家寡人并且倒台。

（3）伴随这一王冠，没错，全部完好无损的王权从理查德那里转到了亨利七世这里。围绕王权再没留下什么分裂和限制，别的打过内战的地方也是这样。不要让王权落入软弱无力之手，这曾是理查德三世隐匿的意愿；如今实现了，他可以瞑目了。

35. 玫瑰战争以及苏格兰

大中贵族相互之间的剪除何等强烈地影响到英格兰的发展，这永远无法估量。此后它主要是个中产阶级国家，尽管有贵族阶层。

---

[38] 亨利·里士满（Henry Richmond，1457—1509），即里士满伯爵埃德蒙·都铎（Edmund Tudor）之子亨利·都铎，1485年他即位为英格兰国王亨利七世，创建了都铎王朝。

都铎王朝再也没让贵族中的派系主义抬头,这种派系主义会把国家归拢到自己这边;只在爱德华六世〔39〕治下又出现过这种苗头。

在苏格兰,引起争议的从来不是继承世系,而是王室权力。许德拉〔40〕的头——贵族的头——不断重新长出。苏格兰贵族,有着这个肯定非常多产的等级的神秘生命力,他们的生涯似乎就是定期相互杀戮,以便当事的总是年青一代和造成新的血仇的一代,从斯图亚特家族自身开始,连带所有扈从也相互毁灭。

头四个詹姆士都是暴死,留下了未成年的诸位王子,他们的幼年伴随着最野蛮的摄政统治。虽非弱人,这些国王后来都未获得任何决定性权力。悲伤和痛苦必定是他们的主要情绪。绝望的政权邀请那些重要的人,在王家宴会桌上把他们逮捕并斩首;年幼的国王面对此景空洒泪水。整个15世纪,重要人物几乎无一例外、丝毫不差地飞扬跋扈、难以驾驭。如果他们当中有谁想强调自己,他只有做自己一伙人的首领,即给一帮劫匪当头。尤其"苏格兰外岛勋爵"的属民,总是准备闯入苏格兰其他地方。重要人物一到国王面前就卑贱寒酸、衣衫单薄地赤脚下跪,让人想起基督的苦难,但暗地里积蓄不少。当某个国王偶尔有力量的时候,他就穿越国土,处决数以千计的人。暴饮暴食也从英格兰传了进来。

在宽松的间隙,王权勉力组织经营和管理,并成为现存那么一点文化的支持者——这甚至成了詹姆士三世〔41〕毁灭的原因。贸易和

---

〔39〕爱德华六世(Edward Ⅵ,1537—1553),英格兰和爱尔兰国王(1547—1553),即位时年仅十岁,他的舅父任摄政,由此引发了贵族派系斗争。
〔40〕许德拉(Hydra),希腊神话中被英雄赫拉克勒斯斩杀的九头蛇妖。
〔41〕詹姆士三世(James Ⅲ,1451或1452—1488),1460年成为苏格兰国王,一度被博伊德(Boyd)家族控制,1469年亲政,爱好音乐;1479年,他与弟弟奥尔巴尼(Albany)公爵争吵,奥尔巴尼出逃后于1482年带着英国军队侵入苏格兰;1488年,反叛贵族拥立他的儿子为国王,他平叛失败后被杀。

工业在血族冲突中周期性地遭受破坏。

斯图亚特家族内部的阴谋层出不穷——阿瑟尔对詹姆士一世[42]，奥尔巴尼对詹姆士三世——外人有利可图。

权势人物的扈从是他靠权力召集的成群结队的骑手，巨匪大盗匿于其中；人们要么被迫跟从盗贼头领，要么缴纳高额保护费。

苏格兰与英格兰的关系不过是互相破坏；再就是暗算。此外，直到大约1450年（？），实际上在法国仍有苏格兰人的从军效力；路易十一[43]至少仍有苏格兰卫兵。

詹姆士二世[44]于1452年在斯特林堡亲自杀死了威廉·道格拉斯。接着就是王室和道格拉斯一派数年的仇杀。

当一派势力打算抵制国王，它就宣称国王被谄媚的廷臣败坏了。

詹姆士三世治下的宫廷至少爱好音乐。他的对手们后来杀光了他的扈从。此外，国王们还觉得自己被对手邪恶的巫术纠缠着。

国会在这一小段历史中很少现身。城市软弱、无足轻重。大权在握的人总能任意摆布它。

---

[42] 詹姆士一世（James Ⅰ，1394—1437），1406年成为苏格兰国王，但被扣押在英国做人质，由叔父摄政，叔父死后，他于1424年被赎回并正式加冕；1437年，他被一群贵族刺杀，其中之一阿瑟尔伯爵（Earl of Atholl）可能有篡位企图；他有八个孩子。

[43] 路易十一（Louis Ⅺ，1423—1483），法国国王（1461—1483），他大体完成了法国统一并削弱了贵族。

[44] 詹姆士二世（James Ⅱ，1430—1460），1437年成为苏格兰国王；为掌握实权，他于1452年杀死了当政的威廉·道格拉斯（William Douglas），由此引发的内战持续到1455年；1460年在对英格兰的战役中，他死于自己的大炮爆炸；他有七个孩子。

鲍提乌斯的史书，确切地说，还有费瑞乌斯[45]的续写，截止于詹姆士三世在1488年的遇害，在此之前，谋反者已经抓了他的儿子，年仅14岁的詹姆士四世[46]，满怀哀伤的他无法从凶手手中解救自己的父亲，他深感自己处境悲苦。

整个政局在16世纪没什么实质变化。

36. 勃艮第

从心理上讲这很有可能，好人菲利普[47]在扩张方面的鸿运蛊惑了他的儿子大胆查理，使他索求无度。一个关乎合法性的问题是，从爱姆斯河到索姆河之间广袤、富庶的各个领地之合（两个勃艮第国除外）能否生成一个自足的大国。说它关乎合法性是因为，除去权力问题，这还涉及一个重大的文化问题，还因为它相当大的一部分的确延续下来了。假设勃艮第的领地能够聚在一起而非因查理的愚蠢四分五裂；想到这些地方是西欧有着和平与繁荣、艺术与工业，有着未被干扰的文化的地区；再想到它有可能成为殖民大国，就像后来荷兰所扮演的角色；并且考虑到那么多生命力后来在单独的、分隔的部分中运作，人们肯定会断言，这些领地在16世纪本有可能要多重要有多重要。是的，或许它们会志得意满，或许恰恰从

---

[45] 赫克托·鲍提乌斯（Hector Boethius，1465—1536），苏格兰历史学家，著有《苏格兰史》17章，1527年出版，从苏格兰早期写到詹姆士三世即位。费瑞乌斯（Ferrerius）续写了两章，截止到詹姆士三世遇害，1574年在巴黎出版。

[46] 詹姆士四世（James Ⅳ，1473—1513），1488年，叛乱者以他的名义杀死他的父亲詹姆士三世，同年立他为苏格兰国王；他因父亲的死而内疚，终生腰缠铁索作为惩罚；他死于与英国的战争；除婚生的詹姆士五世外，他另有众多私生子。

[47] 好人菲利普（Philip the Good，1396—1467），勃艮第公爵（1419—1467），通过继承、和约、征服、购买，他使勃艮第公国扩大了一倍多。

它们的繁荣中会生出内斗。

不管怎么说,勃艮第由于路易十一没过上好日子,但随便哪个君主,只要不是查理,都该知道怎么应对。

37. 勃艮第的大胆查理

除了他一生很靠后的时期(那时上帝已经模糊了他的心灵和理智),查理不是个疯子,而只是个太过暴躁的人(那是强迫症),他身上突出的禀赋和力量(无论指向行为还是活动)时时刻刻被迫听从一个野蛮化了的、顽固透顶的意志。这在实际中几乎造成同样的效果,好像他真的发狂了。一个疯子至少可以被锁起来,但他不是。

38. 法国和统一观念

当时是哪些人,在多大程度上,真的有这一观念?在多大程度上,只是由于后来的发展,它才被认为值得追求,并被归因于15世纪?

作为一种思考方式,尊王主义在法国通过菲利普·奥古斯都[48]和路易九世[49]的政制而形成,后来维持下去主要因为国王是抗击英格兰的旗帜。在这场大战之后,它再次站出来维护查理七世[50]。

---

[48] 菲利普二世·奥古斯都(Philip II Augustus, 1165—1223),法国国王(1180—1223),他约束封建领主并扩张国王领地,他因文治武功卓著而称奥古斯都。
[49] 路易九世(Louis IX, 1214—1270),法国国王(1226—1270),他使王国的司法权高于各封建主的司法权,他因热衷十字军并死于远征突尼斯而被封为圣徒。
[50] 查理七世(Charles VII, 1403—1461),法国国王(1422—1461),他在位期间英法百年战争结束。

不过，法国相当多的地区仍然不受它的影响，这些地区的统治者、大的王室封臣，永远是王权的对手。

王权通常更密切地代表着法国的利益，对此，知之者甚少，因为那时还没有相关意义上的法国。仅仅一种心态也还不能使之形成。但或许人人都能感受到王权的负荷。

路易十一的重要性在于，通过无情的强制（查理七世就开始了）奠定了一个稳固的基础，今后在此之上将建立起对王权的习惯，对它的坚定信靠和与它一致的利益增进，以及借助警察和法庭对商业和交流的保护。

在这方面路易十一代表了现代法国，很违背他那时候法国的意愿和品味。但后来查理八世[51]和路易十二[52]得以享受这种利益与目标方面的新型尊王主义。

甚至从13世纪起就存在尊王主义，它有一种全法国的思考方式，但有各种国内麻烦的限制；而今这正在发生变化。

大的地区仍把拥有专门的中间统治者看作关乎荣誉。正如柯米尼斯[53]所述，诺曼底人一贯认为这么一个大公国 *requiert bien un duc*〔很需要一位公爵〕。

布列塔尼的历任公爵及其属民基于事实和对国家权利的某些观点，更为确信地申明自己的独立地位。

---

[51] 查理八世（Charles Ⅷ, 1470—1498），法国国王（1483—1498），1494年他率兵攻入意大利。

[52] 路易十二（Louis Ⅻ, 1462—1515），1465年继奥尔良公爵爵位，曾参与反对王权的战争，兵败后被囚禁（1488—1491），成为法国国王（1498—1515）后他以其祖母、第一任米兰大公之女瓦伦蒂娜·维斯孔蒂（Valentina Visconti）的名义兵伐米兰。

[53] 柯米尼斯（Philippe de Comines, 1447—1511），法国历史学家和政治家，先后为大胆查理、路易十一和查理八世效力，著有《路易十一和查理八世政纪》。

路易与意大利僭主们的不同之处在于他大的民族权力目标。他或许只在权术方面效法并仰慕那些僭主。依照彻斯特兰[54]的书，190页*，估计他曾秘密召见两个威尼斯人来向他报告威尼斯政制。

意大利人对路易十一是瞎担忧，因为他们不晓得路易十一正为家里的事情忙得不可开交。

39. 路易十一

尽管只指挥过在蒙莱里[55]和吉内加特[56]的两次战役，但他的勇气胜过轻骑兵，恰似枢机主教黎塞留[57]的勇气。(毕竟他本可做一名卡尔都西会[58]修士。)他在统治期间所忍受的那些心理紧张的确增添了某种伟大。

后来的法国完全赞同他的那种野心，理论上就分摊了对他所作所为的责难，尽管他卑劣的方式肯定与这个民族的情操大相径庭。不管怎么说，他好过他那些对手；只是在他对待他们的方式中，有些东西很该受到谴责(从圣坡尔[59]起)。

由于他极端实用的性格，他容易造成的印象是他事先盯上的和欲求的东西很多，实际上没那么多。

---

[54] 彻斯特兰（Georges Chastelain，约1405—1475），法国历史学家，有《大事记》残篇传世。
[55] 蒙莱里（Montlhéry），位于巴黎附近，1465年路易十一在此被大胆查理击败。
[56] 吉内加特（Guinegate），属加莱省，1479年路易十一在此被马克西米利安一世击败。
[57] 黎塞留（Richelieu，1585—1642），法国枢机主教、路易十三的首相。
[58] 卡尔都西会（Carthusians），由圣布鲁诺（约1030—1101）于1084年在法国东南部卡尔都西谷地创建的修会。
[59] 圣坡尔（Louis de Luxembourg, Count of Saint-Pol，1418—1475），与继位前的路易十一是好友，但一度加入反对路易十一的同盟，后以叛国罪被处决。
* 原书未有进一步说明。——英译者注

最该深深同情的是1482年在安布瓦斯（Amboise），他不得不在儿子面前让那些叛国者和准叛国者相信，一旦他去世，他们都能够保住自己的职位。

他所塑事物的稳固体现在对"疯人战争"[60]相对容易的平定中。王权已经成了大前提，其权力很快就会变得理所当然。

即将看到，奥尔良的路易仿佛乐于摆脱囚禁他的虚假姿态。他作为路易十二所施行的统治几乎让人觉得他是想要有所补赎。

路易十一必须作为自己的囚徒死于普雷西[61]，这一切才可能发生。

他不是通过壮举来左右法国历史，而仅仅是通过他在法国历史上的存在。

40. 弗里德里西三世[62]治下的德意志帝国

德意志民族有一个记忆——德意志民族的神圣罗马帝国——作为曾经的世界主宰，它在查理曼大帝治下呈现出最强大的形式，在奥托王朝治下至少在欧洲居于首位，高过高卢、意大利和诸斯拉夫。但各个地区的部族意识和由此而来的分离倾向常常与帝国相抵触，自撒利王朝和霍亨斯陶芬王朝以来，各诸侯就能够联合教皇反对皇帝。

---

[60] 疯人战争（Guerre Folle），法国王权对布列塔尼公爵和奥尔良公爵的战争，最终王权得胜（1488）。

[61] 路易十一猜忌心重，害怕刺客，晚年埋身守备森严的普雷西（Plessis）城堡。

[62] 弗里德里西三世（Frederick Ⅲ，1415—1493），出自哈布斯堡家族的德意志国王（1440—1493）。1446年与教皇签署了维也纳协议，加强了教皇对德意志教会的权力，1452年在罗马接受教皇加冕，他是最后一位在罗马加冕的德意志皇帝。

亨利六世[63]死后，帝国权力在德意志虚有其表且不值得废除。霍亨斯陶芬王朝终结后，存在于德意志的王权非常简约；其主要价值是为家族收取到期的采邑。国王必须忙碌于此，因为他只是选出的国王，每次选举都是一次新的交易。不过他的权力比有关地方的权力要大一些。

这个民族被分裂成大大小小的碎片，被划分为许多政权，有些心满意足、到处伸手，有些心怀不满、遭受威胁。再后来，古老的强大帝国宛如梦境，越是辉煌，越难企及，在一次意大利巡游中亲自出场并加冕为帝的那位国王被当作笑柄，更加无疑地被剥夺了仅存的尊重与服从。

与教皇的友谊是件卢森堡王朝就曾培育的东西，但在弗里德里西三世的境况中完全不可避免。维也纳协议为他获得的不过是布兰登堡、克莱维等等也获得的。再后来，人们还发现皇帝作为上诉的法庭可有可无，他们到教皇那里寻求对德意志事务的裁决。

许多围绕弗里德里西三世的毒液不过是现代的民族自由主义。四百年之后，人们糟践一个在他自己时代无助的人，并窃笑令奥地利家族悲哀和蒙羞的陈年旧事。

41. 奥斯曼人

他们与其他大多数伊斯兰民族和国家的区别在于，完全尚武的时期以及其他标志着他们权力发端的东西伴随他们数个世纪，且固化为采邑制度和近卫军。在战争中，土耳其人不断地重新学会感受

---

[63] 亨利六世（1165—1197），德意志国王（1190—1197），1191年在罗马加冕称帝。

自己;在和平时期他们忍受着一种常规的伊斯兰专制。

这截然不同于西方,西方有着权力逐级的国家结构和对各种义务的约定。此外在西方有着各个中心的多元性、各个权力的微小化,这些始终跟它们在"继承"方面的争吵和战争有关。在这种环境下,土耳其人举足轻重,尤其当考虑到法土联盟。

在毗邻的地方,几乎人人考虑的都是,假如土耳其人毁了邻居,自己会有什么好处。但也不乏大声疾呼的先知,他们不断宣告普遍的危险。土耳其人不难逆料;人们很清楚在被他们所蹂躏的土地上会是什么情况,永远也不可能让这些地区重归西方的风俗。

除了尚武嗜好,土耳其人还有着伊斯兰社会的十足傲慢。可异端在这里从来都微不足道,一个例外是在穆拉德二世[64]治下;什叶派教义作为波斯人的信仰愈发被憎恨并遭到迫害。奥斯曼世界是正统的,自身包含着它的教会,而西方在教会方面四分五裂,且有其外在于各个国家的普世教会。

由于奥斯曼人,一切"狂热"立即作为服务于整体的政治和军事力量活跃起来,且从未偏离。任何战争都是宗教战争。世界因而属于伊斯兰。

在统治之中,一切都会发生,包括最大的恐怖,以便确保统一和权力的维持。只是一个人的机会——而在西方,权力和辖区仍不时分裂,所以可以是若干人的机会。

西方仍然认可或至少名义上敬重世袭权。奥斯曼人行事只依照赤裸裸的征服权。

---

[64] 穆拉德二世(Murad Ⅱ,1403—1451),奥斯曼苏丹(1421—1451)。

42. 佛罗伦萨共和国

共和国从13世纪起开始扩张，1406年之后包括了比萨，建立了些附属城市。这些城市由委员会管理。让人铭记不忘的佛罗伦萨各政体轮流彼此替换。人们在这里注意到的普遍情况是一种高度的政治觉悟，以及大比例的市民对公共生活和政体问题的参与。

但未必可以说这些政体本身就是佛罗伦萨文化的基础或甚至创造了它。相反，只要它们没有阻止它，只要各政体没有使那个将成为地基、成为文化和艺术的生长土壤的社会无从实现，文化就成了气候。大多数被容许存在的力量乃是它的承载者：美第奇的意愿和理解、其他贵族的攀比、一些精神社团。此外还有佛罗伦萨人对丰功伟绩的普遍抱负，以及在所有意大利人中显然最高的精神能量（或至少是在民众中传布最广泛），正是以相同的方式，雅典人的成就超过了其他希腊人。佛罗伦萨是意大利中的意大利，正如雅典是希腊中的希腊。

唯有以这种方式才能形成总体部署：如果有什么东西不美，*non s'usaria a Firenze*〔它不会被用在佛罗伦萨〕。这种偏好即使在一些衰落时期也能延续下来并保持大体水准。

43. 1494年的战争

（1）那些刚刚变得非常强大的国家，而今开始了许多年的轻率，许多年指向外部的重大政治行动。

似乎法国想要补偿路易十一露骨的实用。浪漫主义处处萌发。对这个突出的现实主义者来说碰巧发生的是，他看护得如此之好的儿子肯定会成为一个幻想家（女儿安娜·德·博热[65]倒是个现实主义者）。

法国人精神的另一面，奇思遐想，耀眼地走上前台。意大利人也正因此才看重查理八世。对于萨伏那洛拉[66]，他是归尔甫派伟大而高贵的领袖；对于比萨，他是解放者；对于那不勒斯，他是 *sacra corona*［神圣的国王］；在意大利这片充满机遇的土地上，他对所有的人来说都是一个新的大机遇。

亨利·马丁[67]在他的《法国史》（第4版，7卷，282页）中说："那不勒斯战役，一种对远征的盲目热情，一种对其军事优势的致命迷恋，此次战役之后，法国民众中革命和好战的元素驻留着。"

基本上，这次出征纯属傻事。那不勒斯应该属于阿拉贡的私生子[68]这一系，而非属于已经占据了西西里的阿拉贡，无论如何，这本该是法国的真正利益。这些地方的重要意义在于作为反抗伊斯兰的前哨，一项艰苦而荣耀的特权！法国实在是本不必放弃弗朗什—孔代和阿图瓦，而应去尽可能地获取尼德兰的剩余部分。另一方面，那不勒斯对于法国顶多是块可有可无的领地，查理八世不该仅仅为了那不勒斯人的利益而出征；难道对君士坦丁堡和耶路撒冷的图谋是决定因素？

这个时期的魅力在于那天真的自我表现和洋溢的热情。出于一

---

［65］安娜·德·博热（Anne de Beaujeu，约1460—1522），路易十一的长女，因查理八世年幼，她一度摄政。

［66］热罗姆·萨伏那洛拉（Girolamo Savonarola，1452—1498），多明我会修士，支持查理八世兵进佛罗伦萨，法军撤退后，萨伏那洛拉取代美第奇族掌管城市，后因批评教皇亚历山大六世而被逐出教会并被处死。

［67］亨利·马丁（Henri Martin，1810—1883），法国历史学家，著有《法国史》16卷。

［68］指斐迪南一世（Ferdinand I，1423—1494），那不勒斯国王（1458—1494），他是阿拉贡的阿方索，即宽宏的阿方索的私生子。

种情感需要，佛罗伦萨体验了它的共和政体和它的萨伏那洛拉。

在史籍中，柯米尼斯和奎恰蒂尼[69]相契合；甚至马基雅维里[70]也加入进来（《十年》上卷）。

难道这一整个涉及君士坦丁堡和耶路撒冷的骗局只是个掩饰——以便赋予一场征服战争以十字军的性格？考虑到土耳其的威胁，在那个时候，仅仅一场针对那不勒斯的征服战役是个大丑闻；亚历山大六世（在1494年2月？）提醒查理八世，这样一场战役千万不能不合时宜地进行；斐迪南[71]可能会在彻底绝望中投入土耳其人的怀抱。而且，三万人对于一支十字军来说也远远不够。但主要的考虑是从未被提出的一个：法国的侵略野心刺激了西班牙，后者专注于增强自己的势力，以便同样投身于进一步攫取外部领地。鲁西荣和塞尔达尼亚的割让远远没有安抚天主教徒斐迪南[72]！

西西里人的意见有多安全呢？按照这种意见，菲利波·马利亚·维斯孔蒂[73]真的把自己的国家赠与了宽宏的阿方索[74]。照此，不仅摩尔人鲁德维克[75]，而且整个斯福扎家族都将始终担忧阿拉贡-

93

---

[69] 弗朗西斯科·奎恰蒂尼（Francesco Guicciardini，1483—1540），意大利历史学家和政治家，所著意大利史记录了1492—1534年间的史事。
[70] 马基雅维里（Niccolo Machiavelli，1469—1527），意大利政治哲学家。
[71] 即那不勒斯国王斐迪南一世。
[72] 天主教徒斐迪南（Ferdinand the Catholic，1452—1516），阿拉贡、卡斯提尔、西西里和那不勒斯的国王。
[73] 菲利波·马利亚·维斯孔蒂（Filippo Maria Visconti，1392—1447），米兰大公，他的女儿，唯一的继承人，嫁给了弗朗西斯科·斯福扎（Francesco Sforza），后者开启了斯福扎家族对米兰的统治（1450—1535）。
[74] 宽宏的阿方索（Alfonso the Magnanimous，1396—1458），阿拉贡和西西里国王（1416—1458），那不勒斯国王（1443—1458）和巴塞罗那伯爵。
[75] 摩尔人鲁德维克（Lodovico il Moro，1451或1452—1508），即鲁德维克·斯福扎，米兰大公（1494—1499），因肤色黝黑而得摩尔人称号。

那不勒斯家族。或许年轻的吉奥瓦尼·伽雷阿佐[76]的婚姻意在消除这种担忧？奥尔良家族的要求则被完全回绝了。

（2）我们被告知，战争无论如何是必要的，因为各民族在和平时期变得迟钝，且最强大的力量无法获得表现。

的确，胜利者是获得了昂扬的生命感。人们不谈被征服者及其不幸；为什么他不是更强的一方呢？

就我们所论及的意大利而言，在一个时代或一系列干涉中，它的确已经被推倒在地，没有统一，也缺少一个民族抵抗的机构；但它确实拥有最高级的知性力量，能够为所有民族和所有时代有所创造，由于意大利的不幸，这些力量的发挥自然大受阻碍。将来白种人的任何艺术品恐怕都永远不能补偿那个时代的艺术因受阻而未能达到的成就。

眼下，法国人带着对继承权的粗暴执行过来了——先是查理八世拿着他安茹家的印信，后是奥尔良［实际是拉波丹日（Rabaudanges）］的路易，他早就怀着因其祖母而生发的对米兰的要求伺机而动。

这唤起了西班牙的兽性。西班牙—法兰西生存斗争的场景搭设了，这一斗争总是部分发生在意大利土地上，并将意大利的一些地区作为其目标，直到1555年法国人被彻底从意大利驱逐出去。

在此期间他们忽略了更切近和更重要的猎物——低地国家。1493年查理八世牺牲阿图瓦和弗朗什—孔代以确保能够开始意大利战役，后来法国未能获得直到斯克尔特河（Scheldt）河口的重要的

---

[76] 吉奥瓦尼·伽雷阿佐（Giovanni Galeazzo Sforza, 1469—1494），弗朗西斯科·斯福扎之孙，米兰大公，但权力由摄政的叔父摩尔人鲁德维克把持。1488年他娶了那不勒斯公主伊莎贝拉（Isabella, 1470—1524）。

法属佛兰德斯，法国国王们曾经在这里的布汶[77]和罗斯贝克[78]等地附近打过胜仗。

谁会埋怨菲利普二世[79]在宗教战争中千方百计地挑起并利用法国的混乱呢？

在黎塞留，在路易十四[80]（西班牙继承战争的时候），而后在路易十五、督政府、拿破仑等治下，法国又侵入意大利，直到最后，主要由于法国的作为，在德意志和意大利出现了大的民族单位，对于它们法国今后恐怕不能轻松应付。

合计法兰西民族（注意，不是法国的领袖）所感受到的意气风发的总量会很有意思；人们不但必须扣除意大利的苦难，还得扣除当法国人多次从意大利撤退时他们的耻辱。

所有现象表明，这样一笔账目如今可能要结束，因为对意大利的入侵大概肯定到头了。不过最后还留有一个反问：如果欧洲给他们和平，意大利人彼此又会怎么做？

44. 教皇的权力

它要求在争执的各民族和各君主之间的仲裁身份；它号令（尽管通常是空话）西方和平以便它能团结反抗伊斯兰；例如我们知道

---

[77] 布汶（Bouvines），佛兰德斯的村镇，1214年，法国国王菲利普二世率军在此击败了英格兰国王约翰和德意志皇帝奥托四世以及法国北部领主的联盟军队。

[78] 罗斯贝克（Roosebeke），佛兰德斯的村镇，1382年，法国国王查理六世率军在此击败了佛拉芒人。

[79] 菲利普二世（Philip II，1527—1598），西班牙国王（1556—1598），那不勒斯和西西里国王（1554—1598），作为葡萄牙国王是菲利普一世（1580—1598）。

[80] 路易十四（Louis XIV，1638—1715），法国国王（1643—1715）。

卜尼法斯八世[81]的戒命，针对相互争吵的国王们（英格兰和法兰西、安茹和阿拉贡）。

在阿维尼翁时期和教皇分立之后，教皇起码重申这一要求：尤金尼乌斯四世[82]裁决了卡斯提尔和葡萄牙之间在加纳利群岛占有权上的争端，就像后来亚历山大六世在两国间划定了贯穿大西洋的子午线。尼古拉斯五世[83]也就葡萄牙的一系列发现颁布敕令。

当然，一旦罗马作为一个意大利地方权力卷入整个世界的事务，教皇就不再能够维持这一要求；但亚历山大六世（在查理八世和斐迪南之间），乃至利奥十世[84]都曾尽力而为。不过在这个过程中利奥显出无知，在1513—1514年他想为朱利亚诺[85]和洛伦佐·德·美第奇[86]争取南北意大利。

此外，教皇是信仰及教会惩罚和免罪事务方面最高的凭借。

假如行事非常妥当，教皇能避免德意志宗教改革吗？向教皇缴税果真会成为一件激烈的事情吗？

一件危险的事情是对精神武器的上瘾——逐出教会、停止教权等等。（庇护二世[87]把在托尔法镇明矾矿周围游逛也列入了不可

---

[81] 卜尼法斯八世（Boniface Ⅷ，约1235—1303），教皇（1294—1303），他申明教皇高于国王的权威。但在他去世后，法国国王支持的人选成为教皇并将教廷迁往阿维尼翁，开始了阿维尼翁时期（1309—1378），此后又有阿维尼翁和罗马两地教皇分立的局面（1378—1417）。
[82] 尤金尼乌斯四世（Eugenius Ⅳ，1383—1447），教皇（1431—1447）。
[83] 尼古拉斯五世（Nicholas Ⅴ，1397—1455），教皇（1447—1455）。
[84] 利奥十世（Leo X，1475—1521），教皇（1513—1521），洛伦佐·美第奇（1449—1492）之子。
[85] 朱利亚诺（Giuliano de Medici，1479—1516），利奥十世的弟弟。
[86] 洛伦佐·德·美第奇（Lorenzo de Medici，1492—1519），与祖父同名，利奥十世的侄儿，马基雅维里《君主论》的题献对象。
[87] 庇护二世（Pius Ⅱ，1405—1464），教皇（1458—1464），他在位期间教皇领地发现了明矾矿。

赦免的大罪！）一旦传统的恐惧在某个时候被克服，它就不只是结束，反对者们通过反诅咒，诸如称教皇为敌基督者，来巩固和加强自己。

45. 意大利和欧洲其他地区

在意大利之外，贵族和中等阶级在社交上彼此隔绝且长期如此。两者几乎有着不同的文化；每个阶级靠自身都不能为一种完整的文化提供基础。尤其在德意志，贵族变得残暴，肆无忌惮；资产阶级的确方方面面都受到严厉压制，但也已经有了更为多样的生活享受。意大利之外的所有宫廷在那时都不能成为它们民族的社会中心，某种浮华的勃艮第宫廷早就是的东西。在法国只有弗朗索瓦一世打算构造社会中心。一些宫廷只知道显摆和穷奢极侈，另一些则被迫或主动节省。

意大利之外的写作文化仍然被经院学术充分主宰，它不是真正的研究，而是通过逻辑操作对既定结论的支持。所以经院学术及其教科书充斥意大利之外各出版社的摇篮本[88]。在自然科学领域，伪科学、占星术和炼金术生机勃勃，而在意大利它们已经濒临灭绝。

所谓诗人学校刚刚起步；北方的大学里也到处有意大利的和很快受训于意大利的诗歌、修辞和法学方面的教师，他们不时遭到来自同事的强烈抵制。学习西塞罗[89]和昆体良[90]作为教育科目必须有强力保障。

说到情感生活，宗教情感仍然非常强烈，各地有所不同；此外

---

[88] 摇篮本（Incunabula），指1450—1500年间在欧洲用活字印刷的书籍。
[89] 西塞罗（Marcus Tullius Cicero，前106—前43），罗马雄辩家和政治家。
[90] 昆体良（Marcus Fabius Quintilianus，约35—约95），罗马雄辩家。

还有小而精的秘密团体和虔诚的个人。法国人和日耳曼人的抒情诗歌，就其属于文学而非不间断的民间诗歌而言，在我们看来似乎做作乏味；此外还出现了一种呆板的讽喻，时而多些说教，时而多些调侃。细腻的情感藏在这些东西背后吗？这些文献唯一的当前价值在于文化史领域。

在艺术领域，或许意大利之外的艺术最生动的一面就是，哥特式褪变为一种浮华的装饰风格。在雕塑和绘画方面，伟大的哥特时期的早先理想过时了，而一种和谐的综合尚未获得。佛兰德斯写实主义止步于人物形态的塑造和叙述，这一缺陷在其对个体的关注中恰恰变得头等重要。但伴随这些笨拙乃至粗野的东西，不时有优美、深刻和灵性的苗头。从16世纪初起就在北方出现了大的，且仍然几乎完全独立的进展。

所以意大利之外的文化总的来说不成体统，尽管有着未尽的和潜在的巨大力量。

而意大利是有着一种共同文化的地方，该文化同时有着内在和谐。交往形式是一种抛开阶级差别的高级的社交，其内容是精神的。

将近15世纪末，那些对其他欧洲人来说仍然是臆测和幻想的东西，对意大利人来说已经是知识，或已经是思想的开放课题。想象力被完美地导入诗歌和艺术。

知性的范围，在其他欧洲人中仍非常闭塞和狭隘，在这里由于对理想化的希腊—罗马古代的兴趣，对狭义上的文艺复兴的兴趣，对自然和人类生活的兴趣而被极大地打开了；的确，自然因对知识、鉴赏和发现的普遍冲动而被扩展，仍覆盖欧洲其他地方的陈旧的经院体系再也不能抑制这种冲动。

不但知性重新发现世界和自身，灵魂也别样地向自身言说或谈及自身，如此一来就把自身装扮得，或者不如说，裸露得美丽。

多数政权的专制主义并无大害。那不勒斯（有蓬塔诺[91]、桑纳扎罗[92]）和西西里不大参与该运动或许有其他一些原因。其他地方，尤其是那些俭朴的人，其自主立场足可宽恕。正是僭主本身，甚至一些教皇，是该运动的带头人。比如摩尔人鲁德维克等。

佛罗伦萨共和国作为焦点和头等的枢纽处在中心位置。除了佛罗伦萨的这些地位，这里还出现了极端相异力量的非常复杂的聚合，能够推出一种卓越而和谐的文化。

除了合宜的物理和经济条件，这种文化的基础是对一切皆可为和必须拥有最好的普遍信心。没有这一信心，世上的所有建制都白搭。这一信心也表达在流行于全意大利的这一观念中，即如果有什么东西不那么优秀，它不会被用在佛罗伦萨。那里有美第奇，有许多团体和富人，他们雇用人员并需要艺术品。

于是学者、诗人和高超的艺术家得以聚首或成长于佛罗伦萨。此外人们还得算上佛罗伦萨的殖民地以及作为特派员或创建者的海外人员。卜尼法斯八世甚至称佛罗伦萨人为第五元素。

文学方面，意大利史诗从约1450年起作为主要类型占据主导，正如抒情诗歌是14世纪的主要形式。戏剧将在16世纪占有此种位置。普尔西[93]之后，史诗异彩纷呈；有英雄的、轻喜剧的和时事的等等。

逐渐扩散的意大利人文主义已经在对欧洲造成影响。许多北方人在意大利求学并把一种新科学的图景带回故里。不过在诗歌方

---

[91] 蓬塔诺（Giovanni Pontano，1426—1503），意大利诗人、史学家和政治家。
[92] 桑纳扎罗（Jacopo Sannazaro，约1456—1530），意大利诗人。
[93] 普尔西（Luigi Pulci，1432—1484），意大利诗人。

面，他们只带回了新拉丁语，1500年左右的北方对但丁[94]一无所知，或许《论君主制》除外，至于彼得拉克[95]和卜迦丘[96]则只知道其拉丁文作品；人们知道巴蒂斯塔·曼图瓦诺[97]，但不知道普尔西或博亚尔多[98]。阿里奥斯托[99]只处在他的早期。

与此同时，意大利的现代政体、商业制度和旅行者也在产生效果。

但征服者们必将发现的还是意大利人的艺术，连带着古代的遗存：

一种建筑艺术，它首度表现并容纳了一种庄严而舒适的尘世生活，它再也不是只能给教堂和城堡提供形式，而是也能按照统一规划，以美观的房间和富丽堂皇的窗体来塑造宫廷和别墅。与此协调的有一种装饰艺术，它与高度精巧的北方样式正好相反且完全适应新的建筑风格，伴随该风格成长繁盛到无限扩展。它的总体特征是肃穆宁静。

99　　接下来有雕塑和绘画，它们已经能以莱昂那多[100]最辉煌的作品和米开朗琪罗的一些早期作品自诩，接着在占领和干涉期间，它们在那些勉强受到保护的地方继续惊人地成长。（卢伊尼[101]在萨若诺镇的礼拜堂！）

中世纪艺术实现了立意方面的庄严，佛兰德斯艺术在小范围

---

[94] 但丁（Dante Alighieri，1265—1321），意大利诗人，著有《神曲》。
[95] 彼得拉克（Francesco Petrarch，1304—1374），意大利诗人。
[96] 卜迦丘（Giovanni Boccaccio，1313—1375），意大利诗人，著有《十日谈》。
[97] 巴蒂斯塔·曼图瓦诺（Battista Mantovano，1447—1516），意大利诗人。
[98] 博亚尔多（Matteo Maria Boiardo，约1440—1494），意大利诗人。
[99] 阿里奥斯托（Lodovico Ariosto，1474—1533），意大利作家。
[100] 莱昂那多·达·芬奇（Leonardo da Vinci，1452—1519），意大利画家。
[101] 卢伊尼（Bernardino Luini，1480—1532），意大利画家，曾在萨若诺镇的礼拜堂作壁画（1525）。

内达到了个体的逼真。由于莱昂那多,上述以及更高级的东西融入一种完美的真实中,那就是,庄严,一种激越的尘世生活,它显得是在修饰和表达一种被至高无上的精神所感动的生活。一切连成一体:拉斐尔[102]那里形式的完美生动和立意的高贵;柯列乔[103]那里对生命、空气和光线的完美表现;提香[104]那里喜庆、庄严的事物;最后是晚期米开朗琪罗那里对先于尘世、外于尘世和超于尘世的人物和事件之实现——更别说那无数稍逊的名家,他们仍显得伟大。这一切几乎完全独立于古典艺术。

于是出现了艺术史上绝无仅有的偶然状况,即感观表象方面最高的美和真作为一种最高精神生活的实现而被不懈追求并被获得,且人们对此有意识。在此我们应该记得米开朗琪罗的话:"真正的绘画其本身是崇高和虔敬的,正是搏求完美,通过趋近上帝并与之合一,把灵魂提升到崇敬中;对于他的完美来说,准确的画作乃是一件摹本,对于他的画笔来说,它是影子。"

入侵和占领期间,马基雅维里、阿里奥斯托和奎恰蒂尼都在写作。

46. 西班牙和葡萄牙

在伊莎贝拉于1504年,天主教徒斐迪南于1516年死后,显贵们的确仍然忠于王权。但内部冲突出现了,因为该最高权力存有争议,最终公社[105]的起义反叛了查理五世的尼德兰官员。不过王室

---

[102]拉斐尔(Raphael Santi, 1483—1520),意大利画家。
[103]柯列乔(Antonio Allegri da Correggio, 1494—1534),意大利画家。
[104]提香(Titian, 1490—1576),意大利文艺复兴盛期威尼斯画派画家。
[105]公社(comuneros), 1520—1521年,卡斯提尔的自治城市为反抗查理五世统治而结成的组织。

始终处于完全和独一的掌控中,且一旦党派分裂结束,它就实现了最高度的神化。宗教裁判所碾碎了一切;麦地那·西多尼亚[106]的首领扛着大旗。或许这样的奴役还从未有过。正是这个被一种闻所未闻的防范审查制度隔离全部思想和知识重大领域的民族,它在其他领域依然鲜活和有创造力,甚至很晚近地发展出其最好和最耐久的元素。直到在16世纪过程中,在现有的罗曼司和抒情诗歌后,那里又增添了宗教和世俗戏剧(后者又分为悲剧和喜剧),novella[小小说]和写实的小说(乞丐小说)。艺术方面在16世纪仍然依靠国外,真正的西班牙精神只在17世纪才实现其全盛,此时这个民族已经奄奄一息。

在殖民地的发现和创建中,哥伦布[107]必须依靠推动大家的唯一强大因素;这一因素甚至不是对享乐的许诺,而只能是对黄金的贪婪;哥伦布必须任所有灾祸摆布。视野的空前扩展所带来的是,西班牙人非常糟糕地沉溺于金钱和权力方面的惰性。为了得到这些,人们甘受任何艰险。到了科尔蒂斯[108],人性的元素已经大大劣于曼努尔大帝[109]治下的葡萄牙人,该国王全力以赴于远洋航行,不过在此期间,他也通过继续十字军战争的呼吁影响其他欧洲君主。这里是一个更积极的民族,不只是想着享乐和统治,似乎上上下下都沉浸在对军事—商业航海的热情中,以至后来一位大诗人能够集聚这一情感。此外,探险者和总督们显得不过是该伟大理念忠诚和团结的仆役,该理念化身为列位国王,他们肯定不能忍受像哥

---

[106]麦地那·西多尼亚(Medina Sidonia),西班牙古城。
[107]哥伦布(Christopher Columbus,1451—1506),意大利航海家,在西班牙君主支持下发现美洲。
[108]科尔蒂斯(Hernán Cortés,1485—1547),西班牙殖民者,毁灭了阿兹特克文明。
[109]曼努尔大帝(ManuelⅠ,1469—1521),葡萄牙国王(1495—1521)。

伦布、巴尔博亚[110]等人的坏名声。

不像西班牙人,他们没有发现"新世界",尽管他们在巴西获得了新世界的一份;他们倒是遭遇了一个古老但基本上不为人知的世界。他们发现的不是纯粹的野蛮人或半开化的族群,而是一个文明世界,充满危险和好战的穆斯林,直到印度的最远端也能遇到这些熟悉的、活跃的敌人。瓦斯科·达伽马[111]之后,通往东方的门径被依次打开,并且,毕竟葡萄牙在欧洲各民族的战争中最初还是无可指责的。

47. 宗教改革的开端:总论

世界经由宗教改革而发生的变化很大。首先,"解放"的问题能被提出来。

天主教直到那时没有施加任何实质性压力,没有阻遏任何观念,哪怕是无神论的亵渎,且尤其听任各种改革因素的兴起。但教会(除教义外)在其权力的等级制和其财产方面易于变化;因为两者都是世俗的。(那些颠覆或窃取权力和财产的人终究还是强盗窃贼,即使其所作所为随后可能会跟合理的力量结合起来。)

在欧洲,教会财产对于普遍贫穷的世俗阶层是个公开的问题,由于教皇们所作所为的后果,教会地位自陷险境。

作为一种宗教革新的宗教改革有别于一切中世纪传统。可多样解释的《圣经》被留作唯一的权威,并且改革神学带来了称义学说

---

[110] 巴尔博亚(Vasco Balboa,1475—1517),西班牙探险家和殖民地总督,他发现太平洋(1513)并宣称其为西班牙所有。
[111] 瓦斯科·达伽马(Vasco da Gama,约1469—1524),葡萄牙航海家,他绕过好望角到达印度(1498)。

上的麻烦。

1520年之后,路德的目标是彻底根除天主教。他被诅咒;他的对手则被指为福音的"藐视者",宽容被说成是亵渎。

改教者乐于调用上帝的愤怒。

对那些想依属旧教,*optimo jure*[矢志不渝]的人毫无怜悯。(任何遭罪的人肯定会垮掉;如果他没有垮掉,就有了一个复仇者。)

对各个千年机构的空前大劫掠发生了。但大部分德意志仍是天主教的或又成了天主教的;在欧洲其他地方,天主教占据着最重要的地区,并把对宗教改革的竭力抵制和无条件的自我保存当作其职责。

因此,随着三十年战争,德意志为宗教改革所付代价之高昂不难想见。总之,事情很糟糕,所有深仇大恨迄今也不能改变局面。"他者"仍在周围,并且也是基督徒。

继天主教的"人类法规"之后的是新教的"人类法规"。

改教者和"自由":

今天他们主要被看作是破城槌——不是由于他们所教导的东西,而是因为他们竭尽全力要毁掉天主教。人们很少留意他们的学说,说到底它们不被看重。新教被当作是自由的,若自由就不是新教了——国家终归支配着它。

改教者悲叹"精神自由"。他们人人都把自己的教义想成是灵魂得救的条件。他们愤恨和抱怨自己遭到了轻视——这里人们突然连路德本人也不相信。他们战栗,因为由于他们的发明,全部伦理都远遁公海(作为罪恶创造者的上帝等等),而民间的妄想和贪婪如今基于《圣经》或甚至单单基于圣灵就引发不断翻新的变革(再洗礼派〔112〕）。

实质上承载宗教改革的力量是对善功、布施、什一税、赎罪券、禁食的普遍背弃——简言之，戒律的普遍缺乏。改教者不单拒斥禁欲主义，还恰恰走到了另一个极端。

宗教改革是那些再也不想勉力做某些事情的人的信仰。由于加尔文，这在后来改变了。

最糟糕的和社会方面最危险的那些元素很快处在前台。它们导致了与所有历史传统的普遍断裂。另外，它们中那些被修辞精神裹挟的元素很活跃。

即使农民战争的风暴结束，在行为和思想方面普遍的放肆持续着，且扩散到了那些仍属天主教政权的区域。提埃波洛（Tiepolo）在1532年担心，由于内战，胜利者或流亡的失败者可能会涌向邻近地区。

那些见多识广的人有了心理压力。缺乏任何昂扬的情绪成了特征。高等教育被认为没有进展，反而倒退了数十年。人文主义者变得沉默。

德意志艺术衰落了，由于粉碎偶像，由于其高级任务的萎缩——它被剥夺了它的神话——由于最重要的艺术家们本身参与宗教改革。

48. 路德

他身上起始的元素并非思辨思维，而是各种极端强烈的基本情

---

〔112〕再洗礼派（Anabaptists），16世纪宗教改革中的激进派别，因拒绝婴儿受洗得名。

感，这些情感不时出现在那些古老而高等的种族的深邃天性中。这类人感触到一切尘世事物的深刻空虚，并且基于癖好、时期、地点和种族，觉得这是所有活的造物对上帝的背弃。

顺从赋予他精神外在形式的尘世（日耳曼人的和修士的）外表，路德觉得这是罪。然而他不满于在他环境中流行的对罪的补救，亦即忏悔及其肤浅的赎买形式、赎罪券，这根本不能满足他。

凯斯勒[113]在1522年见到了路德，他描述道[《安息日》，1卷，122页]："他天生发胖。他的身姿挺拔，所以多是后仰而非前倾，他的面容朝向上苍。他有着乌黑的双眼，深置在乌黑的眉毛下；他的双眼闪耀如星，以至人们难以承受它们的扫视。"（克拉那赫[114]没能给我们这么一种印象。）

关于路德，决定性的事实在于，除赎罪券外，他还厌恶最宽泛意义上的善功。但这些善功将总是有自然情感的支持，这些自然情感跟天主教实践中的所有蠢事一起，同样被路德践踏在地。

对于一个基督徒来说，想弥补自己的过失，让自己受苦，放弃自己的部分财物和享受，这都是很自然的。（但恰恰因此在神学上是不正确的？）只有乐观者无心于此。真正的基督教甚至以苦修的形式将永久的忏悔加诸自身，路德最恨苦修，他已经与之告别了。

改教者很快就认识到什么东西跟教会的布施行为一起丧失了，于是制定了公共救济方案。

但除非诸侯和城市政权永远有理由确保一个稳固的教会组织，否则他们将屈服于自己的虚弱。各个政府当时不得不密切关注圣

---

[113] 凯斯勒（Kessler, 1502或1503—1574），改革神学家和历史学家，著有《安息日》，记载1523—1539年的史事。
[114] 克拉那赫（Lucas Cranach, 1472—1553），德意志画家和雕刻家，他1529年为路德所画的肖像是传世名作。

俸，尽管它们也将此事部分地托付给神职人员。

49. 德意志宗教改革：它的原因和精神后果

现代天主教徒有个主张，一个所作所为像中世纪教士团一样接纳那么多世俗事物的团体，仍不应服从管辖所有世俗事物的法则，而应享有于普遍变化中永恒不变这一特权。但尘世的财富和权力都是短暂的。教士团也在成长且不断变化。它成长壮大，教士监督下的，涉及永生不死的宗教都会走上这条路。这一宗教不能也不愿再假装合乎《圣经》；所以有了各种方言中对《圣经》的嫉恨，正如希梅内斯的原则所表达的，三种能写出"I.N.R.I."[115]的语言都是完备的。这一态度可能受到了对罗拉德派[116]记忆的影响，该派时隐时现，进入16世纪。

现在只有以下选择：是由那些受主体教养的、现代的、渎神的、私自探究的人用逐渐背叛来动摇教会，还是由一个突然的宗教大危机——这牵涉到财政因素——来动摇它？

若没有利奥十世的赎罪券产业，这会需要多久？

反过来问：若没有路德，情况又会如何？无疑在遍及全欧的教会财产方面，以及特别是教会地位方面很快就会有某种变化，但大部分教义及教士团或许会保留，连带着，个体的私人发展很难被压制。

除宗教元素外，精神后果如下。无论如何，无限多的个人在精神上被唤醒了，较之以前更加成熟。并且由于宗教变得更内在，精

---

[115] I. N. R. I.，拉丁文缩写，即 Iesus Nazarenus Rex Iudaeorum [拿撒勒的耶稣，犹太人的王]。
[116] 罗拉德派（Lollards），14—15世纪英格兰威克利夫宗教改革的追随者。

神元素更多地且在更广的领域有所发展。(？)但为了这一共同财富，同样数量本土的、原生的力量不可避免地丧失了。因此，宗教改革之后的文学和诗歌特别衰弱。此外是一种处在君主们，以及尤其是处在新的教义（因信称义）压迫之下的感受，该教义其实非常沉重，不是为所有人设计的，较之以前的天主教（实际上但凡人们想要，它就有上千种变通和高度自由的做法）是一个更具压迫性的负担。

在多元和自由表征了16世纪的开端之后，两个教会，天主教和新教（新教重新唤醒了天主教）都变得咄咄逼人地独断，都要求人们再次变得偏执。新教国家后来成了"精神自由"之地，并非因为它们是新教的，而是因为它们不再那么热心。

后来对损失之物的补偿是无法估量的；难以判断延迟一下会有多好。

还需要考虑的是，宗教改革以及与此同时天主教方面的反宗教改革如何调整文艺复兴并援为己用。

在一封日期为1800年9月17日的致歌德的信中，席勒[117]评论了K.L.沃特曼[118]的《宗教改革史》，他说宗教改革时代的历史，"主题天然倾向于一种琐碎、凄楚的细节，并以一种无限迟缓的步调挪移"。要紧的是"将［这种材料］组织进大的、有成果的板块中，用几个大冲突来提取其精神"。

50. 宗教改革：新教与传统——新教义的不宽容

天主教徒以非常雄辩的理由拒绝了单纯诉诸《圣经》。例如格

---

［117］席勒（Schiller，1759—1805），德意志戏剧家、诗人和文学理论家。
［118］K.L.沃特曼（Karl Ludwig von Woltmann，1770—1817），德国历史学家。

拉平[119]说《圣经》是本类似软蜡的书，人人都可随意拉扯。他用《圣经》上的个别章节来证明一些事情，比路德做的还要离谱。他说，人们应该重视教会最古老的惯例。为了树立并维持一种对宗教改革进程有益的观点，人们将不得不隐瞒所有时代和所有人的精神体验。实际上，不难论证与早期的教会生活形式和与传统的完全分离是某种不公正和愚蠢的事情。他说，基督教真理包括两种东西，《圣经》和传统、精神和载体，该载体是精神在宗教力量充盈的早期为自己创造的。

稍后，当新教变得足够成熟，它逐渐能够形成和建立一个自己的传统。两代人在此也足够说明问题，后来的情况不言而喻；大众很快就能养成习惯。

但当它的神学开始担负"学术"，新教由此变得病态并显出转向理性主义的倾向。

然而在16世纪，相互诅咒徘徊在新旧宗教之间。（人们常常把自己的狂躁误会成上帝的愤怒。）谁若打算宽容一支信仰不同的少数派，他或许会想到自己正招致上帝对他本人和他国家的愤怒。毕竟少数派不仅仅是"不信者"，而是"藐视者"。

塞巴斯蒂安·弗兰克[120]谈及福音派的地方教会时说："人人都信，以便满足权威，且必须崇拜本地的上帝。如果一位君主过世，另一位信仰的矫正者出现，上帝的话也很快就变。"从很早的时候（1520）起路德就发出了非常激进的号召，要摧毁天主教，要彻底废弃和铲除一切旧事物。天主教徒立即接手了一场生死斗，一场自

---

[119] 格拉平（Jean Glapion，约1460—1522），方济各会修士，查理五世的顾问，曾与路德争论。
[120] 塞巴斯蒂安·弗兰克（Sebastian Franck，1499—1542），德意志宗教作家，先是天主教教士，但一度追随路德，后反对路德宗固执教条和不宽容。

卫战。早在1520年,对路德来说,教皇就是在《帖撒罗尼迦后书》2章3节被暗中影射到的敌基督。胡斯派[121]早就给教皇冠以"敌基督"之名。

很快,新教国家的教会力量引发了针对天主教徒的迫害、灭绝或驱逐——对那些矢志不渝想固守习惯信仰的人来说,苦不堪言。

路德版本中因信称义的教义现已被所有重要的新教神学家放弃。梅兰希顿[122]在1531年致信给一位朋友说:"相信我,关于因信称义的争论是晦涩和麻烦的。"

德意志为宗教改革所付代价之高几乎是怎么想都不为过。任何元素若能从这个新运动可怕的排斥和好斗中将自己解救出来,都决不会认可这一新力量,并且感到自己有权做出任何反击。于是有了反宗教改革和三十年战争。当反动到来时,对改革之逼迫的记忆在孙子孙女辈仍然存在。

接过对教会的控制是国家所能迈出的朝向全权的最大步伐之一。在天主教地区,这一步是通过对神职人员的任命和税收间接迈出的;新教徒则非常直接和公开地这么做。这种国家凭什么有资格统治灵魂?

51. 宗教改革:所谓精神自由的树立

今天的欣喜,即宗教改革树立了所谓精神自由(大意是说,改教者是赞同一切纲纪废弛,反对一切权威的破城槌),实际上甚至

---

[121] 胡斯派(Hussites),15世纪波西米亚宗教改革家约翰·胡斯(Jan Hus,约1372—1415)的追随者。
[122] 梅兰希顿(Melanchthon,1497—1560),德意志神学家、宗教改革领导人、路德的朋友。

那时也是很多人的态度,但令改教者自己厌恶和哀叹,他们把自己的特殊教义看作是彻底拯救灵魂的必需。

后来各个政权帮助他们建立了明确的信条,但那是在它们已经拿定教会财产并打算予以维护之后。是这些城市和诸侯政权完成并维护了稳固的信条,改教者靠自己几乎肯定会受制于他们的不和。

而民众在那些他们参与的地方,起初是大大享受了无法无天。

除了尊改教者为反对最大的,由此也暗示出是反对一切权威的破城槌,今天很少有人想了解他们了。即使是虔诚的人也不再严格信奉他们那一套。

谁若能给人们揭起未来的帷幕,向他们表明一百年后他们又将为这轻而易举的胜利付出什么,情况会怎样?

像宗教改革那种力量在眼下的得意中总是自我欺骗地认为它们独步世界。但后来它们感到惊讶并歇斯底里地诅咒谩骂,那时候,古老的元素不但为数众多地存在着,并且成长为巨大而崭新的力量,因为它们源自人类的内心深处。

然而人们一度毫不犹豫地尽各个政权的力量,通过禁止、迫害、驱逐等手段立即摧毁古老的信仰。这是一种憎恨,它让上百万人绝望,没有任何法律依据可以为它辩护。再者,各种宗教有时也不这么做。4世纪的基督教界过了很长时间才进而迫害异教——直到异教完全无害——因为它是依据宗教冲动行事。而抄没者们必须以冷酷的排他性迅速行动。的确,异教庙宇的财产和捐赠跟宗教改革各政权面前的劫掠物相比微不足道。所以有了对新教布道和圣餐礼的可怕强制。否则赃物就不保险。

改教者当然尽可能地用他们的教义对此予以帮助,该教义是,一个仍然容忍偶像崇拜的国家将招致上帝的怒火。但如果不是考虑到对抄没物的看护，他们的叫嚷就不会被留意。

刚开始时，在德意志只是那些依属旧教会的人才有危险和自我牺牲。胡腾[123]的"木已成舟"是可笑的。法国有所不同，在那里，新信仰的依属者暴露在致命的危险中。

52. 宗教改革：大众，他们的动机和后果——路德

大多数民众当然很快就会参加。立刻逃避供认和忏悔、打破禁食、摆脱誓约和赎罪券，还有曾经被想到过的，不再缴纳什一税（农民无论在哪儿都不能免于该税），这都让人高兴。对所有那些再也不想勉力做某些事情的人来说，宗教改革必定有巨大的吸引力。

博尼瓦尔[124]对这一点的强调贯穿其《不同改革者的意见和建议》。他说，民众的绝大多数把宗教改革想成是禁欲主义的反面："这世界做得像一头驴子的后背"；如果麻袋挂得太靠左而你想把它摆正，它便落到了右边。基督教在其开端对人们的作用是多么不同啊：悔改、把财产捐弃在使徒脚下——现在截然相反，"我们小酒馆里的福音传教士"！民众最糟糕的元素上到了首位。在过渡时期，发生了诸如针对教士的残忍暴行。福音书的宣讲在哪里紧跟着生活的改善，除了"在瓦度派[125]的谷地和我们的日内瓦城"？即便在那里也是很晚才发生，并且费了劲，因为起初"很少有殷实人

---

[123] 胡腾（Ulrich von Hutten，1488—1523），德国人文主义者、诗人、新教改革的同情者。

[124] 博尼瓦尔（François de Bonnivard，1496—1570），瑞士爱国者和历史学家、新教徒。

[125] 瓦度派（Waldensians，法语 Vaudois），12世纪南部法国的基督教异端，以《圣经》为唯一权威，在16世纪接纳了加尔文教义。

家"参加，倒是城市中"最受压制的人"参加了，且在十个小时之内，伴随着对教士和修士的虐待、劫掠等等。这些做法纯粹出自对教会的仇恨，而非出自对福音的爱；否则他们会在自身中开始他们的改革。（宗教改革不是通过自己的正面教导，而是作为对留存到当时的一些东西的否定才迈开大步；没有这种否定就赢得不了大众。）

111

总的来说，身处嗜欲的民众、贪婪的政权和卑鄙的同行（各种迅速攀升的神职人员）之中的改教者们可能会感到非常别扭，且彼此对立：再洗礼派，即宗教改革向前推的基本精神力量，一种出自黑暗的持续的警告。对教皇的可怕诅咒或许部分是因为他们想用力斩断暗中充满诱惑的回头路。梅兰希顿原本多么高兴与旧教会保持某种联系啊！

宗教改革在民众中激发了非常多样的精神：一种与所有历史事物的断裂；由于民众与如此多的历史相断裂，对许多人来说就没有了限制。此外，那里有各种传统异端的残余，它们之前只是被推回暗处。

依照兰（Paul Lang）自觉或不自觉的观点，*Reformverein*［改革联盟］实际上应该紧跟着宗教改革。但没有现成的、教义上非常稳定和偏执的各个教会，一切都将化为骚乱、洗礼、诉诸圣灵等等，化为普遍的不和（不是"启蒙"，而是洗礼将暂时占据舞台），而反动（后来足够有力地介入）将轻易并彻底地控制局面。

当然，宗教狂热者们偶尔以严格的纪律把自己聚拢为一支上帝的民众，造成一种乐观的开端，像胡斯派曾经做到的，但和谐实在太少了，明斯特[126]的想法来得太迟。

---

[126] 明斯特（Sebastian Münster，1489—1552），德意志地理学家，原为方济各会修士，后改宗新教，著有《宇宙通志》6卷。

由于称义、善功、预定论等难题,全部伦理都远遁公海。上帝是恶的创造者,这种观念也出现了(汉斯·登克[127],还有一些突出的改教者,如茨温利[128],逻辑上足以得出对邪恶者,乃至对堕落天使的最终拯救)。

112 许多人或许仅仅因为天生健谈,就被拖进了所有这些混乱中。相反的东西同样会鼓动这些人去说道。

我们究竟有何身份,去要求路德和其他改教者,说他们本该执行我们的方案?!存在过的就是这么一个路德而非别人;接受他本来的样子。

对路德的"顽固"有许多抱怨——要是没有这个人那丝毫不能妥协的猪脑子,一切或许会回复原状。

路德的称义教义,一项与直到那时的整个教会对立的发明,目前其实被所有的,包括正统的新教神学家所放弃了。事实上,它目前被解释的这种方式会被改教者及其真诚的继承者谴责为教皇的或阿米尼乌斯[129]的解释。

53. 宗教改革:政权—教产抄没与教义—教会和国家

当时兴起的地方"教会"基本上不过是对财产占夺和抄没的区划;新的神职人员在这些教区内以一种要多寒碜有多寒碜的方式确立自身。

如果允许他们布道,这些神职人员只会制造出不断翻新的演化,即一种由不断翻新的教义争论造成的迅速瓦解;而始终困惑于

---

[127] 汉斯·登克(Hans Denk,约1500—1527),德意志南部再洗礼派领袖。
[128] 茨温利(Ulrich Zwingli,1484—1531),瑞士宗教改革领袖。
[129] 阿米尼乌斯(Jacobus Arminius,1560—1609),荷兰神学家,反对预定论。

此的民众会更容易回归天主教。路德恨恨地抱怨布道及整个宗教精神的虚弱乏力。

靠其自身力量，新的教会将几乎不能造成一个阿基米德支点，一面团结众人的旗帜；它只会衰落成各个宗派。

但各个政权对教会财产和增加权力感兴趣，带着它们的 quos ego[130]，它们必须创建国家教会，而民众以及，注意，还有它们的神职人员，再也不许离开该教会，贵族则被准许以各种方式参与劫掠。各个政权不关心教义，但它们确实需要一种定义明确的教义作为环绕其臣民的政治和警察围栏。它们必须比改教者更无情地对待天主教残余。（布兰登堡的阿尔伯特[131]、古斯塔夫·瓦萨[132]等人以死刑来禁绝天主教，而这肯定不是出于宗教狂热。）

各个政权首先着眼于震慑大群民众，陶醉在自己最初无法无天行径中的民众终究蹒跚进了它们的射程中，它们还着眼于使反对者数十年无法自卫，直到被完全驯服。

各个政权亟需一种明确的信仰。神职人员本会继续争论，每个人都觉得自己对。

闵采尔[133]主义、再洗礼派运动等，由于对国家和社会有要求，它们跟各个政权的竞争甚至比跟新教教义的竞争更为直接和可怕。

各个政权需要一种稳定的教义以便确保它们的赃物。没有它们

---

[130] quos ego，拉丁语成语，最早见于维吉尔的《埃涅阿斯纪》1卷135节，是海神为使狂风止息而对之没有讲完的话，直译为"我（要把）你们……"，语含威胁。

[131] 布兰登堡的阿尔伯特（Albert of Brandenburg，1490—1568），条顿骑士团首领（1511—1525），第一任普鲁士公爵（1525—1568），1525年改宗新教。

[132] 古斯塔夫·瓦萨（Gustavus Vasa，1496—1560），确定路德宗为国教的瑞典国王（1523—1560）。

[133] 闵采尔（Thomas Muünzer，1489—1525），激进的德意志新教改革家，否认《圣经》的绝对权威，要求现世实现天堂，领导农民起义失败后被处决。

的这种渴望，新教将分裂为各种小的宗派和派系。

稳定的正统学说等于是抓牢赃物。

天主教在给人活路方面极为宽容，并且听任民众的信仰。这个伟大的总体能够经受很多东西。

而新教这方面呢，神职人员不能宽容和忽略任何事情，各个政权在每一种背离中都看到对它们大笔赃物的威胁。

意味深长的是，为数众多的名流在最初的同情之后离弃了这个新运动：皮尔克海默[134]、韦西里乌斯[135]等人。甚至罗伊希林[136]，尽管他至迟于1520年在罗马受到了审判，但却忠于旧信仰并完全反对路德的计划。

那些内心遭受煎熬但外表审慎的人，他们同情致力于一次宗教会议的回归者们的中庸立场。

保罗·兰在1520年左右这样写道："关于路德我迄今为止说过的话，并不如实，而只是溢美，未经任何严肃的言辞来宣誓，但由于我像其他许多人一样正等待着，直到一个全基督教界的、普遍的和全体的会议来决定什么应予信仰，我将总是接受来自那些真正明智者的指导，同时把我所有的作品交付罗马教会评判。"

后来只有加尔文宗是完全自发和自主地出现。它想支配各国，首先是要把其宗教意志加诸各国，例如在苏格兰，它对待国家和世界有如儿戏。它至少谋求趋近于一种立于各国之上的组织，且已经

---

[134] 皮克尔海默（Willibald Pirkheimer, 1470—1530），德意志人文主义者，曾追随路德，后回归旧教。

[135] 韦西里乌斯（Wicelius, 1501—1573），德意志神学家，先是追随，后激烈反对路德。

[136] 罗伊希林（Johann Reuchlin, 1455—1522），德国人文主义者和学者，其著作遭到罗马教会查禁。

实现了多德雷赫特宗教会议[137]。

路德却从不组织他的教会，而是立即把教会的体制和财富丢给了各个世俗政权。他教导，而各个政权行动。各个政权从一开始就隔岸观火并没收教会财产，对此它们比对所有称义和拯救更感兴趣。当然，路德或许没有预见到后来所发生的和注定要发生的。暂时，各个诸侯和城市政权只被希望去成就福音和新的教会，而不是变成信仰的最高权威及宗教、教义和教会的终极裁判。

但他再也无法抵制这一被迅速采取的措施，因为如果没有各个政权，宗教改革在1525年之后或许会在民众中消退。无论如何，一旦国家不再帮忙，这个新信仰的神职人员就会被人们嘲笑和抛弃。在他平静的时刻，路德可能常会陷入这种想法，即各个政权对它们未来的正统性没提供什么担保。而就各个政权权力的（巨大）增长来说，他的心情非常安定，并且他庆祝自己为此出过力。目前他认为诸侯们将听从他们神学家的建议，但诸侯亲自选择自己的忏悔神父并任免全部神学教员。

行文至此我们再次想起了德林格，他这么写道："教会被完全纳入国家，并被看成是庞大国家机器上的一个齿轮。谁在最高贵，或者说最不可亵渎的事情上，也就是宗教和良心上行使绝对权力，一旦他想伸手，必然能够逐渐控制国家和民族生活的其他所有领域。因而，随着作为掌管教会利益的最高权威，即宗教法院的建立，官僚机构，君主和国家的无限权能以及集中化管理的发展就开始了。"

如果说有什么东西是现代国家的特征，那就是，当它不得不容

---

[137] 多德雷赫特宗教会议（Synodus Dordracena），为谴责阿米尼乌斯派而于1618年在多德雷赫特召开的会议。

忍一个宗教时它所感受到的憎恶和忧虑，因为这个宗教超出它的疆域且属于一个它无法控制的整体。尽管如此，直到18世纪，国家至少还假装包含宗教，其教会已被它纳入了官场。此后情况就变了。

起初国家很占便宜，它把路德宗正统、教会财产的占有和政治上的全能烩在一起。但如果三者之一必须首先去掉，那肯定会是路德宗正统。

国家凌驾于教会之上的巨大权力在16世纪突然成为事实；没人有机会来对它做出任何限制。提供限制的做法必须及时。

新教作为一个国家教会而产生，一旦国家变得宗教淡漠，它就岌岌可危。

这是在过去时代中，国家迈向全能的最大一步。后来跟着的是天主教这边的路易十四。没有这一在先的恺撒教皇主义，国家全能的随后完成（通过大革命的各种理论）就不会发生得那么容易。

世俗手段，天主教会曾为个别行动而调用它，新教会则先天地被它控制了。

一开始教会当然不想这样。但当战事激烈时，它开始从额上擦汗，它必须认清自己处在国家手里，只因神职人员的婚姻。

54. 地方教会的起源

当加尔文宗正在日内瓦、苏格兰等地造成一种宗教对国家的支配以及一种全教界行动（例如多德雷赫特宗教会议）的可能性时，当茨温利在苏黎世成了直接的国家首脑且各个宗派只在后来才自外于国家时，路德不能也不愿在德意志组织一个教会。他教导、写作、布道。

依照不变的精神规律，各个诸侯和城市政权，鉴于它们的构成方式，不可能变好。尽管有了新教义，它们的德行还那样，仍主要是贪财好利。它们现在创建多少独立的地方教会就有多少敛财的地区；这方面它们常常不得不和迄今靠圣俸过活的贵族分享，所有这些单位同时成了教条的地区。民众和神职人员再也不许游离，以便抄没的财产不会又变得不可靠，任何偏差都将引起这类担忧。

所以有对天主教的毫不宽容，注意，这不是出于狂热，尽管这跟改教者步调一致。作为政治家的茨温利甚至比作为改教者的茨温利更是如此。此外，各个诸侯和城市政权都捐助（糟透了）新教会。

假如没有各个政权，改教者会因教义争论四分五裂，这会搅扰民众或使之重返旧教。他们凭自己无法获得一个阿基米德支点，也无法举起一面让所有人踏实地聚拢起来的旗帜。

各个政权则在无抵抗的数十年中专心于震慑和驯服大众。它们急于获得确定的信条，于是它们强迫神职人员达成一致，否则这些人会一直吵下去。它们的对手，甚于神职人员的对手，是闵采尔主义、再洗礼派运动等。这解释了为什么它们要更坚决地继续下去。使德意志宗教改革活跃的唯一事物是抄没教产和附属于此的利益；只有这些使保持动机的政治力量坚持下来。于是，出乎路德意料，各个政权成了信仰的终极权威。他对于各个政权及它们各个阶层将来乃至永远的正统性毫无把握，仅寄望于它们能够听从它们的神学家。

总之：被民众抛弃、因婚姻而有拖累的神职人员，只得适应一种他们无法用自己的组织取而代之的组织。而天主教则挽救了它的组织。地方教会是迈向国家全能，迈向恺撒教皇主义的最大一步。

缰绳很快就勒紧了,尽管后果在数个世纪中没有充分显露。

在英格兰,而今也发生了王权的巨大增长。在瑞典,这实际上只有借助宗教改革才变得可能。

现代流行的理论要求一种作为一切存在物之主要目标的绝对和普遍的国家权力。但权力因其内在的贪得无厌,通常不能使人更好,且几乎从不能使人更快乐。

不过,对于德意志的诸侯们来说,这一权力的格外增长(一个先前共同统治的阶级离开了,他们继承了其财产)是一个非常有力的手段,用以强调他们相对于皇帝和帝国的自由。如果在15世纪法国的大封臣有类似的东西来反对路易十一,那会怎样?所以米可尼乌斯[138]能在1542年从巴塞尔写信给加尔文说,"俗人们瘟疫似的教义:公民政权即教会"。

路德宗的各个政权将抗议联合的宗教会议及所有共同建制,并将把这些事物当作对它们统治的干涉而予以武力禁止。路德宗的大公性没有形成,而加尔文宗有一些举措。

路德于1526年9月22日写给选侯约翰[139]的一封极有启发性的书信就出于这样的背景。

55. 1526年之后的宗教改革:势不可当的恺撒教皇主义

米可尼乌斯于1542年由巴塞尔写给加尔文的信内容如下:俗人们正在提出一种"非常混乱和瘟疫似的"教义,"公民政权即教

---

[138] 米可尼乌斯(Friedrich Myconius, 1491—1546),德意志路德宗神学家,马丁·路德的同事。
[139] 选侯约翰(John Frederick I, 1503—1554),萨克森选侯(1532—1547)和萨克森公爵(1547—1554),路德宗信徒。

会"；他们擅用了绝罚的权力。所有原属教皇的权力而今他们都要求交给行政长官，并声称作为世俗统治者的摩西曾向亚伦发号施令，且大卫及其他虔诚的国王曾指挥利未人。为什么在新约中就不能一样呢？当伯尔尼议会敢于就信仰做出最终裁定的时候，加尔文怒不可遏。但在宗教改革早期，政权简直随心所欲，无人抗辩。

人们对那些结了婚的教士并不比对那些姘居的教士更为尊敬，这是侮慢神职人员的原因之一，改教者哀叹不已。

新教的大公性不曾实现。即便是加尔文宗，其个别国家后来的确有着更为紧密的宗教联系，但也只实现了一次多德雷赫特宗教会议。路德宗所表现出来的只是地方教会，有些非常小。它缺少手段和意愿来把自己塑造成一个大的共同体，这大体上成了各个政权的事情。但这些政权无疑把大的宗教会议和类似组织看作对它们统治的干扰而予以禁止。各个政权的恺撒教皇主义是一切普遍事物之敌。

此后，对作为一个宗教的新教而言，从其自身中建立起一种带有普遍有效性的权威就不可能了。

56. 宗教改革的到来：宗教改革和艺术的命运

此刻我们必须跟德意志艺术告别了，就在那时，它似乎处于即将圆满完成之前最辉煌的激荡中。从丢勒[140]开始，所有知名的艺术家都拥护宗教改革，这一事实或许部分是因为他们憎恶高级神职人员，这些人就是不把得来的大量捐赠花在祭坛作品的委托上。

宗教改革不但剥夺了艺术的主题，也剥夺了艺术的纯真，如果

---

[140] 丢勒（Albrecht Dürer，1471—1528），德意志画家和雕刻家。

文艺复兴继续下去就能保住这一切。这就好比在其艺术的早期全盛之际突然禁止希腊人描绘他们的神话,而只给他们留下肖像、历史题材和风俗画(参考伊斯兰教对绘画的禁令)。德意志人仍然饱满的力量原本可以完全成功地消化文艺复兴,并把它与伟大的意大利艺术融合;那就不会有像在尼德兰的那种夹生风格。此外,许多地区还有对画作的直接毁坏。

只有极少数人能够严肃和内在地响应在宗教中被突然要求的对伦理的极度强调,与此同时又存在着一种普遍的和非常急剧的党派分裂,因此,一种内心压抑的感受和一种胆怯的保留成了那些知识人士的特性,而艺术通常有赖于他们的支持。有没有比1523年茨温利和利奥·尤德[141]在苏黎世的主要论辩更合理的理由反对画作?他们说从《圣经》中不能证明画作可被接纳,而这就是为什么它们必须消失。

一个关键因素在于,即使在名义上仍是天主教的地区,新教数十年来实际上支配着人们,至少是那些并非农民的人的头脑。它是否深入无关紧要。教会艺术在这些地方同样停顿下来,所以后来,随着反宗教改革,意大利艺术立即获得了优势。

人的变化通过肖像画得到了惊人的揭示。在16世纪开端,画作和陵墓雕塑中处处展现极度的开放和力量;1530年起,一切都显得局促和不安。

德意志文艺复兴的建筑和装饰说明,艺术感受和从美化生活中得到的乐趣基本上不曾终止。

细细想来,除了对丢勒的一些夸耀(大概人人都乐于给他画像),德意志人文主义早在宗教改革之前就对艺术相当敌视,或至

---

[141] 利奥·尤德(Leo Jud, 1482—1542),瑞士宗教改革家,茨温利的朋友。

少是完全疏远,古代哲学家也是这样。提到托马斯·贝克特[142]奢华的墓地,以及帕维亚卡尔都西修道院[143]大理石的壮观时,伊拉斯谟[144]宣讲最乏味的"慈善",说这些钱应该给穷人,而装饰圣徒的坟墓,鲜花就够了。(这个时代的贫穷很快就会用尽这笔钱,而我们将不会有诸如卡尔都西修道院了。)伊拉斯谟随即普遍地驳斥各个教堂中圣墓的艺术装饰。

57. 天主教会的状况:宗教改革的直接影响

路德1520—1521年间的作品,已在他与教会之间设置了一道鸿沟。他不再要求它头头脚脚的改革,而要求摧毁它的整个肌体,废除仪式和一些圣礼;只保留布道。

在教会能稍微压制之前,改教者对旧教会的愤怒已经存在;这不是因为迫害,倒是部分地因为自我压抑。实际上在宗教改革胜利的地方,那里立即开始了极大规模的掠夺。

天主教君主、神职人员和各民族从一开始就知道,一旦他们的对手足够强大,他们就面临彻底的压迫;改教者的所有著述都要求根除旧教会。因此在天主教这边,人们期待一场同样不择手段的自卫战。至于新教徒,如果他们毕竟还了解天主教会的话,在他们清醒的时刻一定预见到了这样一种未来的抵抗。所以他们摧毁天主教的见解后来得到了这一结论的支持,即一旦天主教徒重获权力就将

---

[142] 托马斯·贝克特(Saint Thomas à Becket,约1118—1170),英王亨利二世的枢密大臣,坎特伯雷大主教,因维护教权而被英王亲兵刺杀,死后被封为圣徒。
[143] 帕维亚卡尔都西修道院(Certosa di Pavia),位于米兰市南,由维斯孔蒂家族于1396年起兴建。
[144] 伊拉斯谟(Desiderius Erasmus,1466—1536),荷兰人文主义学者。

采取最极端的报复。

一千年来的成就,一个宗教的载体,一种与完全成型的民众习俗相联系的事物从民众那里被掠走并毁坏了。在德意志这甚至不是发生在悲剧性的战斗中,而是伴随着对肆意妄为的突然诉求,除此之外这种独断的新"信仰"没什么意义。

这解释了为什么在还没有被颠覆的国家,特别是法国,从一开始就决心彻底镇压,无论采取何种方法。

从一开始,只有教义上对教会的完全背离才能帮助各个抄没教产的政权实现目的。新旧教会之间的任何妥协都多少会使它们的赃物又不确定。

这是个可笑的想法,在全部世界历史上,本来既不能使人特别善好,抑或特别快乐的权力,靠着16世纪德意志的各个政权将实现这个奇迹,就因为它们属于新教。对于这些统治者,旧教信徒只得默默服从,因为暂时这些统治者可以依靠民众对无法无天的喜好。

但对天主教会来说,路德的宗教改革来得正是时候。没有它,教会难以有自发的内在转变,即便有它慎思明辨者的远见卓识。甚至最圣洁的教皇,我们假设他被圣洁的枢机主教和教廷人员环绕,面对大环境(陷于世俗和迷信)也不会比阿德里安六世[145]更有作为。只有最可怕的危险才能在所有国家带来那些能够开启一场反宗教改革的宗教力量的兴起。

而新教从那时起就始终,有时还有声地流露出焦虑,即如果事情能完全顺其自然,天主教将重新占上风——不是靠武力,而是出于精神原因。

---

[145]阿德里安六世(Adrian Ⅵ,1459—1523),教皇(1522—1523)。

58. 茨温利的后期

宗教改革带来了一个时代，在其中人们觉得教友比同胞更亲。

甚至在此之前，鲁莽的政治行动和无耻的手段就成了普遍做法。

此外又有茨温利和当时许多人的看法，即由于容忍一种与他们形而上观念相左的局势，上帝的愤怒降临了整个国家。（这个看法在茨温利是真诚的吗？或许那是他自己的愤怒。）

这里有跟路德的一个根本差别，路德或许常常会说："世界不会存在那么久！"他认为上帝的愤怒是永久的鞭笞，因而他对世上的强权做什么不负责任。相反，茨温利认为自己在宗教和政治上对整个局势负有责任（或者说是硬要让自己相信这一点）。

我们若以为与外来部分的联合在那时是叛国罪，那就错了。当时双方成员都不这么觉得。

在那时不可能以人数办事；茨温利"相信"瑞士中部五个天主教州[146]里的穷人只是被掌权者压制住了。在伯尔尼当然主要是政府做了决定，因为庞大的乡村人口肯定仍然会是天主教徒，也正因此高地才敢于起义。即便在普通州，情况就会大不相同吗？至少在图尔高州和其他一些地方后来停止了强制，第二次卡迫尔战争之后，天主教重新出现，部分是自发地。

当战争问题出现时，茨温利直面其状况并提出了当时普遍使用

---

[146] 瑞士中部靠近或居于高地的五个天主教州分别是，卢西恩（Lucerne）、促格（Zug）、施瓦茨（Schwyz）、乌里（Uri）、温特瓦尔登（Unterwalden）。它们起义并与新教州发生两次卡迫尔战争（Wars of Kappel），茨温利在第二次卡迫尔战争中阵亡。

的办法,早在1526年的大抗辩[147]中,他就很像一个帝国领地的指挥官。

他的政治计谋也基本上是由目标决定着。

他是一个充满信心的人,想为一切时代树立新的前提。即便没有专门的历史知识,他明晰的心智告诉他,每一个有所实现的权力奠基者都所见略同。

造成他毁灭的是他的想象,这种想象到最后都蛊惑他认为自己能感召伯尔尼。他特别希望如此,由于温特瓦尔登州参加高地的革命,1528年之后,伯尔尼严重疏远了这五个州。但他碰壁了。伯尔尼首要考虑的是在任何条件下都能确保其行使历来的权力,它对此比对任何神学都更关心。政治上它长期完全照自己的利益行事,这是它所习惯的。尾随茨温利的革命,它就会丧失其首要地位。

好在至少当瑞士处理自己的争端时,没有邻国对两派的援助介入。

茨温利的天真在于,他非常严厉地阻止苏黎世州再举办弥撒,却要求那五个州在它们自己的地盘上接受"上帝的圣言"。这表明形而上学家挟持了政治家。

59. 查理五世和弗朗索瓦一世

两人都以一项惊人计划的后果开始他们的统治:一个(查理)在财政上陷入谷底,另一个(弗朗索瓦)由于自己和他人的许多盲动而惹上了麻烦。

---

[147] 1526年5月21日到6月8日,瑞士新旧教曾于巴登市(Baden)展开辩论,茨温利没有亲自参加,但通过每日的往返信件指挥新教代表。

两人都常常面对被欠饷的士兵，一有人质送上前他们就抓住，包括总司令。（查理八世手下被欠饷的瑞士人甚至打算在弗尔努战役[148]之后将他抓住并送到瑞士。）战争目标和政治不断受制于由此带来的骚乱。

查理显然被迫朝向世界君主制，因为他极其分散和在许多地方易受损害的权力迫使他始终对法国、那些弱小力量潜在的或现实的中心采取敌对行动。那些小国部分是真的遭到威胁，部分是它们相信自己始终遭到威胁。弗朗索瓦是中心，查理是外围。

查理和弗朗索瓦必须显得想要保护教会，可私下里他们满是世俗化的想法，只有神职人员和教皇单方面的巨大让步才能稍稍驱除这些想法。

他们手中的现代国家经常无力还债，每次劫掠都有其国家理由。

而今与哈布斯堡西班牙的对立像以前与英格兰的对立一样，决定了法国进一步的民族发展。这一发展后来只在短暂的天主教同盟时期被打断过。极大的内部同质性和作为一面旗帜的王室之全能在此过程中得到了加强。

60. 查理五世

（1）就他辖区的广度和分布而言他的财政手段完全不够用，而且怀怨的尼德兰不可能永远为所有人付账，他的权力说到底是不幸和空想。

---

[148] 弗尔努战役（The Battle of Foronuovo），1495 年法国国王查理八世率军从意大利回国时在弗尔努遭遇威尼斯人的截击，法军以少胜多。

他通常被认为力图实现世界君主制,或至少是对整个西方发号施令,这很招人反感。他的对手觉得有权建立最不自然的联盟并肆意攻击。

他绝不可能满足或安抚法国,即便在1540年他可能曾专注于这一想法并赞同蒙莫朗西[149]元帅的政策。

他一度严肃考虑过做出重大牺牲,把米兰或尼德兰让与一位法国亲王并使他成为自己的女婿。[150]但弗朗索瓦仍想不靠查理的好意就获得米兰或别的东西。如果他们达成了一种谅解,他们本会压服宗教改革,且还能制服土耳其人。与此同时他们将终结所有共和国。(这一切大体上也是蒙莫朗西的计划。)

恰恰相反的是,弗朗索瓦再次联合土耳其人。

而查理,随着身体衰弱,反倒越来越积极好战,似乎他想把自己力量可以推定的最后几年用于决定性的打击,以便能交差结账。

他鬼使神差地去打施马尔卡登战争[151],部分归因于他迫切渴望完成职责,部分是因为他对宗教改革深恶痛绝,这个改革也强烈激荡于尼德兰。但整个事业中,他与莫里斯公爵[152]的联合是个致命

---

〔149〕蒙莫朗西(Constable Montmorency,1493—1567),法国元帅,主张与查理五世议和。

〔150〕1544年,查理五世打算以尼德兰为嫁妆把自己的长女西班牙的玛丽(1528—1603),或以米兰为嫁妆把自己的侄女奥地利的安娜(1528—1590)嫁给弗朗索瓦一世的第三子奥尔良公爵查理(1522—1545),并期待查理的聘礼是昂古莱姆(Angouleme)、夏特勒罗尔(Chatellerault)、波旁和奥尔良,这个可能使法国分裂的计划因法国王子病故而未果。

〔151〕1531年,新教诸侯和城市派出代表在萨克森西南山城施马尔卡登(Schmalkald)开会并结成同盟,1546—1547年该同盟与查理五世交战,同盟战败。

〔152〕莫里斯(Maurice,1521—1553),萨克森公爵,新教贵族,但他脱离了施马尔卡登同盟并帮助查理五世作战,战胜后他获得了其堂兄约翰·弗里德里西一世(John Frederick Ⅰ)的萨克森选侯头衔及部分领地。但他在联合法国后又于1552年进攻并几乎俘获查理五世,之后缔结的帕绍条约稳固了德意志新教的地位。

错误,此人任意利用其新教。面对可恨的教皇空位时期[153],就新教与查理再次讨价还价,这对莫里斯的诱惑实在太大了,而与法国联合对像莫里斯这样的人来说太容易了。土耳其人也再次进军。

查理后来或许太执著于围攻梅茨[154]了。但他在这里以一种全然帝王的风范行动,并且假如能够,他会将对手置于羞愧的境地。

到最后,当帝国内两条战线的交替业已失败(查理很正式地放弃了吗?),他再次诉诸分割的想法。天主教徒玛丽[155]期待菲利普的次子将来能接手一个盎格鲁-勃艮第帝国[156]。

他在布鲁塞尔的逊位是他一生中无比伤感的一幕。他比其他任何时刻都感受到并表露出更多的情绪。

(如果哈布斯堡家族在1519年把斐迪南[157]而非查理推上帝位,之后仍然发动一场对伊斯兰的联合战争,那又将如何呢?这有可能制止一件事:法国与德意志新教徒的结合。)

查理在布鲁塞尔逊位时说,他最欢欣的时刻都被那么多不愉快

---

[153] 教皇保罗三世(Paul Ⅲ)于1549年11月10日死后,选举教皇的枢机主教们分别倾向于帝国、法国和意大利的法奈斯家族(House of Farnese),在争执了十周之后才于1550年2月7日选出教皇尤利乌斯三世(Julius Ⅲ)。

[154] 梅茨(Metz),今法国东北部城市,12世纪起一直是神圣罗马帝国的自由市,宗教改革期间接纳了新教徒并寻求法国的保护,1552年法国亨利二世兼并了梅茨,1552—1553年在弗朗西斯·德·吉斯指挥下,梅茨顶住了查理五世的围攻。

[155] 玛丽(Mary Ⅰ,1516—1558),英格兰和爱尔兰女王(1553—1558),1554年她与查理五世之子菲利普,即后来的菲利普二世结婚。菲利普的第一任妻子,葡萄牙的玛利亚(Maria of Portugal),生下堂·卡洛斯(Don Carlos,1545—1568)之后就去世。但玛丽没有生育。

[156] 查理五世晚年通过一系列逊位将帝国分为奥地利和西班牙两部分。1554年,儿子菲利普继承了那不勒斯和米兰并与英格兰女王玛丽一世结婚,1555年,菲利普又获得尼德兰,1556年菲利普成为西班牙和西西里国王,称菲利普二世。同在1556年,查理五世事实上把帝国交给了弟弟斐迪南,1558年他正式退皇帝位。

[157] 斐迪南一世(Ferdinand Ⅰ,1503—1564),查理五世的弟弟,神圣罗马帝国皇帝(1558—1564),波西米亚国王(1526—1564)和匈牙利国王(1526—1564)。

的事情破坏了,所以他从未感到完全满意,说这话时,大厅仍垂挂着哀悼胡安娜[158]的幔帐;没有经费来特别装饰一下。出于相同原因,查理不得不为西班牙之行等待四个月。

当查理逊位时,萨伏伊家族的领地和洛林主教辖区在法国手中;当然,查理保留着米兰和那不勒斯。

(2)对查理最有力的辩护通常在于他领导反抗伊斯兰。在他心中,他常常感到自己像是基督教界的保护者,并以此为指归。当他是西班牙国王时,这种关系对于他就是一项事实,当他成为皇帝时更是如此。即便直到1530年左右他都无暇立即着手这个任务,他此前的战争必须被看作是预备工作。当然,就针对土耳其的战争来说,整个西方的各种力量集于一手才刚刚够用。

查理统治教会的倾向让人想起马克西米利安一世[159]对教皇职位的两次企图。

另外两大任务是教会问题和对瓦卢瓦家族及其盟友的战斗。

像干达利尼[160]这样的意大利人强调他的严肃,他对职责的那种投入,他的忧郁倾向以及他对冒犯的好记性。

1521年在沃尔姆斯他对诸侯们明确地说,除了他许多别的王冠,他也渴望帝国王冠——不是出于自身利益,而是为了帝国本身,帝国只是个虚影,而他想倾注身心,重新把帝国带到高峰。对那些已经让自己被收买而选他的人来说,光这句话就听起来可疑。

---

[158]胡安娜(Joanna,1479—1555),阿拉贡的斐迪南和卡斯提尔的伊莎贝拉之女,查理五世是她的长子。
[159]马克西米利安一世(Maximilian Ⅰ,1459—1519),德意志国王(1486—1519)和神圣罗马帝国皇帝(1493—1519)。
[160]干达利尼(Gasparo Contarini,1483—1542),威尼斯人,作为外交家,他曾以大使身份驻节查理五世宫廷和教廷,参与许多重要会议;作为枢机主教,他协助教皇改革天主教会,并帮助耶稣会得到教皇认可。

马里诺·尤定纳尼（Marino Giustiniani）在1540年曾谈到如果查理本人接受宗教改革而会有的许多机会。恰恰相反，他的首要愿望是一次在西班牙而非德意志意义上的天主教神职人员改革，这当然是对斐迪南和伊莎贝拉以及他们的改革[161]的继承。

当他的谋臣就彻底利用胜利形势而举恺撒为例时，他给出的回答体现了他的个性："古人眼中目标唯一，只是荣誉。我们基督徒目标有二，荣誉和灵魂之拯救。"

（3）总之：最终，由于查理五世，西班牙的确成为并持续是如此一个强权。西班牙人自己无论过得怎样，都觉得他们是唯一的强权。在查理五世之后很久，需要殚精竭虑才能把西班牙打倒。

61. 亨利八世[162]

亨利八世既愚蠢又邪恶：君主当中少有。

然而面对可能从黑暗中再次爆发出来的可怕的非常力量，某个人挥舞笞鞭对于普遍福祉而言就高度可取。如果条件允许，此人那时可以任意行事。

62. 古斯塔夫·瓦萨

不像亨利八世，古斯塔夫·瓦萨没有继承一个得自父亲的、良好掌控的帝国和一笔财富。

---

[161] 阿拉贡王国国王斐迪南（Ferdinand of Aragon，1452—1516）与卡斯提尔王国女王伊莎贝拉（Isabella Ⅰ，1451—1504）1469年缔结的婚姻是西班牙统一的开端，他们以天主教为西班牙国教，建立宗教裁判所并驱逐和迫害犹太人和穆斯林。
[162] 亨利八世（Henry Ⅷ，1491—1547），英格兰国王（1509—1547）。

当瑞典人需要一个领袖以摆脱丹麦人时他正好在场。并且当即时压力决定了此人应该恰如其分地作为国王出现时,他知道如何表现。丹麦人驱逐了克里斯蒂安二世[163],这对他非常有利,这意味着他省去了与丹麦的一场战争,而丹麦的弗里德里西一世认识到了自身利益与古斯塔夫利益的一致性。为三项王冠发动战争并无必要。

可以归纳总结一下他不同凡响的个人品质。首先,他一切全靠自己,没有沃尔西[164],也没有托马斯·克伦威尔[165]。

突然间他就是整个瑞典。而瑞典突然有了一种意志并经历了它在世界历史中的军事和政治时代,尽管还有一个疑问,即是否总的来说这对它是幸运的。不过从那时以来瑞典所做的一切显然都要追溯到古斯塔夫·瓦萨,没有他这都不可想象。

他必定是瑞典人的典范,所以他的民族能够在他身上看到自身。

他丑陋的一面只在涉及权术时表露,而且不像亨利八世那样卷入杀妻之类的事情。

63. 选民的社团

路德按照他所理解的《圣经》发展自己的教义,且在他的信条

---

[163] 克里斯蒂安二世(Christian Ⅱ,1481—1559),丹麦和挪威国王(1513—1523)以及瑞典国王(1520—1523)。他在斯德哥尔摩屠杀一些瑞典贵族,引发了古斯塔夫·瓦萨领导的起义;他在丹麦也遭到贵族和高级教士反对,1523年贵族们废黜他并选举他的叔叔弗里德里西一世(Frederick Ⅰ)为国王,他出逃,1532年被捕入狱直到死去。

[164] 沃尔西(Thomas Wolsey,约1475—1530),亨利八世的主要谋臣。

[165] 托马斯·克伦威尔(Thomas Cromwell,约1485—1540),沃尔西失势之后亨利八世的主要谋臣,后以异端罪和叛国罪被处决。

中抹去了教皇的一切。做一名路德宗信徒意味着与罗马天主教会相断绝。依属他教义的各个政权在其地盘上彻底根除了教皇的元素。其民众后来逐渐服从于一种新的教会组织。我们知道若非如此则路德及所有路德宗改教者都会哀叹他们的做法：停止善功已经带来了总体的野蛮化。当民众持续被去除一切教皇影响时，路德认为他的职责完成了；剩下的他留给上帝——萨克森选侯不归他管。

讲坛旁边出现了各个世俗权威而不是有约束力的长老会。强制主要限于不许成为天主教徒。

但他很清楚，除这一切之外还存在着一个神恩拣选的教义、预定的教义，主要基于《罗马书》第9章，路德在他的《自由意志论》中进入了这个问题。

不过对于选民的少量数目、他们的大体比例，这一使人们对预定论感到十分恐惧的教义，路德至少没有更密切地关注。

再洗礼派想组成一个选民的群体，但他们对圣灵的呼求漫无节制，在他们能组织起来的地方，他们的目标从一开始就是粗糙的物质目标；他们的衰落不可避免。尽管如此，汉斯·登克曾教导说即使是受诅咒的，包括魔鬼，最终也能得救，这与一个世界帝国的远景是一致的。它以 ἀποκατάστασις ἀπάντων［救赎每一个人］作为最终的装点。

宗教改革头十年对欧洲的影响是，德意志、路德宗。这期间突出的教义是因信称义，它突出的外在特征是彻底摒弃善功。至于它的体制，但凡可能，它都作为地方教会而服从于国家。

法国、英格兰、意大利和西班牙的第一批新教徒都是，或被称作是路德宗。茨温利主义在瑞士之外的传播由于卡迫尔战争而止息。丹麦和瑞典成了严格的路德宗国家。

然而到了16世纪40年代末期，在西方国家可以发现一种新的精神：加尔文宗。它成了反感德意志人的那些国家的宗教改革。它的典型教义是预定论，它的突出形式是社团，如果有可能，将是选民的社团。但凡能够，它就控制国家或至少竭力将自己的观点加诸国家。社团通过长老监督私人生活。

后来证明，在那些各个政权用强力维护天主教的地方，这个教义远比路德宗更能形成许多社团。此外，关于"少数选民"的教义必然是传教性的，路德宗绝非如此。

它在法国打仗，在苏格兰和荷兰获胜。在英格兰，它与一个古老的罗拉德教派及其少数选民的教义相会。此外，宗教改革在1547年之后选取了这样一个新方向，不是放任，而是有着依王权至上而严格组织起来的国家教会之强制力，对此，绝对的预定论精神后来只得作为一个宗派坚持其立场（后来的清教徒）。

64. 加尔文

（1）实际上不是教义，而是宗教对国家的支配是这里唯一决定性的因素。

在国家统治的地方，诸如所有路德宗地区，以及加尔文宗这边，国家至上的英格兰，还有伯尔尼，民众毫无个人内在参与地忍受着这一切，反过来说，由于民众如此，国家才能统治。

即便有非常大数目的传播，一旦它不得不抛开政权而只靠诸如教长和宗教会议等维系，路德宗就极端虚弱。德意志—奥地利地区就是例子；反宗教改革时期，这里完全缺乏必要的奋不顾身（1626年农民战争中的上奥地利除外）。新教在这里仰仗掌权的贵族；它只在一小部分城市人口中自立地存在。

除了打破禁食之类通常消极的事情，很少看到皈依路德宗的民众与他们的北德意志政权以某种方式合作。

而加尔文教徒则能够在天主教统治下的区域,通过选民教义的内在推动,从下面建立起一些社团和一个教会,该教义带有所需的奋不顾身和一种对天主教轻蔑的、不共戴天的仇恨。

由此自然产生了长老会组织。在政权不予合作或政权仍属于天主教的地方,社团不可能只是由布道者和听众构成;只在那些布道者担保了一伙拣选的俗人的地方,它才能形成并真正存在。

此外,如果加尔文教义遇到了一种高度投合的民族精神,就像在苏格兰以及对于英格兰的清教徒,甚至会产生对国家和市民生活的完全主宰。而荷兰民众在1618年对预定论的热情总让我感到可疑。苏格兰人一直悲观和贫穷;荷兰人想变富,且指向世界,指向获取物和占有物。(嗯?加尔文宗,因其对排他性拣选的确信,说到底比路德宗更让人舒服和宽慰。)何种程度上当前的北美可作例子?疯狂的赚钱与一种对出自永恒的少数选民的信仰很难兼容。

这些地方对天主教的反抗活动自始就比涉及路德的反抗活动充斥着更多的诅咒和嘲笑。天主教会有被连根拔起的危险,因其实质被看作是偶像崇拜。于是天主教徒做出针对性的防御。

长老会组织的问题在于它远非使教会得人心。它导致了令人痛苦的暴政和被激发的反对。这些道德法庭总是只在小的村镇开庭,那里人人彼此知根知底。被选出的俗人长老一方面忍不住会放任私利、报复和恶意,一方面又易于招来附属于任何告密者体制的腐败,招来普遍的憎恨和怀疑,他们被发现也是可疑的。同样的做法若出自一个外在于日常生活的神职人员,人们可以忍受,若出自一个和他们一样的人,人们就受不了。

(2)加尔文的目标是"创立一个受神的话语和圣灵约束的社团",不像路德,他把社团丢给了福音书泽及群体大众的力量。

法勒尔[166]早就在日内瓦发起道德革新。但只有加尔文从1537年起成功地坚持执行,当他在1541年返回时,他依自己的精神把日内瓦组织成了一个社团,有着长老会的组织和纪律。

社团与预定论的关系如下:由于出自永恒的少数选民不能被确知,只有上帝知道他的选择,这个教会将不会与可见的教会社团相混淆,后者只要求布道和圣礼做得妥当,它既包括那些表面宣称信仰的人,也包括那些不可见教会的真正成员。这也回答了为什么人们不该使自己远离可见教会。

加尔文基于少数选民和多数可疑者的混合来安排他的可见教会。他至少言行上不会宽容对纯净表象的抵制。不敬神者肯定留在了界内,亦即成了假冒者。(他不想争取他们,也不想造成全体的信心,因为毕竟信仰者是从永恒中被拣选的;教会约束是次要的,是一种对堕落选民的友好惩处手段。)为此他大规模争取世俗权力的辅助,的确,这些权力受到了他的激励。他的最高的教会权威,同时也执行教会纪律的宗教法院,有五分之三的世俗成员和一个作为主席的执事。这个体制的另一方面就是对家庭和个人的不断探察。

这就是为什么到最后一切对加尔文来说都可疑,不光是教会方面,还包括政治或个人方面的最微弱的反抗都让他不能忍受。他把太多时间花在了那些他清楚或他怀疑对自己不满的人身上。最后他知道自己被大多数人憎恨。所有现实的或假想的反对他都必须亲自处理。

任何时代都有一定数量的人固执地关注于 *petit nombre des élus*〔少数选民〕,这是一桩心理事实。这是《新约》较为严厉的彼岸教

---

[166] 法勒尔(Guillaume Farel, 1489—1565),法国人,先于加尔文在日内瓦进行宗教改革,后与加尔文共事,1538年与加尔文一起被逐出日内瓦,后又说服加尔文于1541年返回日内瓦。

义的必然结果和展开。这些人有见于14世纪英国的罗拉德派（奈顿[167]）。他们随时乐于放弃其他人具有的尘世安慰。他们的视野必然也很开阔，因为在他们附近可能很少有选民。例如加尔文也想把所有民族中的选民归于自己。日内瓦不过是他的讲习所；比方说，它不能作为一个被围的堡垒了事。他知道他的密使能导致大灾难。法国很不幸，它宗教改革的机会完全落入了加尔文手中。

与路德不同，他赞成茨温利，因为茨温利也必须完全支配一个小共和国作为教会和政治生活的证明之地。再后来，只有在那些它能通过一群人（长老会成员等等），或通过完全支配世俗武装推行它那种监控的地方，加尔文宗才完善——例如在苏格兰或一度在荷兰，以及共和时期的英格兰。但教条的加尔文教徒皆非善类！可一旦此世的生活和事务将个体置于乐观情绪中，到处都会开始一种无声的内心反叛。

（3）围绕加尔文在日内瓦的所作所为（诸如塞尔维特[168]之死），有必要建造一圈缓冲工事。论事论理，其实日内瓦对他的憎恨无以复加。尽管如此人们还是不得不忍受他，这深刻的羞辱最好是用后来的理想化来遮掩。

他使自己的主观意旨成了普遍法律，不仅奴役或驱逐别的所有信徒，包括非常好的新教信徒，还在最无关紧要的品味问题上日复一日地羞辱每个人，孤家寡人的暴政没有更甚于此的了。

日内瓦容忍了他，这个最大的悲观者，这个外国人。后来它自己孕育出一个人物，尽管此人忧郁感伤，却是世上最大的乐观

---

[167] 奈顿（Henry Knighton，？—1369），英格兰历史学家，著有史书4卷，记载了959—1366年间的英格兰史，书中强烈反对罗拉德派。

[168] 塞尔维特（Michael Servetus，1511—1553），西班牙神学家和医生，发现了血液循环，因在三位一体问题上持异端看法，被加尔文指使人告发，被捕处死。

者：让-雅克·卢梭，他宣讲人性本善，而今全世界的人都持有这一观点。

（4）加尔文对西方的影响。首先，通过其作品、通信和密使，他对法国有一种影响。他常派密使去搞某种破坏（？），对待此事就像对待马志尼[169]，人们看法不一。在重大事务上，他发现文艺复兴和渎神的言行已经占据了舞台（参看加尔文揭露性的著作《论丑闻》，1550）。后来反对宫廷和亨利二世政权的运动发现可以有限度地利用在场的加尔文宗。

没有1555年之后法国贵族的参与（发生此事无论如何不是因为教义），他的著作本会一文不值。

不过在英格兰，自爱德华六世起，本地的新教徒明显带有加尔文宗面貌。（罗拉德派的变种吗？）

苏格兰从一开始就只知道有加尔文宗。

在尼德兰，迟至16世纪30年代，更极端的反叛是再洗礼派，宗教改革是路德宗的；加尔文宗在16世纪50年代走上前台并成为活跃的派别。

65. 法国的新教

王权在经济方面不需要新教，因为它通过政教协议及其各种后果已经使教会财产辗转归属自己了。没收教产的话，它多多少少都得与贵族分享。

所以法国的政权早就有很大余地，与德意志不同，它无须为无

---

[169] 马志尼（Giuseppe Mazzini，1805—1872），意大利爱国者，他用宣传文章和密谋等手段推动意大利统一，大部分是在伦敦流亡期间实施的。

法无天的行为和劫掠给出信号。

此外,法国和德意志城市人口的行为有一个巨大差别:在法国,没什么地方的市民和无产者对于停止善功,打破禁食等事情变得狂热,尽管部分贵族是这样。新教的这个方面一刻也没有迎合民众,尽管神职人员在法国遭到的嘲笑或许并不比在德意志少。

再有就是,弗朗索瓦一世治下的所有当权者有坚定的决心,千方百计要制止路德宗的渗透。一种决绝,亦即路德对天主教会的观点,遭遇了一种同样强硬的决绝。

当加尔文的教义出现时,它的确能够驱使少部分人(即便在胡格诺派的名义下他们仍是少数)竭力反抗。但整个民族总的来说与它格格不入,因为它甚至要求宰制人们最内在的部分,法国人比其他任何人都更不能忍受这等事情。

然而加尔文宗所要求的却不仅仅是宽容,亦即它在阳光下的一小块地盘——远远不是——而是破除偶像。安·杜·博格[170]在王室会议上说到了"罗马的卑鄙"。

66. 1555年左右的德意志文化

宗教改革甚至在那些与之相当疏远的地方也有极强的影响。

就1517年之前的文学中可看出的而言,在诗歌中没多少供糟蹋。现在至少有新教教会的赞美诗,路德提炼了语言。但早先也有天主教会的赞美诗。此外,在所有一般文学中,德意志各地的交流和融会都极大增进了;包括诗歌在内的一切,较之以前都大大减少

---

[170] 安·杜·博格(Anne Du Bourg,1521—1559),巴黎高等法院法官,1559年,因攻击国王亨利二世对"所谓异端"的镇压并公开其加尔文宗信仰而获罪并被处决。

了地方性。

雕塑和绘画不得不做出重大牺牲。随着天主教的倾覆,两者都在它们发展的一个高潮,在它们刚好能够从实现忠实于生活迈向完美无瑕之前,丧失了十分之九的职位。现在它们退化为肖像画、寓意画、圆形章、盾形章之类的东西。它们如此贫弱,以至难以实现意大利影响之生动内在的转化。由于无法得到最好的意大利艺术的滋养,它们摇摆于矫饰做作和乏味的写实主义之间,无法用它们自己的方式表现这个民族的崇高理想。

现在只有世俗建筑处境较好。它表现出一种对意大利文艺复兴的新颖转化,一种对基本上仍很中世纪的观念的运用,类似于在法国人们所做的(海德堡、奥芬巴赫、美因茨、斯图加特、班贝格等城市;1600年之后,慕尼黑的城堡,阿沙芬堡等等)。

跟新教内部而今怒不可遏的神学争论相比,主要在俗人手中的科学显示出是更多被宗教改革而非文艺复兴唤醒的最高级的精神成果之一。

出现了一种对语文学的强烈和重要的兴趣,人物有约阿希姆·卡梅拉里乌斯[171]、希罗尼姆斯·沃尔夫[172]等,巴塞尔的出版业和出版商对他们言听计从。罗马法研究的代表有格雷戈尔·哈伦德[173],医学由帕拉塞尔苏斯[174]和维塞利亚斯[175]推进,自然史有

---

[171] 约阿希姆·卡梅拉里乌斯(Joachim Camerarius,1500—1574),德意志路德宗神学家,古典语文学家。
[172] 希罗尼姆斯·沃尔夫(Hieronymus Wolf,1516—1580),德意志学者,以介绍拜占庭文献闻名。
[173] 格雷戈尔·哈伦德(Gregor Haloander,1501—1531),德意志法学家。
[174] 帕拉塞尔苏斯(Philippus Aureolus Paracelsus,1493—1541),炼金术士和医生。
[175] 维塞利亚斯(Andreas Vesalius,1514—1564),佛兰德斯解剖学家和外科大夫,现代解剖学的奠基人,著有《人体结构》(1543)。

康拉得·格斯纳[176]，天文学有哥白尼（1473—1543）。历史研究和著述方面，在德意志有斯莱丹[177]和马格德堡世纪史家[178]，在瑞士，历史著作的译者和作者有楚迪[179]、斯杜姆普[180]、安瑟伦[181]，以及巴塞尔的潘塔雷[182]。在宇宙志方面活跃着塞巴斯提安·明斯特和格哈特·麦卡托[183]这些人。

67. 卡蒙斯的《卢济塔尼亚人》

卡蒙斯是一位伟大诗人，对自己的理想满怀热情，他有资格去表现葡萄牙的英雄事迹。

他的思想倾向和热情弥漫于《卢济塔尼亚人》的始终，所以这部多姿多彩和结构奇妙的作品似乎浑然一体。卡蒙斯在一个他所颂扬的那整个力量依然鲜活的时代写作。

整部史诗持续地浸透着葡萄牙的光荣和爱国热忱，它是一种依然鲜活的力量，不像意大利关于西庇阿等人的史诗，仅仅是怀旧。总的来说，一切都有定数，有些事情在意大利早就不可能了。

葡萄牙家庭若是以卡蒙斯为姓肯定大有身价。在瓦斯科·达伽马的远航中，他以三个重要情节概括了此前此后的全部葡萄牙史：

---

[176] 康拉得·格斯纳（Conrad Gessner，1516—1565），瑞士博物学家，他的《动物史》被视为现代动物学的奠基之作。
[177] 斯莱丹（Johannes Sleidan，1506—1556），德意志历史学家。
[178] 马格德堡世纪史家（Magdeburg Centuriators），聚集于马格德堡的路德宗历史学家，他们最先采用"世纪"来划分历史时间。
[179] 楚迪（Aegidius Tschudi，1505—1572），被称为"瑞士历史学之父"，著有《瑞士编年史》。
[180] 斯杜姆普（Johann Stumpf，1500—1578），瑞士历史和地理学家。
[181] 安瑟伦（Valerius Anshelm，1475—1546或1547），瑞士历史学家。
[182] 潘塔雷（Heinrich Pantaleon，1522—1595），瑞士历史学家。
[183] 格哈特·麦卡托（Gerhard Mercator，1512—1594），佛兰德斯地理学家。

先是在马林迪王之前讲述历代先王[184];接着是船上英雄和将领们的一幅幅画像[185];最后通过塞蒂斯[186]的话提及那些发现者、总督等人物。这是一部荣誉的百科全书,有着一个真正的葡萄牙人在全无本国其他文学的情况下所能做的一切。每一种可捞取的、诗歌的和普遍人类的特征,都保留在《卢济塔尼亚人》中。

在一个历史的而非半神话的时代里,一个人讲述着,他本人与他的英雄们完全精神相通,最充分地分享着他们的战斗、苦难和胜利,这在文学史上独一无二。卡蒙斯惯于对回教徒和马拉巴海岸的印度人动武,很可能是以一敌十。他的诗中没有大路上的尘土飞扬,只有海水的咸味;那是甲板上的生活,强劲、非常简单、血性十足,满是狂热到极点的好战激情。这种生活也很艰苦。能听到的只是大海的咆哮和枪炮声声。

他的民族对诗歌麻木不仁,为此他不断发出深深的抱怨;这个民族仍全神贯注于行动和获取,还来不及倾听。不过,在一个仍然允许真情实感的时代,他清楚完整地表达了这个民族的感受。只是今天,当人们对诗歌大谈特谈的时候,他会被完全遗失;市民们不是忽略他就是抓住他明显的漏洞并打发掉他。

卡蒙斯仍然对得起他的时代和他的民族最好的东西。再没什么能对得起我们时代最好的东西了!

《卢济塔尼亚人》!它是这个民族的全部荣耀,但仅仅多少松散地联系着一个中心点,瓦斯科·达伽马的航行。

---

[184] 马林迪(Malindi),位于肯尼亚东南、印度洋西岸。《卢济塔尼亚人》中写到达伽马向马林迪王讲述葡萄牙的历代先王。
[185] 《卢济塔尼亚人》中写到印度大臣登上达伽马的船,看到绘在锦旗上的葡萄牙英雄画像。
[186] 塞蒂斯(Thetis),希腊神话中海的女神之一。

逐个描绘达伽马的同伴不仅不可能也多余,因为任何时候都会涌现同样的葡萄牙英雄。总体上史诗的结构十分别致。

卡蒙斯调用了古老的诸神世界,的确,并不清楚他正在处理的对象。

对西班牙人他几乎只字不提。

此外,他不只通过他的英雄们的言行,也会直接地表达他的思想,这些段落属于最震撼的段落。先前的抒情诗人成了一个耶利米,一个先知,他反对那些有权势者、居高位者、谄媚者、伊壁鸠鲁主义者,甚至反对腐败的教士。最后他诚挚地奉劝堂·塞巴斯提安为这个极其无畏和勇于奉献的民族寻求更为开明的法律和更好的大臣。他把自己作为阿非利加远征的建言者推荐给亚历山大。[187]

卡蒙斯不像荷马,他不是整个文明世界的诗人。所有后来时代的文化都有赖于希腊文化,而不是葡萄牙文化。他也不属于所有情绪,而属于民族的、狭隘的、张扬的情绪!但他对于一个太早落入奴役的民族来说有着难以估量的价值。

一部民族剧作未被这个民族认可。但在西班牙人征服之前,卡蒙斯把这个民族伟大历史中所有激动人心的时刻都浓缩进了他的《卢济塔尼亚人》。

或许在1640年反抗西班牙人的起义中,这部史诗有着虽然无形但却重要的参与。

68. 反宗教改革

它的发起者和进一步的宣传者有着世上最好的良心,只有结束

---

[187]《卢济塔尼亚人》的结尾,卡蒙斯恳请国王堂·塞巴斯提安的赏识,并指出如果国王攻打北非,他就会被全世界推崇为当代的亚历山大。

了一场大错、一场空前腐败的人才能拥有这样的良心。而且，他们对自己基督教的确信至少跟他们的对手一样。

他们的任务绝不仅仅是一次撤销，而主要是防止进一步的崩溃。他们介入并抵制这一过程。给予他们当中的领袖以有力支持的肯定是他们心目中的教会景象，一个更生的、净化的、以宗教力量为依归的教会。在个人献身方面，他们与他们的对手完全匹敌。唯一不足之处在于没有使教皇真正处于他们的指导之下，确实地落入他们手中。

德意志和瑞士的新教徒自始就惯于相信自己永远是更强大的一方。现在即将表明，事情并不绝对。

1520年之后路德使之无从实现的教会内部的改革，现在真的发生了，不过是在教皇自身的赞助之下。出自德意志的世界变革使一种教会的内在恢复变得必要，教会随即获得了一些大国的，尽管是自私的帮助。在此期间爆发了世界战争，其间两个宗教成了主要动力和战斗口号。而今旧教会可以在许多国家再次完整保存下来并发展其新的样式。

69. 圣伊格纳修·罗耀拉[188]

他生于吉普斯夸（Guipúzcoa），所以是卡斯提尔人，这对他的一生并非无关紧要。作为一个军官他雄心勃勃；在潘普洛纳城（Pamplona）的防卫中他感召众人。

他既有军官的风范和行使权力的习惯，又有受教育和有地位者的大背景，这当然使他有些与众不同。在他对各色人等，包括权势

---

[188] 圣伊格纳修·罗耀拉（St. Ignatius Loyola, 1491—1556），耶稣会创立者。

人物的引导中，他没有遭遇突然变故和无法预见的行为，这些常常发生在一个起自底层、起自农夫或市民身份的人身上。

他与 reyes católicos［天主教国王们］的宫廷有多少联系？他后来没有给我们留下这方面的迹象。

他进一步的经历很难在精神上统一起来，并且是以一个高度非凡、着实刚强的个性为前提。他必须结束自己沉思和忏悔的朝圣者生活。[189] 在那里的绝大多数人随后会始终只是托钵僧或隐士。除性格刚强外，使他不致坠落的肯定还有神秘体验的欢欣。

为了弥补，他无须像改革者那样钻研教义，也不必争辩信仰和注释的细微差异。他极其凌乱地补上了自己的学业，这是一项职责，因为他无论如何必须成为教士。

他的危险是在获得资格之前对布道和牧师事业的冲动。但在法国和西班牙问询他约有五次的宗教裁判官们肯定每次都立即相信他完全正统。

他的能量在于，他很早就能在自己周围聚集那些后来颇有影响的同事，使他们完全服从自己并给他们鼓舞。他感召了干达利尼和加拉法（Carafa）。

出人意料的是，他所建立的并非像特拉普修会[190] 那样的忏悔修会，而是完全重实践的修会，显然有着深思熟虑，尽管是受幻象指引。这里体现的是那个老军官。成果是广泛多样的外在活动，而非唱诗班。

但此外他坚定地信赖一种定期的精神养生或禁食：*exercitia spiritualia*［精神纪律］。谁若体验一番就会像圣伊格纳修一样思

---

［189］罗耀拉曾到耶路撒冷朝圣，并打算在圣地做托钵僧。
［190］特拉普修会（Trappists），1660年代于法国特拉普修道院创建，是西多会（Cistercians）分支，而西多会又是本笃会分支。

考。没有太多知识填充和考试，因为人们随后可能会愤然抛弃这种知识。

暂时，这一修会在一个有人想让所有现存修会作为退化物消灭的时刻得到了肯定。

绝不可能在新教内部建立一种可竞争的机构，而耶稣会则能促使它们恰恰是最具天赋的学生留在会中，因为他们在此感到无比欢欣。

70. 耶稣会

仅仅考察该修会基于《会规》和《神操》的各项制度和纪律，只能很一般地增进我们的理解。其他修会也不缺制度；但耶稣会靠它们生存在这个关键时期。其他修会也不乏宣誓和戒律，尤其是涉及服从。

一切强有力的修会实际上都是集权性的，都是对教皇体制的效法和支持——例如13世纪的募缘修会，一种对主教和教士实质上的架空。耶稣会也造成一种对教皇的格外崇拜。

16世纪中叶左右，普世教会的危险处境无疑需要一种出自中心的、更加强大和坚定的行动，以及对所有国家中教会资源的更大利用。耶稣会和特伦特宗教会议做到了。

一种朦胧的总体意志，强过圣伊格纳修、他的同事以及教皇们的意图和打算，把这个现象推向了前台。

当圣伊格纳修（他的面容是奇特的！）带着同伴们和致西班牙大使的保荐信于1537年抵达威尼斯时，他希望结好干达利尼和加拉法。但后者视他为骗子，对他不予理睬。干达利尼却立即对他着迷并成为他的保护人。1538年10月，他带着干达利尼致教皇本人的保荐信前往罗马。在经历强烈抵制之后，伊格纳修占了上风。1540年9月27日，保罗三世[191]批准建立耶稣会。

或许是来自圣伊格纳修军人出身的强烈影响塑造了绝对服从的观念，那是他纪律的特征。圣帕克米乌斯[192]和都尔的圣马丁[193]也都当过军人。

对耶稣会来说，最关键的是它在西班牙的改革和改革思路与罗马教皇之间建立起了紧密联系。此后我们就与普世教会相关联。不过，查理五世和菲利普二世也许仍抱有这样的想法，即他们比教皇们更懂得如何守护宗教和教会的利益。

耶稣会士是教皇权力（无误的教导机关、普世的主教）和教皇主宰世界之最强烈的理想化者。

多大程度上圣伊格纳修本人意识到其创建的意义？

71. 耶稣会与教皇

一个创建者，他把对教会的狂热投入跟军事服从的思想以及一些同仁（多为西班牙人，且最初主要是神学家，例如萨默荣[194]、莱内斯[195]）结合起来：这些就是开始时的情形。

除了在约翰三世[196]治下的葡萄牙，该修会的传播即便在西班

---

[191] 保罗三世（Paul Ⅲ，1468—1549），教皇（1534—1549）。
[192] 圣帕克米乌斯（St. Pachomius，？—约345），埃及第一所基督教修道院的建立者，曾在罗马军中服役。
[193] 都尔的圣马丁（St. Martin of Tours，约316—397），法国历史上第一所修道院的建立者。
[194] 萨默荣（Alfonso Salmeron，1515—1585），最早的耶稣会士之一。
[195] 莱内斯（Diego Lainez，1512—1565），最早的耶稣会士之一，罗耀拉死后，他曾掌管耶稣会。
[196] 约翰三世（John Ⅲ，1502—1557），葡萄牙国王（1521—1557）。

牙也不是很快，也并非没有抵制。

不过，该修会呈现了一种伟大、充实的生活。它获得的大量成员中竟有那么多能置身各种实际事务，于是它迅速成为教会的驱动元素。

它对教会的认可实质上在于教皇制，因而它把教皇理论提高到了顶点。由此它也获得了各种募缘修会曾经有过的对教皇职权的影响，并像它们一样有一种集中性的权力。由于意志的绝对同一，由于其成员的务实和一致，对阵交锋之际它变得不可或缺。

在这种时期，单纯的狂热，如果结合的是愚昧任性和激情，并不足够；必须有纪律严明的狂热。危险在于，有朝一日该修会可能把自身的存在和权力而非教会视为其目的。

耶稣会士在巴黎大学起初一度遭遇的抵制，或许多少是源于高卢主义以及对他们可能会霸占遗产的担心，但主要"针对他们的免费宣教破坏了该大学的有偿教导"。不过，他们1564年开办的、圣雅克路的克莱门特学院维持住了自身，但没有附属于该大学。

说到耶稣会士的权力：对于紧密团结、聪慧勇敢的那些人来说，在这世上干大事并不那么难。十个这样的人影响十万人，因为群体民众的头脑中只有诸如牟利、享受和空虚，而那十个人总是齐心合力。

72. 第三次特伦特宗教会议（1562—1563）

（1）可能只有少数人，或许尤其是庇护四世[197]（长期以来他使会议免于吵嚷）以及真正的教会政治家才清楚这一目标是多么

---

[197] 庇护四世（Pius Ⅳ，1499—1565），教皇（1559—1565），他召集了第三次，也是最后和最重要的一次特伦特宗教会议。

重大和紧迫,亦即要为重新征服世界创造一个和谐的方案,并结束那一各种敌人都可以隐藏的暂时形势。对新教政权的邀请是虚与委蛇。

主要困难源于,保罗四世[198]通过他的做派已经得罪了所有天主教政权,而且教皇必须与它们贪婪的额外欲望和它们的实际困难做斗争。

那时的法国正在经历其第一次宗教战争,它的政权(甚至在1560—1561年被远远地推向左翼)此刻渴望一些大的让步,尤其是仪式方面,以便说服胡格诺派。与此同时它非要维护自己的虚荣,以至特伦特会议上的所有人都得合它的拍子;于是有了傲慢的枢机主教吉斯[199]的做法。因为新教已经渗入,巴伐利亚和斐迪南一世处在一种真实的困境中,且斐迪南仍因保罗四世而怀恨。菲利普二世则采取了一种阴森的威胁神情,以便迫使为难的教皇同意更多教会财产的没收,以及一份十字军教谕等。但当时的西班牙主教们提出了一个让这位国王或许也会充满忧虑的理论,即主教职位直接源自基督,且是一个神圣的授职。最后,有一个总是恼人的保留问题,即宗教会议是否不高于教皇。庇护四世的血肉之躯有可能会议未完而先死!

但第三次特伦特会议与前两次的重大差别在于,天主教改革的精神在这期间迅速强大起来,且在面对一个会议的各种小盘算时不

---

[198] 保罗四世(Paul Ⅳ,1476—1559),教皇(1555—1559),俗名Giovanni Pietro Carafa,严厉的禁欲者,着力改革教廷。
[199] 枢机主教吉斯(Cardinal Guise,1524—1574),第一任吉斯公爵克劳德(Claude,1496—1550)的次子,苏格兰王后玛丽·德·吉斯(Marie de Guise,1515—1560)是他的长姐,第二任吉斯公爵弗朗索瓦·德·吉斯(François de Guise,1519—1563)是他的长兄。在特伦特会议上他曾与教皇庇护四世及西班牙大使争执。

再摇摆，而是勇于完成该会议。对教廷和神职人员的声讨怒斥在前两次会议中已经发泄殆尽；现在人们对此不必担心。

（2）教皇与各大天主教宫廷之间的相互理解获得了结果，这些宫廷认识到了教皇权力与它们自身权力的休戚与共以及与它们利益的部分一致，并且抱怨会议中任何独立于它们的惹是生非，渴望会议的缩短。（唯独菲利普二世希望其延长？）

最重要的是现在正统王朝以及教廷和宗教裁判所都有了一套明确的强制准则可用以约束世界。唯有现在它们能够由长期防御转入有序反攻。

教会纪律更新了；绝罚的权力得到加强；许多严守细则的神学院建立起来；教区得到调整。人们至少希望有正规的主教和地方宗教会议，以及对各个教堂的巡视。圣事与布道有了明确规范。修士对教会生活的参与得到整顿。主教有了约束，签署和保证某个专门文件必须考虑到遵守特伦特信条和对教皇的绝对服从。主教自己的处罚权威得到限定。除了主教的宣誓之外，每个神职人员现在都得做出遵守特伦特会议决议的信仰声明。

会议很少触及教皇理论，教皇权力得到了拓展而非限制。解释特伦特信经的永久授权变得极端重要。利于罗马的滥用只是稍微受到影响，上诉和豁免有所削减。而头年税[200]和教皇对主教的权力保持不变。

而今还形成了一种新的教堂建筑和相应的教堂风格；因为全部圣事都保留下来了。

天主教从那时起成为"固定的"，不过当然符合它的利益；它

---

[200] 头年税（Annates），拉丁文 annatae，源自 annus［年］，指所有服从罗马的地方，其神职人员任职头一年的全部收入都要上缴教皇。

现在还要防范更深地陷入蒙昧迷信，防范诸如善功和免罪教义的神圣性被野蛮化。说到赎罪券，至少其中的交易被禁止了。的确，决疑法很快就出现了，并取代了经院学术。

路德宗也固定下来，加尔文宗亦然。这个时代的所有宗教都禁止它们自身的进一步发展，它们的"进步"。对外部而言，固定下来的天主教凭借其反宗教改革的力量开始更加活跃，这种反宗教改革而今纪律严明、目标明确。

宗教改革对天主教会的作用是有益的。由于在特伦特对教义的严格筛选（此后再没什么边缘的教义和犹疑）和彻底固化，其他方面也出现了复兴。

授予圣杯的特许权留给教皇酌定。1564年皇帝斐迪南和巴伐利亚的阿尔布莱希特[201]的确向教皇要求过这个特许权，但不再需要付诸实行。反宗教改革迅速挺进。

73. 反宗教改革的诸位教皇

保罗四世之后，严厉的教皇对于教廷不可或缺，主要因为如果没有真正的恐怖，教廷就会嘲笑任何改革，就像面对阿德里安六世。只要它有希望用毒酒或别的法子得到一个温和的教皇，那就一事无成。

74. 德意志反宗教改革

德意志的神学院学生和本笃会士起初向耶稣会士致意时的难看

---

[201] 阿尔布莱希特（Albrecht，1528—1579），1550年起任巴伐利亚公爵。

脸色是不公道的。若非耶稣会士的作用，他们或许已经一个接一个地屈服于新教和世俗化了。

75. 1562年的法国

正如胡格诺派一样，天主教徒在这里也是一个得人心的党派。

重大和意外的危险是，在法国比在别的任何地方都更受依赖的国家权力却不足以制止两大民众集团的兴起，两个突出的党派已经存在于其中。不管卡特琳·德·美第奇[202]多么想超越两派之上，实际上她被迫摇摆于两派之间。

不过，对于两大集团的军事首领而言，机运颇不平等。胡格诺派肯定清楚总体上他们要弱得多，而对于吉斯家族来说，内战，亦即 *voies de fait* [暴力伤人] 的开始，是随时终止以让步告终的协商，是接管权力，且在关键时刻把王室拖在他们身后的最方便手段。

唯一的疑问是正常国家权力及其管理的瓦解会蔓延到什么程度。

此外还有无廉耻的与外国联合以及外国对两派的增援。

有些民族、宗教和党派容忍少数，有些则不。无论关乎何事，法国都是后者。

76. 圣巴托罗缪节之夜过后

逃亡者和小册子作者只看到该行动的宗教动机，并臆造出一份为根除整个新教而与教皇和西班牙的约定。

---

[202] 卡特琳·德·美第奇（Catherine de Medici, 1519—1589），法国国王亨利二世的王后（1547—1559），弗朗索瓦二世、查理九世和亨利三世的母亲，长期摄政（1560—1574）。

然而，该行动针对的是作为一个政治党派，与政治有牵连的胡格诺派，特别是针对不是作为新教徒，而是作为党派头目的科利格尼。如果意图仅仅是宗教的，那瓦尔[203]和孔代[204]就不会被放过。

至于外省，需要注意的是，恰恰在那些由吉斯兄弟及其追随者管辖的省份——皮卡、香槟、布列塔尼、多芬、奥弗涅、朗格多克、普罗旺斯——根本没有发生杀戮。任何地方在田间旷野都没发生什么。

有些地方发生杀戮是因为，这些城市的有关民众担心胡格诺派的武装起义和袭击，宗教战争总是由此开启。特别是在里昂，民众对此很担心。伴随着蒙斯战败[205]的消息，里昂开列了新教市民及其仆人的名单，不是市民的人被勒令离城。总督曼德洛特（Mandelot）完全忠于国王。在蒙斯战败之后，多数重要城镇，几乎所有设防城镇的长官，都受命防备他们的安全。

当然，狂热的暴民此时也参加进来，且在国王已经勒令停止之后仍然继续；在米克斯、奥尔良、博格斯和里昂就是这样。鲁昂和图卢兹的迫害迟至9月中旬才爆发。全国大约有两万伤亡者。社团的数量没怎么减少，迟至1576年有两千个。

唯有看清圣巴托罗缪节屠杀根本上的政治性，才能理解下面的事实：法国政府没有联合菲利普二世；它没有落入仍为查理所嫉恨

---

[203] 那瓦尔（Navarre），即后来的法国国王亨利四世。胡格诺派贵族来到巴黎正是为了参加那瓦尔的亨利与卡特琳·德·美第奇之女、瓦卢瓦的玛格丽特（Margaret of Valois, 1553—1615）的婚礼。

[204] 孔代（Condé），即第二任孔代亲王亨利一世（Henri I de Bourbon, 1552—1588），他是胡格诺派。

[205] 1572年5月，尼德兰新教徒拿骚的路易（Louis of Nassau, 1538—1574）率军占据蒙斯（Mons），不过到9月份，该城被西班牙夺回。

的吉斯兄弟手中；查理九世[206]在8月26日和28日的公告中（在其中他承担全部责任）宣布圣日耳曼敕令[207]仍然有效。但胡格诺派的仪式活动被缩减了，"为了保护胡格诺派免于暴民滋扰"，这被解释成是为了外国利益。蒙莫朗西派仍留在王室内阁中。宫廷与科利格尼的尼德兰活动完全分割暂时安抚了菲利普和阿尔伯[208]；但对佛兰德斯的渴望继续存在，只是其实现有所延缓。对萨伏伊和西班牙有顾虑的日内瓦紧急地得到了法国的保护承诺，并且与奥兰治的协商很快就再次进行。英格兰的伊丽莎白与查理九世之弟、阿朗松的弗朗索瓦[209]的婚姻计划一直在日程上。人们在哪里读到伊丽莎白服丧接见法国特使？是她最先祝贺查理九世脱离险境！

在波兰，法国宫廷一直依靠新教派别以便实现安茹[210]的当选。予以阻挠成了避难的胡格诺派作家的主要任务，尤其在日内瓦：霍特曼[211]、德诺[212]。他们用最恐怖的色调来描绘王室和吉斯家族的行为。

国王承担一切并明确宣称吉斯家族和其他人是遵照他的命令行

---

[206] 查理九世（Charles Ⅸ, 1550—1574），法国国王（1560—1574）。
[207] 圣日耳曼敕令（Edict of St. Germain），由摄政的卡特琳·德·美第奇于1562年颁布，准予胡格诺派在城镇之外布道。
[208] 阿尔伯（Duke of Alba, 1508—1582），查理五世和菲利普二世的将军，曾任荷兰总督（1567—1573）。
[209] 阿朗松的弗朗索瓦（François d'Alençon, 1554—1584），亨利二世和卡特琳·德·美第奇的幼子，1572—1573年间一度可能成为英格兰女王伊丽莎白一世的丈夫，他在法国宗教战争中倾向胡格诺派。
[210] 安茹（Anjou），即安茹公爵亨利（1551—1589），他于1573年当选波兰国王，但查理九世死后他立即回国做法国国王（1574—1589），称亨利三世（Henry Ⅲ）。
[211] 霍特曼（François Hotman, 1524—1590），法国法官、新教徒和小册子作家，长期遁居瑞士。
[212] 德诺（Hugues Doneau, 1527—1591），法国法学家、新教徒，圣巴托罗缪节屠杀之后逃到瑞士。

事，这是正式的法国做法，鉴于通行的观念是，王室命令之外不会有行动。他甚而虚构了一个四年的预谋。

后来当胡格诺派又占了上风且宫廷指向吉斯家族（1576），查理的份额又被缩减了，这个行动本身被否认。再后来到了波旁家治下，瓦卢瓦家更是得到体谅对待，从那幅画面中剔除，谋杀计划推到了吉斯家族门上。

不过，1572年里主要的悲哀不在于伤亡人数或行动的背信弃义，而在于这个即将夺取王位，占据比利时，并将天主教重新推过阿尔卑斯山和比利牛斯山的党派，在大获权力方面的挫败。这一挫败是 la grande trahison〔大背叛〕。

尽管如此，宫廷继续亨利二世的政策：在国内对新教压制和在国外与新教联合。

不是查理，不是安茹，不是卡特琳·德·美第奇，不是吉斯家族以及狂热的巴黎市民，而是宫廷，觉得它无论如何已经犯了一项或许必须得予以减免的"罪"。没人否认自己的参与，除了后来的宫廷，那时是为了政治而非道德的原因。

77. 作为一种权宜之计的谋杀

在缺乏任何法律依恃的情况下，当然人人自以为是，政权或个人对敌手进行毁灭。

接下来的微妙之处或许是，某人可以拘捕其对手，但不可能审判他而不招致危险的情绪涌动、起义及其他后果，并且通常人们都来不及挫败阴谋等等。这句话在此是适用的：Salus reipublicae suprema lex esto〔至高无上之法律，乃国家安全之所系〕。

不但君主们，而且像奥格斯堡等城市也纵容谋杀，尤其是中世纪的后半段开始；做这种事的秘密人手被豢养。在16世纪，斐迪南一世让人杀死了马蒂努奇[213]，菲利普二世让人杀死了埃斯科韦多[214]。此外还应提到传言中"黑天鹅绒"的秘密处决。

事情的另一面是，弑君被学院的，有时也是民众的观点所许可，甚至推崇。

他们都赞同此举："温雅"的梅兰希顿，甚至路德。前者在托马斯·克伦威尔的死刑后想以此对付亨利八世。后来耶稣会主张一种对应的观点。

宗教狂热不断制造这一现象，并且双方都予以表彰。1563年，当胡格诺派的事业深受重压之际，他们的宣教者视谋杀弗朗索瓦·德·吉斯[215]为唯一的出路，并公开赞扬波尔特罗为上帝的工具。后来这同样发生在天主教一方的雅克·克莱门特[216]身上，他杀死了国王亨利三世。

78. 法国宫廷的特殊性格

它在于国王总是被各种派别包围，这些派别本身又划分出亲信和官僚，如果可能，他们会把一切都握在手中。

菲利普二世宫廷的派别很不一样，如阿尔伯一派和他们的对

---

[213] 马蒂努奇（George Martinucci，1482—1551），匈牙利政治家、枢机主教，被斐迪南一世雇人刺杀。
[214] 埃斯科韦多（Juan de Escovedo），西班牙政治家，1578年在马德里遇刺身亡。
[215] 弗朗索瓦·德·吉斯（François de Guise，1519—1563），第二任吉斯公爵、吉斯家族的首领，1563年被胡格诺教徒波尔特罗（Poltrot，约1537—1563）刺杀。
[216] 雅克·克莱门特（Jacques Clément，1567—1589），多明我会修士，刺杀了亨利三世。

手芮·戈麦兹[217]一派，国民觉察不到。都铎王朝，包括伊丽莎白，完全主宰其宫廷，任由自己反复无常。只是未成年的爱德华六世有所不同。

法国宫廷中女人有势力，但不是王后。卡特林·德·美第奇单是作为摄政就举足轻重。围绕宫廷总是有不间断的传闻和对得幸失宠机会的普遍关注。王室随后的不幸是，像任何在肆虐的派别中要代表正确和公正，亦即该民族长远利益的人一样，国王陷入了一种"佯装的立场"。面对各种激情，正确的代表者总是处于这种立场。

整个西方的宗教命运取决于法国宗教战争的过程与结果。法国决定着天主教在比利时、瑞士和德意志的延续或恢复，甚至至少间接决定着其在意大利和西班牙的确保。如果法国归属了胡格诺教派，事情到处都会变样。

如果那样，事态结果会相当惊人！胡格诺派的国王将落入一个狂热的胡格诺宣教者派别手中，且被迫作为一个干涉和征服的加尔文宗哈里发（一个加尔文宗的路易十四）对付全欧洲。因为民众随处都有理由（注意，也指向路德宗）"去为上帝及其神圣的教会复仇"，且宣教者身上对有别于他们方式的任何东西都有不熄的怒火。无论如何，一直以来，只有境外的不断胜利才能安抚法兰西民族。

79. 亨利四世的改宗

一旦由于亨利三世身死，亨利四世成为既是胡格诺派，又是天主教王党的国王，他的改宗也不得不到来；他被推拥着。

他首先是个国王，是个法国人，其余都得靠后。1560年之后，

---

[217] 芮·戈麦兹（Ruy Gomez，1516—1573），菲利普二世统治前期的宠臣。

胡格诺派跟其他派别一样是一个武装起来的政治党派。

一种高卢教父制度的可能性在当时仅仅是个梦；亨利四世并非亨利·都铎，也并非生活在一个岛上；特伦特会议的反宗教改革及其积极热忱已经充溢于一切宗教关系中。

此外还有普遍的疲惫，包括胡格诺派。加布里埃尔·德斯特蕾[218]也改宗了，1591年过后亨利肯定已经下了决心。他的 *ministres courtesans*［廷臣］在辩论中肯定故意只是微弱地辩护胡格诺信仰。甚至杜浦斯-莫尼[219]也让自己卷入了一次改宗事件。（多大程度上他是被引诱的？）絮利[220]后来甚至自诩曾为改宗出过力。贝扎[221]，爱的加百列式的灵性顾问，以及其他人的投书劝谏都无济于事，多比涅[222]的劝谏同样如此，他想通过谈话使国王了解："在法国某个角落做国王，供奉上帝，忠臣环绕，要好过……"

亨利四世接受了天主教教诲，即一次六个小时的谈话，并于1593年7月25日在圣德尼[223]郑重地抛弃异端。不顾马延[224]关闭城门的命令和教皇特使的无效宣告，巴黎群众齐聚围观。

尽管他内心深处倾向于胡格诺派，但此后亨利对他们和他们的抱怨有些反感。不过与此同时，他还得照顾他们，因为现在对他们有各种新的攻击。絮利仍是新教徒，或许出于自傲；大体上亨利很

---

［218］加布里埃尔·德斯特蕾（Gabrielle d'Estrées，1573—1599），亨利四世的情妇。
［219］杜浦斯-莫尼（Duplessis-Mornay，1549—1623），胡格诺派的头号宣传家，亨利的支持者。
［220］絮利（Duc de Sully，1560—1641），亨利四世的首相。
［221］贝扎（Théodore de Bèze，1519—1605），法国人，加尔文的好友和主要助手，被比作大天使加百列。
［222］阿格里帕·多比涅（Agrippa d'Aubigné，1552—1630），法国诗人和胡格诺派军人，亨利的追随者。
［223］圣德尼（St. Denis），位于巴黎以北，为历代国王墓地，有大教堂。
［224］马延（Mayenne，1554—1611），吉斯公爵弗朗索瓦的次子，天主教同盟领袖，曾与亨利多次交战。

愿意其他人改宗。

克莱门特八世[225]的免罪打破了西班牙人的世界霸权计划。这次免罪出于圣菲利波·聂里[226]、巴罗尼乌斯[227]、耶稣会将军弗朗西斯科·托雷多[228](尽管是个西班牙人)、威尼斯政府等方面的建议。

南特敕令[229]颁布前,在法国有上百的 terre chiuse[封闭领地]和约一千个教区和修院。天主教仪式完全停止了。

南特敕令是一个休战的国家所需要的和必不可少的确认,所有派别都将在这个国家中被包容。

的确,该敕令标志着法国新教衰落的开始;它的繁盛终止了。它作为一个被限制的少数派名声不佳地存在着,且必定始终如此,但同时它必须极大地负担世俗和政治事务,而今是有条不紊和长年累月地。鉴于此后非常偏执的历届政权和神职人员,它始终处在递增的劣势中。

一个悖论:对胡格诺社团的最大恩惠不是南特敕令,而是其撤销。

80. 荷兰

(1)北方省份包括荷兰、泽兰、西弗里斯兰、乌得勒支、埃塞尔、格罗宁根、格尔德兰,还有大陆地区,北布拉班特的大部分和

---

[225] 克莱门特八世(Clement Ⅷ, 1536—1605),教皇(1592—1605),1597年他为亨利四世免罪。
[226] 圣菲利波·聂里(Saint Philip Neri, 1515—1595),意大利宗教领袖。
[227] 巴罗尼乌斯(Baronius, 1538—1607),意大利枢机主教、教会历史学家。
[228] 弗朗西斯科·托雷多(Francesco Toledo, 1532—1596),耶稣会士、枢机主教。
[229] 南特敕令(Edict of Nantes),由亨利四世于1598年颁布,赋予胡格诺派宗教自由和充分的公民权利。

佛兰德斯的若干部分。它们常被当作征服地对待，是一种类似于瑞士属地的普通州。直到16世纪，这些地方仍不大受重视；在它们反抗西班牙统治——脱离西班牙且与加尔文宗联手——之后，它们的名气就大了。这里是一个新的民族，一个新的文化，一个新的世界强权；战斗中它似乎总能获得新的力量。整个西欧的命运显然都取决于它的成功。

整个发展在二十多年中都系于奥兰治的威廉；若无此人，发起和坚持都不可想象。西班牙通过高价要他的人头承认了这一点。当他最终遇刺身亡时，他的民众已经前进很远，英格兰非常依赖他们的援救，以致防御非常有力地继续着，尽管处在大量新的危险中，直到无敌舰队的覆灭才给了荷兰人喘息之机。

他们在外界不得人心，有过于自负的名声，特别是对德意志人怀有恶感（1582年，人们认为他们在鲱鱼中下毒）。查理五世实际上把勃艮第人的地区和德意志帝国区别开了。

西班牙始终把他们视为叛民，该着消灭，对他们可以不择手段。不过，奥兰治的莫里斯用几次战役从西班牙统治下解放了北方省份。

在那些摆脱了菲利普二世控制的强权中，法国早在1598年就缔和；英格兰对此向往已久并在1604年缔和；荷兰暂时孤军奋战，因西班牙从其他方面腾出手来而处在更大的危险中，但实际上得到了亨利四世的保护。这场战争虽有巨大牺牲，但也有其好处。

小小荷兰，不断与大海斗争，有着可能是所有时代中最强的"生存意志"。

（2）尼德兰的联省建制。它无非是实际惯例的体现，它能够存活是因为它确有活力，是因为人们不愿代之以划一的自由和普遍的纵容，真实的内在力量或许会由此遭到损害。

81. 玛丽·斯图亚特

（1）玛丽·斯图亚特出自一个穷国的王族，该王族与一帮可怕的贵族为敌，后者作为部落头领能左右民众。

头四个詹姆士都是暴死，玛丽的父亲詹姆士五世至少是在1542年抑郁而死，当时贵族们在他想与英格兰人作战的关键时刻离弃了他。那时这个孩子只有几天大。詹姆士的遗孀、玛丽的母亲是玛丽·德·吉斯[230]。1538年吉斯家族成功地使家族一员得到王座。

从一开始就有各种盘算牵涉到年幼的玛丽。爱德华·西摩尔[231]1547年的作战未能达成一项与爱德华六世（他只比玛丽年长5岁）的婚约，因为苏格兰人尽管处境不利，也不会让他从他们手中夺走公主。而今吉斯家族决定让这个已经是苏格兰女王的侄女再成为法国王后。于是玛丽在法国宫廷被养大，并于圣康坦战争的后期嫁给了王太子弗朗索瓦[232]。

只是出于吉斯家族或亨利二世的意愿，才在那时或稍后采用英格兰的称号和盾牌徽章吗？[233]这个安排正是保罗四世想要的。

这把伊丽莎白推向了新教一边。而苏格兰自身却是野心勃勃的王朝计划最靠不住的地方。

---

[230] 玛丽·德·吉斯（Marie de Guise，1515—1560），法国第一任吉斯公爵克劳德的长女，1538年嫁与苏格兰国王詹姆士五世，1554年起摄政，她促成了女儿玛丽·斯图亚特与法国王子的婚姻。

[231] 爱德华·西摩尔（Edward Seymour，约1506—1552），亨利八世第三任妻子简（Jane Seymour）的兄长，于亨利八世死后权倾一时，他主张苏格兰和英格兰合并，且在1547年大败苏格兰人，但1549年他被国内推翻，不久被处决。

[232] 即后来的弗朗索瓦二世（Francis II，1544—1560），1558年与玛丽·斯图亚特结婚，1559年继承法国王位，但受吉斯家族摆布。

[233] 指作为亨利七世曾孙女的玛丽·斯图亚特被宣布为英格兰女王，并在盾牌徽章中予以标明。

新教渗透到了那里，王权和神职人员自然必须同仇敌忾。但当时苏格兰贵族中早就激起了抢掠教会的渴望，苏格兰必定会推出一个极端残酷的加尔文教徒，他肯定造成了一种极为强烈的个人印象：约翰·诺克斯[234]。自1554年玛丽·德·吉斯摄政，他就出逃，1559年回国。这一年的5月底，修道院被袭击了。由此得来的赃物在贵族集会中分发，这几乎使任何天主教王室都不复可能。不过，这位摄政在法国帮助下予以公开对抗。

而今诺克斯不得不做任何苏格兰"民众的"党派都不曾做过的事：向英格兰求助。稍事踌躇之后，伊丽莎白派出了舰队，诺克斯一派得以保存。伊丽莎白与苏格兰领主们订约以便从苏格兰驱逐法国人。在此不久前那位摄政已经去世（1560年6月）。

（2）一位处境极不安全的女王至今仍被审理。对于一些人，她是崇拜邪神的耶洗别[235]，与西班牙和教皇共谋想用奸计和武力使苏格兰重归天主教。对于另一些人，她是无限同情和——尤其到后来——无限悲悯的对象，这是诗歌介入的地方。

无论如何，玛丽·斯图亚特实际介入许多事件的程度肯定非常有限。真正有势力的是苏格兰头领和他们的部族，一旦他们保住了取自教会的赃物，即便诺克斯对他们也毫无权力。像野蛮人一样，说不准这些人每次行事是为什么，是出于什么内在冲动。

这伙人中与玛丽的私生的异母兄长、被驱逐的默里[236]有联系

---

[234] 约翰·诺克斯（John Knox，约1514—1572），苏格兰宗教改革领袖。
[235]《圣经·列王纪上》载，耶洗别（Jezebel）是西顿王的女儿，嫁给以色列王亚哈（Ahab），她崇拜邪神，后被耶户（Jehu）杀死。
[236] 默里（Murray），即第一任默里伯爵詹姆士·斯图亚特（James Stuart，约1531—1570），詹姆士五世的私生子，他与玛丽争夺权力并迫使玛丽逃亡英格兰，后被玛丽的支持者刺杀。

的几个,于1566年3月9日在女王的餐桌上杀死了里奇约[237]。马上就真有证据说里奇约是教皇和西班牙人与玛丽·斯图亚特联络的中间人。但说天主教有可能于1566年在苏格兰复辟纯属疯话,此时第二次宗教战争正逼近法国,尼德兰则有叫花子的大起义[238]。唯一确定的是,出于某种原因,这伙人想深深地恫吓和羞辱女王,正好碰上了里奇约。

达恩利[239]参与此事的动机可能是里奇约扣留了他得自婚姻的王冠。考虑到他软弱的个性,他是否与闻密谋几乎无足轻重。最近的研究表明,针对达恩利本人,于1567年2月10日实行的密谋,是同一伙人干的。女王看到某些事情要来,但无能为力,只能任其发生。绝不能相信什么由于有了小王子而离婚无门,她便促成或策划了她丈夫的死。无论如何,达恩利不单单是出于自己的原因而被杀,而是因为他严重地挡了这伙人的道。

接着是博斯威尔[240]的离婚和迎娶玛丽·斯图亚特。

82. 英格兰的伊丽莎白

(1) 博斯沃思战役之后,都铎王室得以将其权力稳固地建立在

---

[237] 里奇约(David Rizzio,约1533—1566),玛丽·斯图亚特的侍臣,意大利音乐家。
[238] 尼德兰的叫花子起义,即16世纪尼德兰反抗西班牙统治的起义,因西班牙官员将尼德兰请愿者称为叫花子而得名。
[239] 达恩利(Darnley,1545—1567),玛丽·斯图亚特的第二任丈夫(1565—1567),被认为参与了谋杀里奇约,后又被博斯威尔谋杀。
[240] 博斯威尔(Bothwell,约1536—1578),苏格兰新教贵族,1567年谋杀了达恩利,与妻子离婚后娶了女王玛丽·斯图亚特,但他们的婚姻引起公愤,博斯威尔出逃,后在丹麦被监禁终身,女王赴英格兰寻求庇护,经过长年监禁后被处决。

该民族对未来任何内战的深恶痛绝之上。人们甘愿忍受一切，只要不是派别头目之间的争斗。他们放弃了议会权利和针对司法独裁的防范措施，甚至放弃了对他们灵魂的拯救，只要一个强力政权能以铁腕驾驶国家的航船。至于去什么地方没那么重要。如此说来，实际上只有爱德华六世的统治是危险的，因为派别头目又开始争斗；就在那之后，专制的玛丽又可以为所欲为。

由于继承问题，伊丽莎白不但投向西欧的新教，而且成了其首领。鉴于都铎王室的规律是要根除国内一切可能要求继承权的人，王朝最终传给了一个人。此外，苏格兰的斯图亚特王室无疑是最近的继承者。但伊丽莎白丝毫不想让继承问题被触及。逃到英格兰的玛丽·斯图亚特被逮捕并最终被斩首；詹姆士六世暂时倒还是继承者，但也很难说。

后来这位老处女，在没有盟友的情况下，经受了无敌舰队这样的重大考验。当然，假如没有海峡中帮忙的风暴，我们不知道可能会发生什么。此时她的福祉与这个民族绝大多数人的福祉绑在一起。

（2）伊丽莎白（她从玛丽那里继承了教皇的敌意）因教皇愚蠢地索要仲裁权和教会财产而被迫背叛罗马，投向爱德华六世的信条。

对玛丽有利的是，以苏格兰女王的名义（她同时还是法国王后和吉斯家族的侄女）向英格兰提出要求，即立刻占有英格兰王位，亨利二世和吉斯家族玩了个大胆的游戏。

经过一些反思，伊丽莎白在自己身上发现了她父亲的力量和倔强。她自己的宗教尚且很说不准，更别说她的信条了。她看穿了神职人员，知道他们追随着她。她依靠一种岛国的和反罗马的心态，利用了对亲法的保罗四世的厌恶，敢于决断，尽管她偏好独身生活。

至于宗教信条，绝对权威得到贯彻。伊丽莎白是真理以及一切授权的唯一源泉。这使得天主教徒无论多么安分守己，只要依属罗马就有了叛国罪。严格的加尔文教徒，亦即清教徒，而今意识到他们帮忙套在天主教徒脖子上的绞索现在也套在了自己脖子上。伊丽莎白不能容忍任何"背离"。迫害使绞架没闲着。

她那被胁迫的国会对她亦步亦趋，后来她有的全是忠诚的国会议员，尽管她驱使他们像驱使一群狗，法庭和行政部门很凶暴，有时坏透了。即便外援微不足道，英格兰相当可观地昌盛起来，成了一个非常积极的欧洲强权。她小规模的常备军表明，即便她不受欢迎，她至少无须忧虑国内动乱。无论如何，让有见识的英国人满意的是，他们有一个足够强大的政权，它不会成为贵族派别的玩物。

伊丽莎白的个性让人难以忍受，甚至不许人笑。但她的主要性格就是一个女王的性格：灵魂的强力。当她战栗时，至少没人能觉察。她和她父亲一样，很少能发现她会在情感上依靠谁以寻求支持和安慰。

她的大臣们，首先是塞西尔[241]和伯利[242]，处境相当好，知道他们的利益大体上与女王的利益一致。最坏的情况就是他们将和她一起被毁灭。这里有一种真正的偕同，就伊丽莎白这一方来说，的确更换宠臣，但不更换干事的。

83. 伊丽莎白时代

在斯宾塞[243]的寓言诗《仙后》(1596) 和菲利普·西德尼[244]

---

[241] 塞西尔（Robert Cecil, 1563—1612），伯利勋爵威廉·塞西尔之子，伊丽莎白一世和詹姆士一世的首相。
[242] 伯利（Burleigh），即第一任伯利勋爵威廉·塞西尔（William Cecil, 1520—1598），伊丽莎白一世的主要谋臣。
[243] 斯宾塞（Edmund Spenser, 约1552—1599），英国诗人。
[244] 菲利普·西德尼（Philip Sidney, 1554—1586），英国诗人。

的田园诗《阿卡迪亚》之间，孤独伫立着莎士比亚，他与其他的剧作家也相隔很远。

160　　他的公众只是由社会中的两个极点组成：年轻贵族和下层阶级。鉴于当时伦敦的规模，戏院只是平缓地增加；它早就被看作有失体面（实际上，这个"体面"的民族对它很是麻木）。宫廷只给予戏剧与它地位相称的关注，以便这种娱乐不至空缺。伊丽莎白对莎士比亚几乎毫不留意，他奉女王之命所写的《温莎风流妇》是他最弱的作品之一。在外省似乎什么戏院都没有，而这个时候的西班牙到处是戏院。莎士比亚对英国来说真是一笔横财。假如他从未存在，他的时代也不会想望他。很快他就被彻底遗忘了，多年之后才再度风靡。

吕梅林[245]（在他的《莎士比亚研究》中）证明，莎士比亚对生活的知识更多是预知的、内心直觉的，而非经验的。

在关键的几部戏中，莎士比亚对生活的看法忧郁深沉。从这一阴郁的背景中突现出俏皮、幽默和美梦（《仲夏夜之梦》；特别是《暴风雨》及其对邪恶的安排；《理查德三世》和《麦克白》也显然沉入了漆黑的黑暗；背景忧郁的喜剧有《皆大欢喜》）。

由于这种对生活的看法，各种人物都得到了"辩护"，但凡他们站在我们面前并说话。

不像赛阿迪[246]和哈菲兹[247]，莎士比亚不只是用沉思的诗句来表现这个世界的虚浮（尽管他有大量这类诗句），而是描绘了这个世界宏大、详尽和多样的画面。如果只是个写书的作家，他还能做

---

[245] 吕梅林（Gustav Rümelin）的《莎士比亚研究》（*Shakespeare-Studien*）于1866年出版于斯图加特。
[246] 赛阿迪（Saadi，1184—1291），波斯诗人、旅行家。
[247] 哈菲兹（Hafiz），14世纪波斯诗人。

到这一点吗？幸好他是戏院中人，并且是个演员。

关于《哈姆雷特》，关于莎士比亚这部著作的意图和意涵，已经有无数探讨。人人各有所见，且常读常新。重要的是读者渴望一遍一遍去读。

对于人性，莎士比亚有一把钥匙，不同于此前此后任何诗人所持有的。

关于他是新教徒还是天主教徒，目前的这个争论很有意思。无论如何他不是清教徒。

或许至关重要的是，在这里如同在西班牙，戏院基本上由竞争性的私人企业构成（在意大利，一家宫廷戏院通常用常规意义上的歌剧、田园诗剧和喜剧来引领风气，此外无非是以假面喜剧为形式的通俗闹剧）。英国戏院幸而没有依靠任何虚浮之物。

英国人在德意志培养了德意志演员；雅各布·艾雷尔[248]和他的戏剧就受到了他们的影响。他们待在大陆的一个原因或许是，他们的才艺在家乡已无利可图。

---

[248] 雅各布·艾雷尔（Jakob Ayrer，约1543—1605），德意志剧作家。

第4章

17和18世纪史

84. 17和18世纪史（1598—1763）之导论

（1）[1869年3月4日] 前几课讲与中世纪的断裂。

中世纪与现代早期有一些重大的、根本的差别：在前者，权力无限分割，民族间的反差还很小；在后者，我们看到权力的集中，伴随民族强权发展的不惜代价的征服战争，以及所谓国家体制的粗陋开端。

此外，在中世纪有一种对欧洲西方和教会整体的限定。在随后的时代中，欧洲各民族遍布所有大陆，天主教被分裂为大的教会党派，它们的冲突险些要吸收其他所有冲突和联合。

部分是因为教会，部分是因为中世纪的独有精神，文化一度由教会决定且全欧同一，也仍然依族群而有区别。但现在，出于对古代和自然的新研究，文化翻新了，且无论伴随何种教会影响，它本质上仍是世俗的，同时是依民族而多样的和高度个人化的。

而今所有这些线索产生了一种真正无尽的交织和缠绕。一种前所未有的生活多样性成为特征，并且这在17和18世纪进一步得到发展。

庸常的历史价值判断习惯于要求某一种元素迅速和彻底的胜利。它不能忍受多样性。各种名目的神职人员，各种名目和没有名目的狂热者、通俗哲学家、君主,以及激进的政治家,在历史中不能忍受看到各种竞争力量,他们的斗争也彻底而急切地要求一种事物(尽管这或许会使世界死寂苍白),直到有关方面出于极度的厌烦而相互消灭或产生出一种新的冲突。期待因某种胜利而永久满足乃是一种幻想,人终归缺少获得这种满足的官能。

当然,人此生必须向往和主张某种有限的东西,但必须保有较高的判断。

无论我们为之喜悦或悲哀,有件事情是我们无须期盼而只能遭遇的现实,即欧洲作为多种生活的一个古老和崭新的中心,作为产生了最为丰富的形态的地方,作为融入这么一个整体的所有对立面的家园,一切知识见解都在这里发出声音,得到表达。

这就是欧洲:在丰碑、图画和言辞中,在制度、政党,直至在个人中,所有力量的自我表达;所有方面和向度上充实的精神生活;精神为留下关于它所经验到的一切事物的知识而奋斗,不去默默服从各种世界君主制和神权政治,就像东方因其一元化君主制而做的那样。如一个历史学家应做的,从一个高远的有利位置听去,钟声美妙和谐,无论从近处听它们是否会杂乱无章:*Discordia concors*[杂乱变得和谐]。

各古老民族曾在亚洲建立更庞大和强力的帝国,诸如伊朗和亚述,一个接一个,但其中每一个都像其他东方帝国一样,将只拥有一种力量、精神和风格。它们也不得不作为特定文明的土壤而存在。

或许是一种懵懂的冲动驱使印欧语系种族的一些分支走向落日,来到西方,因为此处等待他们的是一片不同的土地和一种不同的气候(自由的和多样的),一个满是岬角岛屿的崎岖世界。欧洲人不只热爱权力、偶像和金钱,也热爱精神。他们创造了希腊、罗马、凯尔特和日耳曼诸文明，且是在不断的转变和冲突中做到的，这些在有关时代中往往是痛苦的，但总是伴随着新力量的释放，不像在拜占庭所发生的情况，尽管那本身也值得称道，但在那里，七百年来王位和军队以同样方式反复更迭。这些文明远远优越于亚洲诸文明，它们形式多样，在它们之中个体能充分发展并为整体做出最大贡献。

教会为欧洲生活创造了一个伟大的新框架。中世纪和最终的过渡时代，有所制约但又无限自由和形态纷繁，跃升到了现代，这一富于表现的时代。

历史学应对这一丰富性感到高兴，而把单纯追求胜利的欲望留给那些磨刀霍霍的人。历史学的职能不是哀叹这一欧洲西方的斗争，而是研究并展现它。占据尽可能高远和自由的有利位置，才能在杂乱中感受到和谐。应该高兴看到所有以往的力量，而不仅仅是那些碰巧与当时那十年更契合的力量，应该把它们视为财富。考虑到当时斗争的惨烈和对毁灭对手的渴望，我们这些好心的后来者无法对任何一方保有绝对的同情，即便是我们认为属于我们的一方。

一个隐秘的至高权力在此造成了有着无限丰富生活的时代、民族和个人。

西方的发展具有生命最真切的特征：出于其各种对立面的斗争，某些确实新颖的东西发展起来；新的对立取代了旧的；这样的发展不是军人、宫殿和王朝革命纯粹无意义的、几乎一成不变的重复，像七百年来在拜占庭以及更长时间在伊斯兰国家所发生的。在每次斗争中，民众都有所改变并给出了相关证据；我们有对上千个个体灵魂的洞察，且能记录每个十年的精神风貌，与此同时，民族、宗教、地区等等元素增加了精神上的无数细微差别。这些东西在它们的时代并不惬意和令人愉悦，而是生死斗争。

只有一件事总显得对欧洲是致命的：压倒性的机械力量，无论它出自一个征服性的野蛮民族，还是出自本地积聚起来的权力手段，这些手段或服务于某单一的国家（路易十四的野心），或服务于某单一的拉平化倾向，无论它是政治的、宗教的或社会的，就像今天的大众。欧洲总是得竭尽全力反对这些压倒性的力量，它也总是能找到其救星（奥兰治的威廉三世[1]）。

当时没有原生的蛮族力量或入侵的蛮族，奥斯曼人是个例外，即便他们，自苏莱曼二世[2]之后也处于一种相对停滞中。现代俄国在当时还是一个相对小的国家，它与欧洲之间隔着非常大的波兰。但西班牙的"世界君主制"似乎的确危险。其他所有力量对它的反抗占据了16世纪和部分17世纪。这一世界君主制除原有的权力元素之外，还联合了非常强大的古老宗派，即天主教会；因此它能够期望击溃一切单纯政治上的反抗。

在菲利普二世治下，尤其是基于三十年来法国的软弱无力（菲利普千方百计予以促进，以致法国也可能落入他的刀俎），一旦他卷入整个西方的争吵，那就成了西班牙与其附庸（很长一段时期包括罗马教廷和整个异端世界）之间的斗争。

（在这一点上应该增加一个更为细致的概述，作为对17和18世纪史的引论，并延续到《凡尔汶条约》。）

欧洲的救星不是罗马的那些非常强大的敌人，而是西班牙的那些非常坚决的敌人：荷兰、天主教的和新教的英格兰，还有亨利四世，尽管他改宗。欧洲的救星首先是这样的人，他把它从一种强

---

[1] 奥兰治的威廉三世（William Ⅲ of Orange, 1650—1702），荷兰总督（1672—1702），奥兰治亲王，与英王詹姆士二世之女玛丽结婚，1688年在詹姆士对手们的邀请下登陆英国，1689年与玛丽一起成为英格兰、苏格兰和爱尔兰国王。
[2] 苏莱曼二世（Sulayman Ⅱ, 1642—1691），奥斯曼素丹（1687—1691）。

加的政治—宗教—社会统一体和强制拉平化的危险中解救出来，那威胁到了它的特质，它精神的丰富多样。一种陈腐的反对意见说，精神不可征服且将永远胜利。实际上，民族或文明是否会失落，在某一特定时刻或许有赖于某个人特别的力量强度。伟大人物被需要，而他们需要成功。在许多危机时刻，欧洲常常真就找到了伟大人物。

以下可能会作为这一课程的主要内容得到阐发：

从17世纪一开始就可以看到一种出自德意志和奥地利的日益加剧的炎症。最伟大的人物，亨利四世和古斯塔夫·阿道夫[3]，因为暴亡，在刚看到宏图在握时过早陨落。西班牙，实质上是具死尸，再次成为世界霸权，强大到刚好足够到处干涉，却又不能左右事件。在1612年、1626年和其他几个时刻，法国屈从于西班牙的政策，黎塞留把该国从这种支配中解放出来，只有通过一种无情的内部管制他才做到这一点，马扎然[4]不得不再次与西班牙斗争，为了首席地位。意大利，在政治上已经死亡，只通过其文化活着，从西班牙（直到那时仍是它暴虐的主子）的衰落中再也得不到任何好处。德意志在三十年战争的不幸中崩溃。瑞典和法国支配着它。当然，与此同时荷兰盛极一时，英格兰爆发了革命。尽管那只是场稍作掩饰的军事革命，它非常强劲和内在地使英格兰人进入一种状态，在其中，任何持久的强制统治都再也不可想象。

不过，在其非常危险的伪装中，西班牙作为路易十四治下西班牙化的法国重出坟墓。（？这种责备肯定再也不会加诸西班牙了。）

---

[3] 古斯塔夫·阿道夫（Gustavus Adolphus，1594—1632），即瑞典国王古斯塔夫二世（1611—1632）。1630年，他率领瑞典军队攻入德意志，不断取胜，1632年，他虽然战胜了瓦伦斯坦率领的神圣罗马帝国军队，但自己也阵亡了。

[4] 马扎然（Jules Mazarin，1602—1661），枢机主教、路易十四的首相。

167 西班牙的计划被移植到了这样一个民族，它拥有远为过分的切实手段和中心位置来压制欧洲。天主教世界君主制的危险再次出现，而那些反对者也受到了"素丹主义"的传染。政治上的抵制部分是通过可怕的战争来实现的，这些战争的面貌几乎完全是军事的、政治的、财政的和商业的，其中没有民族精神的清楚表达。

不过，文化上法国是胜利的。路易十四造成了这种后果，即在18世纪，法式变得等于欧式；法国总体上的感染力要归功于他。

当法国为西班牙继承权而战时，同样强大的霸权——瑞典，被一个疯狂的英雄[5]搞得灰飞烟灭，它一度想连同部分德意志，组建一个大的德意志斯堪的纳维亚帝国。出于并伴随着瑞典和波兰的虚弱，俄国崛起了，自彼得大帝起就立即想着震撼和刺激西方，但也关注它自己在东方的事务。普鲁士，最后一个重要强权，伴随着难言的艰辛正从德意志的废墟中浮现，在七年战争后它必须承认自己是这个俄国长久的和不可避免的盟友。与此同时，在殖民地和商业的规模上，英格兰使荷兰相形见绌。法国在七年战争中受辱并渴求报复，最后，在法国的帮助下，一个未来的强大霸权崭露头角，那就是北美。

这一切正在发生时，整个旧体系（我们想到的是各个威权国家和宗教）的大危机不容忽视地，且以惊人增长的清晰度迫近了——革命。

（2）[1871年5月4日] 下面可以说是关涉对这一课程之范围的辩护，除了它被学院认可的部分。

只有出于需要才会做出真正的限制。世界历史这一狂风暴雨之

---

[5] 指查理十二（Charles XII，1682—1718），瑞典国王（1697—1718）。他长年征战，但1708—1709年对俄国的远征毁灭了瑞典军队。

海，始于旷远的过去并流向遥远的未来，从中提取出某一序列或观点总是有一些武断，然而即便是海景画家也别无他法。

但只是由于需要，就从关于一切事物的巨大的精神连续体中只举出一种事物，从全部知识中只举出知识的一个分支并予以特殊对待，这仍是武断和任意的。

实际上，我们应该经常活在对作为一个整体的世界的直觉中。但这将要求一种超人的智慧，它将超越时间顺序和空间局限，但又与之有不断的沉思交流，甚而对之充满同情。

当定好了一个课程的起点和终点，极其武断的限制才刚刚开始。

当然，由于一次又一次的呈现，对于根据材料的意义大小来对它们进行大规模分类和评估，某种处理上的共识已经形成，但这主要只适用于客观事实。

现在出现的问题涉及即将讲授的内容的性质和数量，即这一课程根据什么原则接纳或忽略材料。没有统一的标准；基于限制它们的平台，各种书的标准大不相同。一个作者没有必然的限制，但一个发言者却有。

就是在这里，任意性不可避免地进入了选择中。所有学科中历史学是最不科学的了，因为它最不具有或最不能够具有一种确定的、公认的选择方法；也就是说，批判的研究有非常明确的方法，但对这种研究的呈现却没有。

它在任何时候都是对一个时代在另一个时代中所发现的值得注意的东西的记录。

根据他的民族性、主观性、训练和时代，每个历史学家都将有特殊的选择，对什么值得传达有不同的标准。

尽管如此，这一课程在年代方面的界定至少有一个相对的恰当理由。我们所由开始的《韦尔万和约》对欧洲所有主要民族来说都标志着一个真实的停顿，如此合适的一个停顿在广远的历史中本不会发生。在法国革命的准备阶段之前，或许必须以1763年的《胡贝尔图斯堡条约》[6]结尾，如果到处都可以结尾的话。

法国革命前的二十多年，事件和人物都特别新，尽管显然源自之前的事物。参与各种事件的人的阶层和民众数量现在都跟以前有着实质差别。

《韦尔万和约》和亨利四世时期是反宗教改革两大时期之间的中断，这两大时期可以根据其主要事件，即法国宗教战争和三十年战争命名。

而今以往所有单纯政治的以及尤其是军事的事件都在价值上被我们时代的事件降低了。如果事件之间量的差别巨大，质的差别更是如此。

当时有的无非是内阁政治和内阁战争。而今则有起作用的，或潜藏或公开的民族运动和（的确，被技术上完美地酝酿和引导的）民族战争，以及种族战争（最后或许又是宗教战争）。

对那个时代的战争人们有这样的感受（不论这种感受是对是错）：统治者能够发动或避免它们。至于当前的战争，我们怀疑其目的是为了制止或疏导革命，这种事情当然无须总是成功。因此，当前人们会对诸如路易十四的那些战争不感兴趣，而只对其中某些时刻感兴趣，即在他的对手或盟友——荷兰以及继承战争中的西班牙——中可能出现一种真正的民众运动的时刻。

我们无法专业地评价将军们的相对贡献，并且我们很少见到对一种与军事结合的伟大政治的表达。因此任何军旅之事都只以结果

---

[6]《胡贝尔图斯堡条约》（Treaty of Hubertusburg），普鲁士与奥地利和萨克森于1763年签订，与《巴黎和约》一起结束七年战争的条约。根据条约，普鲁士确保了他在1748年占领的西里西亚。

的形式简短提及；至于政治元素，并非每一个谋划都应留意，而只应留意那些出自实际状况的某种不安在其中得到表达的谋划，与过去和未来有某种关联的谋划。

我们在此的主要任务是使世界历史尽可能地靠近精神史；方法有很多。表面上看，17和18世纪史只处理权力关系，但精神也在场。

材料纯粹外在的皮毛将被忽略，特别是往返信件的摘录。一个较为值得考虑的主题将是自负的性情，外交和大胆出击因它而交替出现，特别是在18世纪头几十年，那是高尔茨[7]、杜布瓦[8]、阿尔伯罗尼[9]，以及有着相似脾气的外交家和廷臣的时代。

（3）这一课程有"幕间休息"，或者说"插曲"的性质。

就与1450年之后现代世界纪元之伟大开端的关系而言，它是一个继承；就与革命时代的关系而言，它只是前一个时代的终结和将来时代的准备。不过与此同时，它保留着大量特有的魅力。并非所有时代都十分吸引人；世界历史的脉搏很不均匀。但这里的跳动还是足够强劲，整个外在的和精神的存在都留有丰富的证据，有些还是极有价值的。

相对于16世纪，17世纪已经被指为阻滞、反动。有一种很急躁的观点，对它来说世界历史运行得不够快，例如它认为早在16世纪，完全的现代性就想要出现且能够出现，反对这些力量的斗争都不过是白费力气。人们简单地称某些东西是进步，然后哀叹其被拖

---

[7] 高尔茨（Georg Heinrich von Görtz, 1668—1719），德意志人，服务于瑞典的政治家。
[8] 杜布瓦（Guillaume Dubois, 1656—1723），法国政治家、枢机主教。
[9] 阿尔伯罗尼（Giulio Alberoni, 1664—1752），意大利人、枢机主教，服务于西班牙的政治家。

延而未能出现。

如果问这些人他们是否满意现在实现了的目标,他们的观点千差万别,尤其是关于那些已经实现或正在形成过程中的东西是否可取,这方面我们至少可以请他们暂时达成一致意见。他们之外还有一些人,想要的更多。

但目前,历史学最好完全抛开那些仅仅是愿望的东西,然后投入到对过去的斗争、冲突和多样性之尽可能客观的思索和描述中。

因为西方的生活就是斗争。

就其个人来说,历史学家不能把他自己和他所在地区的奋斗分隔开。作为存在于时间中的人,他必须欲求并代表某些明确的东西,但作为历史学家,他必须保持一种超越的视角。

如果谁有不同意见并想说服他遇到的每一个人,人们会很不自在。但如果谁变得沉默或继续表达不同意见,谁就是在享受人们的憎恨或怜悯,这取决于人们的性情。是的,我们承认,对立于我们口味的人也是人,因为他们显然在我们面前,但我们的承认伴随着不能说的悲叹和辱骂。

世界历史中各种价值的侵扰就像在时间的海洋中,一个浪涛吼叫着想要攻击其他所有浪涛。

(4)[1873年3月5日]决定17和18世纪精神特质的是作为当时主要参与者的阶级,以及当时总体的生活方式。

非常重要的是,除了少数例外,国家都是绝对主义的或绝对主义地加以管理。那是权威而非多数人的时代。变化难以想象。任何求变的尝试都被理所当然地看作是犯罪,即便是在非君主政体的国家;在这方面,贵族政体同样寸步不让。一切都被筹划着要传之永远。人们还一点都不知道所有状况的可变性。

各阶级仍被不同的权利所分隔。甚至囊括所有阶级的唯一事物——宗教，于18世纪也在上层阶级中有些衰落。

不动产通常还是不可转让；资本，即可以任意支配的购买力，用得上的仍非常有限，且很少服务于工业。

不管就个别国家而言对重商体制有什么懵懂的想法，生活的总体趋向仍远远不是工业性的（人们将会喜欢的一些结果往往甚至没有被想出来，例如关税壁垒仍继续存在于各个大国自身之内）。当时最大的生意是少数几个殖民强权的海外贸易，还不是工业，还不是那种不受限制的活动，那种对世界的无限的物质开发。在那些它确实存在的地方，它还没有被掌控，还不能对各民族释放出其可怕的竞争机制。

作为政治力量的中等阶级，例如在德国的帝国城市或别的地方，不是绝迹就是彻底萎缩。在艺术、文学和生活方式上，它在哪儿都不能定调子（荷兰或许例外），而是从别的阶级接受，在中世纪它却有自己的文化。即便在荷兰，上层阶级的生活也不那么资产阶级化，而是比人们通常设想的更贵族化。

贵族的收入、地租，属于特定阶级的国家和军队职务，以及教会收入，决定了社会的主要特征。在个别例子中，尤其是在较弱的国家中，出于摆排场的渴望，这种贵族阶层变得易于被外国内阁腐化（瑞典，有时甚至是英国），在非常强的国家中它当然高度依赖它自己的君主；几乎无论在哪儿它都不再是政治自由的元素了，除了英国贵族较好的时候。但它的社会意义仍很大，甚至超过它在1500年左右的情况。因为那时候在北方仍有一种资产阶级的文化，在意大利则有一种贵族—资产阶级的文化。最重要的是，这一贵族社会仍是西方的而不仅仅是民族的。整个欧洲的贵族仍彼此亲近，像与他们自己的国家一样亲近。

构成他们生活的是享乐和被视为贵族式的活动，像从军、个人英雄主义、出名的情事。尽管有这些往往非常放荡的生活，较之后来，18世纪的社交更为雅致，更为大气，在思想上也更活跃。人们还有时间去阅读，即为了活跃的思想交流。他们还没有钻到生意里。

天才，无论来自何方，都很容易找到恩主、职位和大量业务。这里毫无炫耀，因为人们真的想去品味。

掌握学术的部分是稳定的机构，部分是独立的业余爱好者。

当然，因其所有高贵的闲暇和抽象的慷慨，这些贵族终于碰到了自由原则并开始轻浮地对待实在的国家制度。这给予它一次最后的、极为高贵的辉煌。当然，与此同时，其他阶层，连同他们的"公众舆论"，已经开始接管事务。

艺术家们写作、创作文学、作曲、绘画等等，都主要是为这一贵族阶级，还不是为出版商和公众。国家中所有最初的反对，以及所有思想上的革新也都基本上出自他们之手。

我们的观察必须习惯于那时候思想生活的这种性质。

国家

国家沿着阶级界线组织，接近所谓的宪政国家，有对个体在生命、财产和行动自由方面的保护。阶级国家只在荷兰和英国从激烈的斗争中多少完备地得以实现。这里流行着这样的观点，即民族的对内对外力量与国家紧密相关。

17世纪开始时，德意志中只在奥地利有非常强大的革命阶级。在其他国家，阶级体系早已非常虚弱，君主们事实上接近绝对主义。三十年战争中，两大宗教里的阶级体系实际上都凋谢了，顶多是形式上存活下来。此后路易十四的模式——人们至少模仿其素丹主义——以及18世纪的君主类型掌握全权。最终我们通过弗里德里西大王[10]看到了对绝对主义最辉煌的运用，他示范了凭借民众的服从和仰慕能够达成何种成就。

除了荷兰和英格兰，普遍的观点是，只有绝对主义赋予国家力量并知道如何去统治。

在斯堪的纳维亚，出于对贵族权力的反感，丹麦成为绝对主义国家。而在瑞典，贵族维持下来，且非常腐败，查理十一[11]是唯一的打断。对外唯利是图，在查理十二的结局之后，彻底失能。在波兰，所有的"不幸"，亦即所有政治上的无力，都显然归咎于贵族政权；它被视为一个国家应走道路的反面典型。

意大利有一个彻底绝对主义的政权，威尼斯除外，它完全有理由保持沉默。意大利消极地承受西班牙继承战争，18世纪30年代的战争和奥地利继承战争，以及它们的全部后果。各个地区悄然易主（诸如意大利在西班牙继承战争之后[12]）。

在临了的哈布斯堡家族治下，西班牙对内是绝对主义的。它多少已经处在继承问题迫近的压力之下。但它对自身的工具和元素是无力的；国家机器停滞。在波旁王朝治下出现了绝对主义改革的开端和在欧洲政治中的重新自我肯定。

柯普吕律[13]时期之后（17世纪下半叶），奥斯曼人的霸权明显在销蚀，他们不能对欧洲造成新的攻击。

---

[10] 弗里德里西大王（Frederick the Great），即弗里德里西二世（Frederick II，1712—1786），普鲁士国王（1740—1786），在奥地利继承战争（1740—1748）和七年战争（1756—1763）中获益，使普鲁士成为欧洲强国。
[11] 查理十一（Charles XI，1655—1697），瑞典国王（1660—1697）。
[12] 西班牙继承战争之后，原属西班牙的那不勒斯王国、撒丁岛和米兰公国的大部分都转交奥地利，西西里转交萨伏伊。
[13] 柯普吕律（Kuprili），土耳其中北部城镇，柯普吕律家族因而得名，该家族在17世纪下半叶先后为奥斯曼帝国提供了六位大维齐尔。

175 最后说一下彼得大帝前后的俄国。这里起作用的是一种绝对主义，它突然开始意识到自己的潜力，并对奥斯曼人和欧洲人奉行一套确定的做法。暂时，俄国人及其敌意被完全抑制了。

赋予欧洲政治和假想的权力制衡以特色的是对扩张的渴望，但目前还不是以民族的名义进行，暂时只是为了获得更多臣民和收入。这些绝对主义国家误把权力当作幸福，从它们的冲突中浮现出一种假想的权力制衡的观念。

主要成绩是，法国被周期性地告知不要跨出边界。这是典型的欧洲事务：为反对单边的主宰，其他所有各方都站出来。欧洲想保持多样。

谈判包括关税问题；实际上，它们到处都已经有突出的重要性。

统治者一般都把权力等同于好运，各民族至少把虚弱等同于厄运，因为它诱使强大的邻邦来侵略和不断抢占地盘。

不过通常所有国家都还基于权威，即便是那些实际上由多数做出决定的国家，因为这些还不是按人头计算的多数。

强权和工业

无论何处，首要的事情都是统治者渴望得到钱；商人和工业家被看作是主要的税收渠道。中世纪的伊斯兰国家和14或15世纪起的意大利国家为此奠定了基础；理财发展成了一门科学。

176 不动产逐渐不再是生存的唯一基础，尽管它仍非常重要且有保障。出现了独立于它的大笔财富和生意。贸易和商业逐渐失去了它们相当地方性的特征，开始了对一些遥远地方的更大关切。

就各海洋民族而言，添加了对它们殖民地的剥削；这些殖民地仍被完全看作是母国的财产。不过，花了很长时间才出现所谓良性循环：殖民地原料的进口和殖民地对国内工业品的被迫消费。

殖民活动在17和18世纪增加了。在北美以及后来在印度都开拓了大片法国属地；此外是荷兰在东西印度群岛的占领。只有英格兰在遥远地区建立了一些较大的英语社群，因为他们不是在热带地区定居，且有比法国人多很多的英国人移民出去。

在一个正变得工业化的欧洲里，西班牙褪色了，不只是因为税收、永久产业、修道院等等，还因为它完全非工业的心性。

法国有它的一些苦痛。统治的国王挥霍无度，他渴望征服和吞并的多于柯尔伯[14]所能支持他的，国家紧绷到了极限；可他是其他君主羡慕的典范。将工业构想为致富力量的柯尔伯做法通行欧洲。不过，工业家在这里还不是统治阶级，在英格兰也不是。

法国大革命及其凭借拿破仑的君主制式延续，强调了路易十四及其体制的典范性；许多国家模仿。与此同时，1815年之后英国的典范性开始生效。

欧洲成了五大洲的工场；工业和政治的优越性被认为是携手前进。通过没收教会财产，废除永久产业，巨量的能源和财产以及生活在那里的民众都变成了工业的可用资源。

机器和大生产逐渐兴起。它们所需的大笔资金积攒起来，数目越来越少的人掌握着它们的命运。竞争和相互扼杀来临了。

不过与此同时，伴随让-雅克·卢梭和法国大革命，平等和人权思想以及"一个人应有的生活"这种说法开始具有影响。最大的政治自由结合着最大程度的经济依赖；中等阶级明显衰落。

一个荒唐可悲的补充是，国家为政治、战争、其他高级事业以

---

[14] 柯尔伯（Jean-Baptiste Colbert，1619—1683），法国政治家，路易十四的财政总监。

及"进步",欠下了那些众所周知的债务,于是抵押上了未来的成果,宣称它多少正在提供这些成果。这里的假设是,未来将永远奖励这一关系。国家已经从商人和工业家那里学会如何利用信用;它不断刺激有关民族,使之陷入破产。

如今国家作为头号骗子跟所有骗子站在一起。

知识生活

首先说思考和研究(一种与今日大不相同的知识环境,但有其自身理由和风格):两者仍然受阻于现存的力量,特别是心智狭隘的教条,然而其实它们一点儿不像人们以为的那样受到限制;一个好例子是莱布尼茨[15]和《神正论》。如果有谁承认说一个思想家的快乐还没有跟一种唯物主义的高声说教完全绑定在一起,且存在的终极原因没有被只是个别的思考所断定,更别提强迫他人的权利了,他所说的是实情。

实际上,尽管有伽利略[16]的故事,即使在天主教地区,对自然的研究也是完全自由的。这种研究在西班牙根本不存在。在发现方面,19世纪,甚至18世纪末,的确远远超过前两个世纪;不过后者或许更能体味科学追求的幸福,在物理学和其他学科上数量巨大的业余爱好者似乎表明了这一点。牛顿[17]和引力定律有着基础性的重要意义。那些时代,人们更垂青于悠闲的沉思。

大量写得相当好的著作展现那一时代的历史;它有突出的政

---

[15] 莱布尼茨(Gottfried Wilhelm Leibniz,1646—1716),德意志哲学家、数学家、发明家、法学家、历史学家、外交家和政治顾问,著有《神正论》,旨在说明现实世界是"所有可能的世界中最好的"。

[16] 伽利略(Galileo Galilei,1564—1642),意大利天文学家、力学家、哲学家,1633年因"反对教皇,宣扬邪说"而被罗马宗教裁判所判处终身监禁。

[17] 牛顿(Sir Isaac Newton,1643—1727),英国物理学家和数学家。

治—军事性，且被历史学家的民族性着色。此外，重要且精彩的回忆录也很丰富。

对过去历史的研究仍然遵从教会或法律的兴趣；一种博大的收藏家精神和一种往往非常敏锐的批判头脑在此发挥作用。非常薄弱的一点是任何对起源的研究。然而即使在这方面也有像詹巴蒂斯塔·维科[18]这样的人的成就。

地理学仍在襁褓中；尽管有殖民地生活，比起今天的知识来，对地球的了解仍微乎其微。但在当时不乏这方面的兴趣；18世纪对阅读游记的渴求非常突出。人们还能够把握各种发现和知识，并且在这一领域，人们也还没有被吸引到专门化的研究上。

对"人"的了解不亚于我们。

博学通识在当时仍然可能，也有实例（莱布尼茨）。收藏室和陈列室仍不加分隔地包括自然史藏品、古董甚至艺术品。"稀罕"程度往往是关键。但凡考虑到知识进步这种东西，今天的科学方法就无比优越，因为劳动分工和越来越细的专业化。但今天大概越来越难见到展现博学通识的才能。17和18世纪的那些通才和业余爱好者从他们的知识中所获得的乐趣要多于今天的专家。

所有学术的世俗基础是教职或某机构的成员资格，通常仍是教会机构。对跟书打交道的人来说，最主要的是为数极多的学术性图书馆，它们属于各种机构或富裕的收藏家；较之其他，两者的财产都可靠且不被分割，有继承的保障。此外还有君主和大人物的赞助，伴随着相应的献辞。

另一方面，跟"有教养的公众"还没有任何联系，没有对其赞

---

[18] 维科（Giambattista Vico，1668—1744），意大利哲学家和历史学家，著有《关于各民族共同性的新科学原则》（简称《新科学》），提出历史是对人类社会生成和发展的解释。

同的妥协。没有与这种"公众"相伴的"日报批评",所以也没有堕落。赞助和献辞对人的贬损要小于今天对各种舆论和大众品味的妥协。

拉丁语仍然是学术用语,缺点和优点都有;叔本华[19]尤其强调后者。可以想想弗朗西斯·培根[20]的拉丁语。想通过方言来产生影响的愿望直到托马修斯[21]和伏尔泰才得到伸张。

自由创作:诗歌

在此必须从其前提说起。一个庞大的读书界和对阅读的狂热,或者还不存在,或者只在襁褓中。尚未借助阅读来对抗无聊。堂·吉诃德因此成了荒唐的人物。

在其作品中,一个作家没有一处会想着他的通俗性或大众影响,那时还没有这些,一个现代的出版商则必须依靠这些。也还没有文学产业。全部《痴儿历险记》[22]都好像是写给作者本人,没有顾及什么读书界。读书界仍相对是贵族的和排外的。这里也有大人物提供的赞助和特选的圈子。妇女还很少阅读。

还有,一个作家不为某种特殊的运动、某种即时的政治或社会倾向写作,因而不会变得受制于当时事物的暂时性。

此外,对想象的大城市生活添油加醋的描绘还没有把民众弄得贪婪或惊恐;今天意义上的这些城市甚至还不存在。因此流浪汉小

---

[19] 叔本华(Arthur Schopenhauer, 1788—1860),德意志哲学家。
[20] 弗朗西斯·培根(Francis Bacon, 1561—1626),英国哲学家、散文家、大臣、法官,其《新工具》用拉丁文写成。
[21] 托马修斯(Christian Thomasius, 1655—1728),德意志法学家和哲学家,1687年在莱比锡大学任教时打破使用拉丁语的传统,改用德语授课。
[22] 《痴儿历险记》(*Der abenteuerliche Simplicissimus Teutsch*),德意志作家格里美尔斯豪森(Grimmelshausen, 1621或1622—1676)带有自传性质的长篇小说。

说仍全然是幽默的和高度说教性的。整本《堂·吉诃德》都发生在大道上或穷乡僻壤。

总的来说,没有民众贫乏的想象来催逼,他们只能接受险象丛生和粗鄙下流的东西,且希望持续被娱乐或处于悬疑中。尚无饲料读物的生产,亦即没有顾及那些空虚和低劣的头脑。

总而言之,这是一种真正高雅的文学,而非仅仅装作如此;它刻画生活所采取的通常方法是一个高雅的人所希望的。它描绘民众,因而描绘民众的生活。另一方面,它从不会像今天的文学那样仰视贵族自身的生活。

这是从莎士比亚到伏尔泰的文学,伏尔泰仍完全为上层阶级写作,只是由于他的怨恨,他也一直被中等阶级理解和欣赏。那一时代的许多作品至少仍广为人知,尽管对它们主要是一种历史兴趣。

诗歌领域,在英格兰、西班牙和法国,剧院已经有明确的支配地位,伴随着大量的、多样发展的体裁。

总的来说,17世纪和大部分18世纪仍是有强烈情感的时代。一些通常的道德限制经常被直接强调,尽管更为经常的是在有伤风化的内容中被强调。

古代——主要是古罗马——构成了关于优秀的大体标准。文人墨客都了解并尊重它,即便他或许反而会迂回地,特别是清醒地背离它。

较之我们的时代,那一时代的总体优势在于,它引起有洞察力和鉴赏力的人一到两个世纪的关注,而我们的时代所面对的未来是,在其中或许过去的任何东西都将只引起微乎其微的注意。

造型艺术

181

与今天艺术的重大差别在于主题的明确,以及那些艺术作品受托人的相似思考方式。这一思考方式仍完全独立于任何艺术刊物。终艺术家一生，关于他们的所有信息都是通过口头或信件传递。宫廷到宫廷、地方到地方的推荐至关重要。教堂画家由于其祭坛画和壁画，几乎是唯一广为人知的群体，即使这也只发生在天主教国家。关于艺术的批评文章完全阙如。只有独立于任何印刷物的赞助人决定世俗的雇佣。在有着狄德罗[23]品评的18世纪60年代的巴黎沙龙之前，没有任何展览。异样题材的积累以及它们由于眼花缭乱而彼此损害仍全然不为人知。此时尚无公众和公众的品味。君主的收藏无缘于任何"公众"，但艺术家可用来研究。

主题压倒性的是宗教、神话—寓言，或者是荷兰写实主义，尤其是在风俗画、风景画和相关主题上。

只在法国有来自上面的总体导向和对宫廷艺术的突出关注。其他君主只不过等同于富裕的艺术爱好者。但路易十四甚至不是一个艺术爱好者，因为，有什么东西他曾经爱好过？

总而言之：只有来自上面的赞助，没有暴发户的赞助。较之今天来自下面的支持，那时的艺术境况更好。通过上层的帮助，许多画家起于贫穷阶级。天才人物至少像今天一样肯定会出头，而绝不会像今天一样，当一个艺术家不得不决定自己的主题时，被如此严重地引入歧途。那些时期出现了一种对实际给定条件的不断翻新的创造。

182 **音乐**

它创造了两大新形式，圣乐和歌剧。其社会意义一个民族一

---

[23] 狄德罗（Denis Diderot, 1713—1784），法国哲学家，著有《百科全书》。1759—1781年，他为巴黎两年一次的"沙龙"（绘画雕塑展览）写过十多篇评论文章，抨击以布歇为代表的投合贵族口味的"洛可可"画风。

个样儿。它到处都不再完全是教会的和宫廷的，而是通过杂糅来培育，仍只属于特选的人。因为总的来说它仍然被看作是一门真正的艺术。

从17世纪末起，音乐自发地且非常强劲地兴起于意大利和北方（这里尤其是亨德尔[24]和巴赫[25]），整个18世纪，它成了当时所有艺术的最高权威。那个时代所达成的音乐的体裁规则，至少在大体轮廓上，对我们当前的调性布局仍然起作用。

85. 16和17世纪的性格

16世纪狂热、17世纪顽固，这一说法有多少根据？不管怎么说，反宗教改革的第一和第二阶段有一种精神上的差异，这两个阶段之间站着亨利四世。第一个阶段更大众化，在群众中更活跃；法国尤其如此。那时它的领导人物也更多一点激情，他们仍直接感受到问题，而第二个阶段的人物全面地、果断地接过了问题，现在是机械地处理它们。

对于像斐迪南二世[26]这样一些有着耶稣会教养的人来说，世界必须不择手段地予以恢复乃是不言而喻的；他们从不伤脑筋或对主要目标三心二意。

另一方面，各民族（中等阶级元素的重要性跟16世纪相比差很多）显得更为疲惫和缺少自发性，例如法国的胡格诺派和天主教

---

[24] 亨德尔（George Frideric Handel，1685—1759），作曲家，生于德意志，早年游学意大利，1712年定居英国，在英国大受欢迎，1759年去世后葬入西敏寺。他创作的圣乐有歌剧元素。
[25] 巴赫（Johann Sebastian Bach，1685—1750），德意志作曲家，作品极多，代表了巴洛克音乐的巅峰。
[26] 斐迪南二世（Ferdinand Ⅱ，1578—1637），神圣罗马帝国皇帝（1620—1637）。

徒。德意志除上奥地利和波希米亚外，巨大的危险再也没有导致任何群众骚动。在民众被搜刮很长时间后，三十年战争仍不过是各个政权的事情，在新教方面，这些政权大多小且弱。

后来，古斯塔夫·阿道夫以其强力跟其余一切形成了巨大反差。更早时候上奥地利的农民战争也是如此。天主教有巨大优势。只要它联合起来（但乌尔班八世[27]之后它再也做不到），它也知道它要什么；与新教相比，它有一种全基督教界的精神，或至少是基础，新教是分裂的，仅仅由各政权组成。

而西班牙的做法仍然是从一个世纪向另一个世纪变化的表征。在这里实际上有一种狂热和顽固之间的差别。菲利普二世自发地站在所有天主教活动的排头；菲利普三世[28]（莱尔马公爵[29]的倒台）和菲利普四世[30]（尼德兰停战的公告）使自己又被拖入这项事业只是出于"难为情"。

莱尔马时期是个奇特的插曲。一个寻欢逐乐的暴发户，显得是对奥地利家族居心不良，却在西班牙人狂热的、世界君主制的国家中飞黄腾达，这令所有为这一事业出力的人寒心。当然，西班牙高官们自作主张地行动，也不需要他。

---

[27] 乌尔班八世（Urban Ⅷ，1568—1644），教皇（1623—1644），三十年战争期间，他给予天主教一方的支持很少。

[28] 菲利普三世（Philip Ⅲ，1578—1621），西班牙、那不勒斯和西西里国王（1598—1621），作为葡萄牙国王称菲利普二世（1598—1621）。他把朝政交托给莱尔马公爵达20年之久。

[29] 莱尔马公爵（Duke of Lerma，1553—1625），菲利普三世的宠臣，1598年成为首相后，控制朝政20年，为自己集聚了大量财富，在其他廷臣的排挤下于1618年卸任。

[30] 菲利普四世（Philip Ⅳ，1605—1665），西班牙国王（1621—1665），作为葡萄牙国王称菲利普三世（1621—1640）。

86. 亨利四世治下的胡格诺派

较之第一印象，亨利四世与他们有一段困难得多的时期。他的乐观幻想，即他们将会跟他一起改宗，没有实现，或不管怎么说，只是微弱地实现。因为确实发生的6万起改宗没有多大意义。在这方面亨利完全误判了民众（中等阶级和农民）中的胡格诺派，因为他不了解他们那种信仰，尽管曾经在他们当中生活过很长时间。而虚伪奸诈的胡格诺派领袖像坚持政治立场一样坚持自己的信条；他们现在更加执着，并指望着国王突然死亡从而有社会动乱。后来黎塞留解除了他们的武装，他们和他们的家人都识时务地变成改宗者。此外，新教徒会议也有荒唐之举，仅仅由于理论上的固执，就在1602和1607年宣布教皇为敌基督。对于高等法院的争论，亨利在1599年说："天主教徒必须通过他们所过善好生活的榜样来改变胡格诺派！"有多长时间王权真的为胡格诺派坚守战略位置提供金钱？

87. 高马勒斯派[31]和阿米尼乌斯派[32]

因其永恒预定论和对广大多数的永恒天谴，甚至加尔文本人

---

[31] 高马勒斯派（Gomarist），以高马勒斯（Franciscus Gomarus，1563—1641）为首的荷兰加尔文宗。

[32] 阿米尼乌斯派（Arminians），荷兰新教教派，否定加尔文宗的预定论。该派与高马勒斯派的对抗不断升级，1618年，沉默者威廉之子、奥兰治亲王兼尼德兰北方省份的执政莫里斯（Maurice，1567—1625）支持高马勒斯派，逮捕了阿米尼乌斯派的一些领袖，后在多德雷赫特宗教会议上将阿米尼乌斯派定为异端并惩处了二百多位该派领袖，其中联省独立的功臣、72岁高龄的大议长奥登巴恩维尔特（Johan van Oldenbarnevelt，1547—1619）被公开斩首。莫里斯死后，阿米尼乌斯派逐渐回到荷兰的生活中。此外，该派教义在英国和北美有很大影响，特别是通过卫斯理（Jhon Wesley，1703—1791）的循道宗（Methodists）。

也是一个讽刺。而且由于怀疑和迫害那些有可能或肯定遭受天谴的人,他对自己生命的败坏要远远大于因引导选民而对自己生命的改善。在一个因其想象力而优越于他们并激怒他们的开化时代,对于所有相信预定论的正统加尔文信徒来说事情只能如此且肯定会反复如此。

只要在尼德兰有武装斗争,神学家退居二线三线,加尔文教义就不活跃。但当和平时期到来,神职人员(非常有害于他们的同伴)就能在法国、尼德兰,特别是苏格兰重新发出声音,他们又开始拿预定论滋事。这里对天谴的强调甚至比天主教徒远为激烈。毕竟即便是在他自己的追随者中,加尔文也只许诺极少一点儿人。

现在这个教义渗透到了苏格兰和尼德兰的民众中去了。较之克里索斯托[33]时代君士坦丁堡掌柜关于神的第二个身位的争论,这一学说难以比拟地更难疏通。

在荷兰城市中,有教养的和更高雅的人无疑看不上高马勒斯派所代表的可憎的教义,并倾向远为温和的阿米尼乌斯派教义。这向高马勒斯派表明了人们基本上怎么看待他们;他们顶多被有教养的尼德兰人视为孤立的狂热者。这使他们更加愤怒;他们越来越多地煽动大众,莫里斯出来了,并为自己收获利益。

奥登巴恩维尔特,作为有产者党派的领袖,他希望各个省的宗教不要由每个省中大多数人的宗教决定,且各个省各自的雇佣军并不理所当然地听作为全体国民总司令的执政的命令。奥兰治的莫里斯,作为所谓"全体国民之代表"的执政—将军,他怀着自己做君

---

[33] 克里索斯托(Saint John Chrysostom,约347—407),又称"金口约翰",有非凡的讲道才能,397年出任君士坦丁堡宗主教,因批评堕落腐败触怒宫廷,于403年被放逐,死于黑海之滨。

主的盘算跟一个好斗的宗教党派联合起来，后者即高马勒斯派，它宣称要代表整个国家的宗教反对各省的宗教。他设法废除了各省的主权和武装，消灭了反对派中最重要的政治人物，例如奥登巴恩维尔特，而在多特雷赫特，一个激进宗教党派的会议细化了教义，十足特伦特的效颦。

88. 三十年战争之前欧洲的列强和社会

在世界历史斗争中，抵御西班牙，保住了自身的三个强国如下：

法国。过了亨利四世的在世之日，它独立的政策能保持多久，这很成问题。

英国。在一场重大的新较量中，它能保持中立。

荷兰。如果战争再次爆发，它将不得不独自加入新教一方。在海上它针对西班牙的活动已经成了大宗生意。

北方依然沉睡。在三十年战争爆发时，有谁预感到瑞典即将到来的世界地位？

只有一件事可以稳妥地预见到：当政治上和宗教上对立各方的战争开始，德意志将成为目标和主战场。

如果依次考察天主教西班牙的各种力量，它们似乎不足以应付一场大较量。在内在动力的强度和资源方面它们都根本赶不上对手，如果后者合力出击的话。但在对手那里，内在的动力也熄灭了，且没有团结。

哈布斯堡王朝的一支，与许多天主教的个别利益及巴伐利亚家族联合，发现自己强大到足以冒险一击。

多大程度上新教国家主要被中等阶级的文化和观点支配，天主教国家被贵族的文化和精神支配？两者的差别不像看起来那么大。

在新教方面，17世纪实质上也是贵族制的——1500—1550年间更是如此。

16世纪较为中等阶级的性格面对特权阶级的反动做出了让步。意大利的私人生活尤其被西班牙化了。中等阶级到处都有，但不再有其自身的文化；现在它较多地从上层阶级接受生活模式和思想方法。即使在荷兰，上层阶级的生活也比人们想象的远为贵族式。

89. 17世纪的意大利

意大利被西班牙化了，被僵化了。它的干枯显示在它的政治死寂和精神衰落中（不过后者不能说得绝对）。经济上它衰退了，而需求却有增加。西斯蒙第[34]（《中世纪意大利诸共和国史》）对已婚女子拥有一个情人（*cicisbeo*）这种普遍做法大发感慨。这一做法出自宫廷，且与西班牙人的嫉妒形成了对照；前者是对后者的反动。到最后，任何高贵的意大利家族中都再没人知道谁是谁的儿子、父亲或兄弟。这同时也是对人心普遍低迷的绝好补偿。

但西班牙化也以"高贵的闲暇"为表象。银行家和生意人把他们的资产投入到有限定继承权的不动产中（我不是在为歇业的银行掉泪）。人们通常注定会变得闲散——早先的人们是因为傲慢，那些后辈是因为无事可做。对于后者，风流韵事成了他们的主要乐趣。

两条规则在此生效：没有女士会单独公开亮相；没有男士会

---

[34] 西斯蒙第（Sismondi，1773—1842），经济学家和历史学家。

陪同他的妻子。这之前道德并不更好，但只在现在通奸被宣布为无害。（不论方式，谁这么说过？）说起来，这一做法大多无害，却也烦人。多大程度上这一做法散布到了民众中？西斯蒙第说："这些新习俗……被全体民众效仿。"

任何时候，商业的没落都是由工业家的消失和资本的撤出造成的。西班牙化的意大利甚而被垄断和有点像阿尔卡巴拉[35]的荒谬的贸易税扭到了这个方向上。

另外一件可以追溯到西班牙影响的事情是关乎社会地位的排场的增长，真正的需要和生活的舒适付出了代价。人们开始纯粹为了显摆而生活。

在头衔和礼节上也是如此，始于对在各个宫廷的优先权的争吵（埃斯特、美第奇、萨伏伊、法恩尼斯等家族），这些宫廷终归是西班牙或法国的囊中之物，还始于枢机主教们的争吵，他们只在现在（1630）成为阁下[36]。这延伸得如此深广，以至于人们在书面上激动地称他们的鞋匠为"非常杰出的"。简直是人人都越来越不满那些仍然在贬低他们的头衔。

一家之父，他如果最初未经自己同意而被婚配，将不被他自己的（或别人的）孩子尊重。他一半的兄弟姐妹都在修道院，另一半正在他的桌子上免费搭餐。他只被看作是家族财产的管理者，而其他所有人都私下沉湎自己的乐趣。他再也无法增加财富；相反，由于税收、霉运和奢侈，财富在减少。（？那么早就什么都不剩了！）他既不能抵押也不能卖掉它，债权人也只能抓住他的收入，而非他的财产。（公民西斯蒙第，我说得不对吗？甚至在那时候，一切就该

---

[35] 阿尔卡巴拉（Alcabala），西班牙征收的十抽一的销售税。
[36] 根据教皇乌尔班八世的命令，1630年6月10日起，阁下（Eminence）成为枢机主教的专门尊称。

落入投机商的手中。因为它不会落入农夫的手中。)

"每一种无法预见的需要,他都得动用农业的专项资金",而这笔钱他本该省着花;"他荒废了他的土地,因为他无权卖掉它们";房客们跟他一起倒霉。

还得算上懒惰或贪婪的司法部门,秘密的敌人和告密者,*tribunaux arbitraires*[专断的法庭]。

人们自我放松,尽可能找乐子。

"西班牙化的"生活这一描述实际上也适用于当时其他大多数欧洲民族。

不过意大利以自己的方式生活,没有进一步衰落。西斯蒙第是功利主义的喉舌。这个族裔没有堕落。

当然,那些日子里人们离今天对劳动力和地球的利用还有很长的路。实话说,所谓休耕的时期有其自身价值。

90. 黎塞留

(1)无论从好的方面看还是从坏的方面看,他是法国后来政治发展的大推进者。

他完全把国家等同于他个人,独抱其国家观念,他面对一个自私的世界。

他必须不断自我克制,以便采取必要措施来应对和制服这磅礴的怨愤。他在搞垮每个叛国者时感到的满足在这方面帮了他。他动手时根本不在乎道德。就他来说,如果抓到了搏命的贵族,那就更好了。

他的帝王做派变得明显,由于黎塞留堡的壮观,由于黎塞留城,由于他对一种文学的支配(这对他来说很自然),这种文学已经变得缺乏目的,他去除了它的"西班牙气"(《奇人志》[37]),并预备了它将来的统治。

说到他与王室的关系,后者对他恨之入骨,可他不能也不愿抛弃它或取代它。他只为那些很想毒死他或吊死他的人工作,亦即为某种观念工作,而或许只有这些人或他们的后代将成为该观念的载体。他远远不如亨利四世所处的位置讨人喜欢,后者是国王和战场上的司令。但黎塞留不过是所有首相中最遭嫉恨的,他得以出现在军事行动中只是因为,没有他,一切都会散架。

他不得不总是友善地对待路易十三[38]的弟弟加斯东[39],如果国王早逝,加斯东可能是王位的继承人或路易十四的摄政,他必须拿加斯东所有的"父啊,我犯了罪"之类当作随时清账,尽管他知道如果加斯东成为国王将对他做什么。他早就听任加斯东的不知羞耻和两位王后[40]的卑鄙。他不在道德愤慨上浪费精力,而是继续统治。

国王听他的只是因为,他更不相信其他人,且黎塞留给他零花钱。路易十三逐渐感觉到,西班牙和针对他的叛国罪是一回事。黎塞留始终的危险只在于,国王觉得自己被他掩盖了,并且肯定多次向黎塞留坦白过他想辞退他。

(2)让我们再次概观黎塞留不得不把法国从中拖出来的那一破

---

[37]《奇人志》(Les Grotesques),法国诗人、小说家和评论家戈蒂埃(Theophile Gautier,1811—1872)的文学评论作品。
[38] 路易十三(Louis XIII,1601—1643),法国国王(1610—1643)。
[39] 加斯东(Gaston Jean-Baptiste,1608—1660),路易十三的弟弟,奥尔良亲王,多次公开或秘密反对黎塞留,失败后又多次向黎塞留求饶。
[40] 一位是玛丽·德·美第奇(Marie de Médicis,1573—1642),她1600年嫁给亨利四世,1610年亨利四世遇刺后她成为路易十三的摄政;另一位是奥地利的安妮(Anne of Austria,1601—1666),她1615年嫁给路易十三,路易十三死后她成为路易十四的摄政。

烂不堪的局面，欧洲确实如此。

他的对手是西班牙—哈布斯堡的政策，那种政策同时也是一种思考方式，一种天主教宣传，有着自身的确定方向，而法国的廷臣和领导人日益成为西班牙的分散的附庸。

黎塞留必须由打碎法国人力量的一个单独元素开始，亦即由征服胡格诺派开始，该元素正在这些风暴间飘摇不定。他的意图是，他们今后应被体面对待，但再也不能建立一个国中之国。

从那时起，黎塞留就被标明为一个好的天主教徒，以致如今法国神职人员获准毫无保留地支持他；数个修会寻求他的庇护；耶稣会士（至少是法国的那些，因为哈布斯堡领地内的那些更多是为哈布斯堡着想，这类事情在罗马的耶稣堂[41]被视若无睹）站在他这边。乌尔班八世得以加入一个与他的联盟；他把他召到意大利，秘密参与了瑞典—法国联盟，在瓦伦斯坦[42]复出时没出钱，在古斯塔夫·阿道夫死时说了他好话。

但在国内政策中，黎塞留不得不用最恐怖的手段来捍卫法国的福祉和独立，反对那些本该是这个国家天生保护者的人。因此法国开始承受全面的压力，黎塞留成了"令人绝望的独裁者"。

但凡独立的行动仍想自我伸张，它就有害于共同体，例如高等法院，它想要辩论黎塞留的妥当决定。如果黎塞留想使法国免于纷争，他实际上只能通过采取如下态度来做到，即"我将在痛苦中死去，或我将使这个王国顺从西班牙政权"。他为他的国王弄零花钱，但他也教育他，例如在攻克拉罗谢尔[43]之后。

---

［41］耶稣堂（Gesù），耶稣会的母堂，位于罗马耶稣广场。
［42］瓦伦斯坦（Albrecht von Wallenstein，1583—1634），波希米亚贵族，三十年战争中的杰出统帅。
［43］拉罗谢尔（La Rochelle），法国西部港口城市，曾是胡格诺派的重要据点。

但凡德意志的战争继续进行,国王就必须留着他的首相,没有黎塞留,他永远找不到战争的出路。

(3)民族或国家的精神,在法兰西比在其他民族更被人格化。它并不总得是作为国王的人;例如圣女贞德就是民族精神的体现。在这一刻,通过黎塞留,我们看到了某种国家观念的体现——这个观念从此为法国和几乎整个现代欧洲所赞同——很难说当时如果没有他事情会变成什么样。

为此它夺得了一个人,此人完全违背自己的安全和舒适,执行了一种强大的意志,这一意志似乎强于他本人。

黎塞留的手段全然不顾道义。仅当他的手下从不支支吾吾,他才相信他。他手下中的典型是狡猾的约瑟夫神父[44]。到处都有他的间谍,甚至在圣宠谷[45]。他维护自己国家的利益,反对那些本该保卫它的人。但他大概不能像人们可能会相信的他的回忆录那样系统地行事。

黎塞留强化了一种普遍服从的体制。任何继承自较早时代的独立性,若自我表现就有害;这包括高等法院,它对国务一无所知。对黎塞留来说,国家目标优先于一切,不受同情或偏好的影响。无力惩处在他似乎是对公共福祉的最大犯罪。国家肯定既不会忘记也不会原谅。对政治罪行来说,单纯有罪的可能性就足矣。

黎塞留只凭其国家观念挺立着。他不断地必须在面对恶棍时克制自己;他把人打倒,一个接一个,不择手段:他抓捕搏命的贵族。他为那些很想吊死他的人工作。他不是国王,而只是一个可恨的首相。他默认了加斯东的辩解和两位女王的卑鄙。

---

[44] 约瑟夫神父(Père Joseph,1577—1638),黎塞留的助手。
[45] 圣宠谷(Val de Grâce),巴黎的一所军医院。

不像亨利四世，他没有开朗的性情。他没有赢得人心，而只靠强力压服。他不是国王，但胜似国王，换言之，他是国家观念的载体，若没有他，国家观念就会因所有那些本该成为其宣传者，但却背叛它的人的玩忽职守而消亡。

格外抬高黎塞留并使他在历史上无与伦比的是死亡危险的时刻存在。这方面他和亨利四世一样。

91. 三十年战争前德国的形势

德意志帝国是这样的一个共同体，它各部分之间的关系和影响，足以激起深仇大恨，但哪个部分都不足以轻易制伏其他部分。基本上，所有这些成分都倾向于分离并向往主权；但又都试图通过与其他部分或外国的各自联合来突出自己的意志。

整个查理五世时期都在对宗教改革的利用中度过，或最大程度地削弱皇帝和帝国，或使中央权力落入他人手中。

以我们无知的判断，民众最欢迎的按说该是谁都不管谁。然而，民众非常乐于把他们的意志强加给他人，所有派别的宗教精神都如此专心于强制，这或许难以置信。

由于对教会财产和全部教会自主权的剥夺，所有争吵都有着被激怒的性质和对权利的徒劳索求；无论在哪儿，紧挨着并高过信条问题的都是某种物质和政治问题。

还必须提到的是帕绍和奥格斯堡和平安排[46]的不足，实际上是任何可以想象的条约的不足。由于疲惫，某些争斗可以宣告停止一

---

[46] 指1552年萨克森的莫里斯与代表其长兄查理五世的斐迪南一世在帕绍（Passau）签订的和约，和1555年查理五世与施莱尔卡登同盟在奥格斯堡（Augsburg）签订的和约，这两项和约确认了天主教和新教在德意志并存的局面。

会儿,尽管如此,它们的继续将很难避免,直到它们以一方的决定性胜利或双方的筋疲力尽结束,就像这时候所发生的。抱怨对立面仍然存在是无用的。

92. 瑞典人在德国

没错,乍看起来德意志的新教似乎只因瑞典人的出现而获救了;当然,人们不得不忍受瑞典后来的所作所为,忍受它的军队,以及别的事情。(瑞典人来了,新教活下来。现在这两件事似乎是因果难分。)

不过不妨一问,是否没有这剂猛药,德意志的新教就不会获救。(任何窘迫的政权都早就习惯于寻求外国干涉,不论何种原因。)

首先,对于一种信条来说,无论它是天主教的还是新教的信条,将其拯救置于民族完整之上是可耻的。因此德意志才会出于形而上的原因被撕得粉碎。如果谁赞成这种行为,他肯定也赞成教皇让德意志诸侯去削弱帝国。

其次,没有德意志政权或宗派帮忙去召唤古斯塔夫·阿道夫;这么做的倒是外国——黎塞留及其追随者、荷兰、英国也稍微出力。但古斯塔夫·阿道夫本人有着非常强烈的愿望要把自己强加给德意志。他的到来立即吓坏了波美拉尼亚大公[47]。

好的,假如没有他,事情会是:

或者瓦伦斯坦依然掌权并一如既往地按照自己的精神号令北德

---

[47] 波美拉尼亚(Pomerania)包括今天德国和波兰北部濒临波罗的海的地区,1630年瑞典军队在此登陆,当时的波美拉尼亚大公是博古斯拉夫十四(Boguslaw XIV of Pomerania)。

意志，包括不遵守归还敕令[48]、维持均衡，甚至政变，这对他来说很有可能，因为他的军队不关心信条；或者如实际所发生的，在瓦伦斯坦离去之后，他的军队也极大缩减，亦即无力继续推行归还敕令，即便军队愿意。

最后，即便假设帝国军队和政权十分顽固，如果北德意志民众怀着更为微乎其微的指望，至少做上奥地利人所做的，亦即为他们的宗教打一场全民战争，那岂不是更好，更可取。

但人们对此尚无准备，因为宗教改革在16世纪如此轻易地成功，人们实际上像接受礼物一样接受了它。在马格德堡[49]，真正的绝望最终出现。

为此，人们现在不得不服从一个外国国王，他踏上了帝国的土地，意在夺去帝国的整个波罗的海海滨。斯堪的纳维亚贪图德意志的一份。由于荷尔斯泰因，克里斯蒂安四世[50]至少仍是一个德意志诸侯，他把自己的贪婪指向汉萨城市和教会领地，于是作为下萨克森地区的首领在德意志发动了战争。古斯塔夫·阿道夫则跟德意志没有任何关联。

这里的宗教形势如下：

如果斐迪南二世极为强硬和残酷地使全部北德意志天主教化，最远只是大致到易北河，而不打扰剩下的部分，古斯塔夫·阿道夫

---

[48] 归还敕令（Edict of Restitution），由斐迪南二世于1629年颁布，意在恢复1555年《奥格斯堡和约》规定的宗教和领地安排，该敕令将造成权力和财产由新教向天主教的大转移。

[49] 马格德堡（Magdeburg），德意志中部城市，宗教改革后信奉新教，三十年战争中该城起义，随后被帝国军队围困（1630年11月—1631年3月2日），城破之后发生了屠杀和劫掠，三万人的城市只有五千人幸存。

[50] 克里斯蒂安四世（Christian IV，1577—1648），丹麦和挪威国王（1588—1648），同时也是属于神圣罗马帝国的荷尔斯泰因地区的公爵。

就将待在家里。另外，如果某个新教皇帝，或某个对信条变得淡漠的瓦伦斯坦，已经征服或想要征服波罗的海南岸，古斯塔夫·阿道夫就将出来反对他。

瑞典人不亚于法国人，简直无法容忍看到德意志的帝国权力以任何方式重新获得力量。

93. 瓦伦斯坦的结局

他想要避免帝国为西班牙利益而卷入与法国的战争，这个主要辩护空洞和无意义，因为法国人早就在帝国之内，并且只要战争继续，法国大概无论如何都会介入。

接下来还有他过分的欲望。斐迪南二世理应袖手旁观，而瓦伦斯坦，以帝国的资源，在帝国内部建立一个大的敌对国家，他想借助均衡和宽容为他自己建立这个国家。

现在这一危机加进了偶然的发展，因为西班牙枢机主教—亲王斐迪南[51]想要带领德意志军队从米兰出发，穿越帝国，抵达尼德兰。当然，西班牙想要的不只是尼德兰，还有它被法国人多处打断的军事通道。但如果瓦伦斯坦反对它，这当然不是出于对帝国完整的抽象激情，而是因为他自己想要拥有的地区中包括帕拉丁奈[52]。他自己的意愿在此与西班牙的相抵触，后者此前，包括在1632年，曾

---

[51] 枢机主教—亲王斐迪南（Cardinal-Infante Ferdinand，1609或1610—1641），西班牙国王菲利普三世之子。1630年，他的姑姑尤金尼亚（1566—1633）让他继承西属尼德兰，他避开荷兰的海上优势，率陆军穿越帝国前往布鲁塞尔，同时沿途建立一系列据点以确保军需供应。1634年9月，他与他的堂兄，当时的匈牙利国王，后来的帝国皇帝斐迪南三世（1608—1657）会师并在诺德林根（Nördlingen）击败了瑞典军队，之后他入主西属尼德兰。
[52] 帕拉丁奈（Palatinate），德语 *Pfalz*（普法尔茨），德意志西南地区。

经帮忙抬举他。与此同时,他让联盟在南德意志的利益遭受不幸的灾难,以至比如雷根斯堡在1633年11月成了瑞典人的,而他驻扎在皇帝的领地之内而非之外。他对波西米亚的王位有昭然的、立即的图谋,靠着法国的帮助——所以他不愿对抗这个给了他那么多许诺的法国。最后,由于亲王获得支持,他威胁要"隐退",也就是说,他在他的军官中引发不安,这不可避免的是这位皇帝和这位将军争夺军队的开端。接着到来的是1634年1月12日,在皮尔森的宴会和他的部将们在宣言上的签名,剩下的就是后来的结果。

对斐迪南二世来说,事情不过是对将军们出价高过瓦伦斯坦,或至少让他们放心自己的荣誉和其他东西。两份声明中没有一点儿关于刺杀的内容,尽管第二份的确提到了一定意义上的叛国罪。另外,瓦伦斯坦的生死取决于皮克洛米尼[53]口头传达给巴特勒的命令。当第二份声明公布时,在布拉格没有一个士兵骚动,可见这么一个佣兵头目的权力原来是多么空洞。他最后与伯恩哈特[54]的密谋以及他奔往艾格,都不过是试图自救。他不再能带给瑞典人一支数目可观的人马。

如果斐迪南让他自行其是,并在此过程中丧失他所有的王冠,作为感谢,他将会收获半个世界的嘲笑。

瓦伦斯坦的遇刺非常有利于皇帝。他突然成了自己军队的主

---

[53] 皮克洛米尼(Octavio Piccolomini,1599—1656),意大利人,瓦伦斯坦的部将。瓦伦斯坦于1634年1月12日在皮尔森(Pilsen)要求部将们效忠他个人,皮克洛米尼向皇帝告发此事,皇帝遂于24日声明解除瓦伦斯坦的军权,又于2月18日在布拉格发布瓦伦斯坦犯有叛国罪的声明。瓦伦斯坦于23日率数百人奔往艾格(Eger),想投奔伯恩哈特的瑞典军队,但于25日夜在此地被巴特勒(Butler)等人刺杀。
[54] 伯恩哈特(Bernhard of Saxe-Weimar,1604—1639),魏玛公爵。古斯塔夫死后,他与霍恩元帅(Gustav Horn,1592—1657)共同指挥瑞典军队。

人,这支军队现在是一支帝国军队,将来依然是。此外斐迪南也解除了瓦伦斯坦带来的财政负担,他在一次和平之后都几乎不曾遇到这种事。将领们怀着他们对瓦伦斯坦财产或更多东西的期待,被给予了背叛斐迪南或瓦伦斯坦的选择权,他们会因更多的安全和更少的良心折磨而背叛后者。没有一个外国内阁谴责斐迪南做得歹毒,或为瓦伦斯坦辩护叛国的指控。

除席勒[55]外,对瓦伦斯坦的好感还源自弗里德里西·弗尔斯特[56]吗?(后来补充:不,除了对斐迪南的憎恨,还有个一般原因。瓦伦斯坦,像1631年的马格德堡一样,已经成了新教派别游戏中的王牌。)

为什么在1633年秋,萨克森选侯和勃兰登堡选侯不愿听他的?是不是因为他们已经知道太多,并且因为说到底,斐迪南二世比这个瓦伦斯坦更合乎他们心意?

94. 大选侯[57]

他是弗里德里西大王的曾祖父和威廉皇帝的六世祖。普鲁士强权后来的成长眩惑了我们对其开端的评价。

他的主要性格,或许跟他的曾孙弗里德里西大王相似,是他的铁石心肠,统治者特有的性格,由大众民主选出来的内阁或议会的多数所做出的决定无法取而代之。

---

[55] 席勒写有历史剧《瓦伦斯坦》。
[56] 弗里德里西·弗尔斯特(Friedrich Förster,1791—1868),德意志历史学家和诗人,写有《瓦伦斯坦传》(1834)。
[57] 大选侯,即弗里德里西·威廉(Frederick William,1620—1688),勃兰登堡选侯(1640—1688)。他依靠军队和纵横捭阖的外交,恢复了被三十年战争削弱的霍亨索伦家族的势力。

95. 第一次革命之前的英格兰

王权无论如何不像它在法国那样是民族的唯一支撑。岛国位置对它更加重要。统一从未像在法国那样，由于一些地区作为单独的封地传承给王室的各个分支而被扰乱。所以即便是金雀花王朝内非常严重的敌对也无法把王国分裂。没有血亲亲王，没有拥有世俗产业、统治单独地区的次一级朝廷，更别说任何惯于与外国密谋的朝廷。当然，不时会有与外国的联盟。金雀花王朝和都铎王朝已经绝嗣，斯图亚特一脉几乎殆尽。没有血亲亲王，当然也没有暴乱的血亲亲王。

较之法国的三级会议，国会有定期召开的优点，它很长时间未被打断，它还有两院协调的优点，因为两院清楚它们共有的利益。领主们不会宣称平民不值一顾，像法国贵族在1614年的三级会议上对第三等级所做的。反倒是下院关于其理应被抬高的理论超出了上院的控制。英格兰国会的优点还包括一种古老的、根深蒂固的传统和民众头脑中的观念，按照这一观念，王权和民众处于一种相互的契约关系中。

英格兰未曾由于个别君主的力量而统一和获救，像在法国反复发生的那样。除了在伊丽莎白时代的一个短暂时期，它未曾被迫代表整个欧洲挺身而出地反对哈布斯堡王朝；因而它无须内在地适应总是暴烈的局面。中等阶级的发展较之它在法国的发展早得多，尽管文化上差些；它接纳了新教。

清教精神，怀着它唯一真正正当的抗议，即反对王室的至尊，乃是一种向前、向上施压的精神，它的结果势必是共和制。即便王权举措非常得当，出于它对自身重要性的高估，它也会敢于索要控制权。它丝毫不能忍受看到或宽容它周围的任何异己之物。它称所有这些东西为偶像崇拜并催促它们的毁灭。更有甚者是因属于"选民"而可怕的自大。正是这一派,而非国教徒—王党分子和阿米尼乌斯派,造成了天主教在英国的垮台,国王们很自然地被迫保护它。这不难预见,不过,王室对天主教徒的保护后来成为颠覆王权的主要撬棍。这一党派并非一个精明的统治者能够像对待一种"可用力量"一样对待的元素。王权不合它的口味,因为它并非出自王权。罗拉德派甚至说过 *populares*〔平民〕可以 *corrigere*〔纠正〕疏于职责的国王。

这一党派的真正核心和主要动力是独立派精神,它后来以一些有力的举动丢弃了它先前的装扮(长老派等等)。

都铎王朝下的国会忍受了一切,原本的国会传统被斩断了。但现在它不仅复苏,而且发出新的生长。想到1621年的那些决定。

国会的方式从未被遗忘,因为它在较小的范围存活着(诸如郡和市的管理);增添了的是新教元素,它现在提供意志和力量。

96. 英格兰王室及其工作

在第一个斯图亚特统治者治下,国会体制再次抬头并寻求在王权领域之内尽可能远地建立其界标。但它能够这么做,只是因为它使自己联合了,很大程度上甚至是认同于一种宗教—道德的人生观,这种观点早就变得强大,且在那时已经逐渐变成一支宗派;那就是清教。但王权必须代表整个民族,并对所有人提供同等保护,包括天主教徒,他们在英格兰不再是个威胁,只在爱尔兰作为一个极端多数存在着;但在英国,清教对偶像崇拜的吼叫声音最响。此外,王权必须保护从伊丽莎白及其《济贫法》(涉及穷人和乞丐的立法)下依然留存下来的些许民众享乐,以及戏剧(莎士比亚,

1616年去世；马辛杰[58]、博蒙特[59]、本·琼森[60]的时期）和——总的来说——所有高级的世俗文化，包括弗朗西斯·培根的思想世界（1621年被贬，1626年去世）。

清教从根本上只想容忍它自身和源自它的东西。其余一切都是"偶像崇拜"。但王权并不源自它，所以清教多少有意识地通过诉讼来谋求颠覆。

后来英格兰人的历史思考当然并不仅仅关心权利，而是问："你能统治英国吗？"回答是："能，当然能，还有苏格兰和爱尔兰。"他们以选民和觉醒者的十足自大来尝试，直到1644年左右，他们开始意识到船舵实际上已经被他们当中一个非常暴烈的派别和这个派别中的一个强人所掌握。

关键时刻于1625年到来，当时议会否决了之前什么都没做过的新国王的吨税和磅税，即无论何种政府的财源。

这成了议会党派的教条，即任何议会曾经从王权中榨出来的一切都必须成为这个国家的永久法律。

97. 克伦威尔

（1）没有克伦威尔，1645年之后的事情将会怎样？当然，长老派和要求和平的各阶层民众将寻求与查理一世[61]议和。然而问题是，他们是否有机会这么做（若无独立派，别人就不会夺取权力

---

[58] 马辛杰（Philip Massinger, 1583—1640），英国剧作家。
[59] 博蒙特（Francis Beaumont, 1584—1616），英国诗人和剧作家。
[60] 本·琼森（Ben Jonson, 1572—1637），英国诗人、剧作家和评论家。
[61] 查理一世（Charles Ⅰ, 1600—1649），英格兰、苏格兰和爱尔兰国王（1625—1649）。他与国会的斗争导致了内战，查理被击败，并于1649年以叛国罪被处决。

吗？），因为随着"善良民众"的疲敝，同样是通过这些善良民众获得了发言权的革命者、"雅各宾派"，他们将夺取控制权。由于克伦威尔代表他们，同时又控制他们，他终究是一个 *sauveur*［救星］。

（2）在1648年，克伦威尔成了对付无政府状态的救星，当然，若无他的举动，这种状态本不会变得危险。（？我又有了我的疑虑；随着长老会的疲敝，如果克伦威尔和军队不在那里，一种毁灭性的激进主义将获得机会。）他立即用军刀使平等派清醒过来，很快又通过他的狂热者把多嘴的长老派吓倒在地。

（3）为什么克伦威尔只和独立派如此合得来？

这类无法无天的人最少给他添麻烦。它们这类团体像开水锅里的水泡一样升起又消失。他以那种方式除掉了以前全部的革命人员，那些清教的和长老派的名人，他们曾经以为没他们就不行。

只在独立派中，他找到了他可以欺骗的狂热者和他可以利用的恶棍的混合。只有对于独立派，他能够也是宗教领袖；只在这里他能够随时诉诸神启，并为他在战役或其他重大时刻之前的布道挑拣他自己的文本。独立派对其他所有民众和军队极为傲慢。当然，这不可能永远继续，克伦威尔下一步的工作必须是从独立派军队中弄出一支忠诚于他个人的军队。

（4）把他想成伟大、神秘和奇特的人物是英格兰的迫切需要，因为一旦真正的克伦威尔被识破，那就太丢人了。实际此人纵容其他英国党派的政治自由姿态和教义方面瞬息万变的差别纷争，此人用他的军队把英国革命收入囊中。于是他们把他塑造成不仅是最有天赋的英国人之一（他的确是），而且是第一流的天才和民族英雄。

有些人是天生的统治者，他就是一个。但有个很好的问题是，产生了这么一个人的民族是否就该得意忘形。他的权威由两种元素构成，他的伟大和绝大多数服从他的人的低贱。

克伦威尔的现代评论者可分类如下：有些人相信如果他们把这整个人抬举到高不可测，他们就最能服务于英国人的意图，甚至是这个民族；于是对他们来说很容易像学究一样避免提到或强调"个人缺点"。一旦这种观点大行其道，且通过出版或其他媒介掌握大量一知半解或无知的人，民众就陷入盲目的庆祝，像对待维克多·雨果[62]的尸身。

有些人把克伦威尔看作是个基本上虔诚的人，尽管罹受一些重大的弱点，总的来说是个信教的，或至少是虔信的上帝之工具。

有些人在某些时刻清楚地识破他是伪善者和篡位者，并总体上厌恶他。他们视他为彻彻底底的伪君子。但既然他们并不否认他非常的才能和实际的权威，在他们的评估中当时的英吉利民族肯定显得更加愚蠢和怯懦。

还有些人以类似解释穆罕默德的方式解释他：从一个较早的，多少迷狂的时期和习惯了的崇拜中，一种一般风尚遗留下来。在那个时期中，统治者的行当高度发展了全部所需的专门禀赋，首要地是一种明晰的心智，这种心智必然和不可避免地反对虔诚的狭隘。在不断成功的过程中，一种第二位的虔信和真诚便发展起来，即相信在其他人的脑袋上来上最恐怖的一击是被允许的。恺撒无须向他的士兵布道，尽管他起码是 *Pontifex Maximus*［大祭司］。

但说到底克伦威尔在这方面的确可怕：他摧毁了挡他道的或有朝一日会挡他道的人，从查理一世到德罗赫达和韦克斯福德的爱尔

---

[62] 雨果（Victor Hugo，1802—1885），法国浪漫主义作家。1870年他结束流亡回到巴黎时，市民夹道欢迎；1881年他79岁寿辰时，巴黎举行盛大游行；1885年他逝世时举国哀悼。

兰人[63]。

（5）我们评价克伦威尔时的困难在于：尽管在理论上我们对强权政治家（克伦威尔是其中之一）有着很高的评价，实际上他们常常在我们看来有不足。因为我们并不关切他们必须加以考虑的许多个别的权力元素和抵制元素，而是听任我们的摇椅政治家们那些由想象和浮躁构成的观点。

克伦威尔，首要地是想去统治且必须去统治，他试图以极为多样的方式使这个民族明白这一点。

他真正的弱点是，一切成败都势必基于他个人，他从未能严肃地考虑由他的家属来继承他。他意识到所有那些等着他死的人，遇刺身亡随时可能发生。在这么一种心境中，他继续强有力地，且常常是庄严地统治国内外。他治下的英吉利国家较之此前和此后很长一段时间都更为强大。

当时民众头脑中最强烈的观念之一是，正当的税收只能由一个议会投票通过。

但克伦威尔的基础仍是他的军队，无论什么和平时期，他似乎都维持着满员的力量。在这支军队和任何一种议会之间都势必会有对抗。

如果他活得更长，他有可能被迫把这支军队用于对外战争，或许以一种新教—独立派十字军的精神。因为解散它或在英国养一支无所事事的军队都同样危险。他们有可能出来反对"偶像崇拜者"，亦即走向战争，犯下劫掠和各种针对天主教民众的暴行。克伦威尔涉及教皇的威胁多多少少透露了这种想法。

---

[63] 克伦威尔征服爱尔兰期间曾在德罗赫达（Drogheda）和韦克斯福德（Wexford）进行抢劫屠杀。

难以确定的是，作为有着民事权力的护国主，克伦威尔会亲自发动这些战争，还是会把它们交给海陆军将领。对于还在英格兰的天主教徒，他是且始终是残酷的，他对他们一个都不宽恕。他这个政权，当然很多年都对无数人的信念特别是品味施以日常的和要命的凌辱，但在这个政权之下，民众可以过活且忙忙碌碌。

98. 投石党和法国贵族

在中世纪之后的法国，血亲亲王、显贵，以及其他所有贵族都不能形成一种真正的贵族政治。

王权早就达成事实上的绝对主义（与英格兰的斗争使法国王室成为一个战争型的王室），它或者强大到足以约束每一个人或使他们安分守己，或者它衰弱，于是一切都碎裂为自私的派别。对于王权绝对主义的一种永久的、合法的制衡，从来没有体现为有组织的体制。王权屡经骚乱而愈益显赫，所有人重又围拢在它周围。

投石党运动值得注意，它是最后的明确时机，让贵族们来表明自己能够形成一种真正政治上的贵族制，这种贵族制有可能成为一个维护合法自由的持久力量，一个法国生活中的实在机构。独立性在法国从未表现为法律，而是表现为某个等级的特权和特定个人的特权。

然而，每个个人只想着造成或保留自己的"重要性"，而非作为一个群体的真正政治影响。投石党与巴黎高等法院，以及尤其与民众的关系是冷酷或粗鲁的。在明智的领导之下，这整个运动本可利用毫无疑问正从英国革命吹来的好风。

99. 投石党和巴黎高等法院

公共事务的任何法定形式在那段时间都难以想象。在无情的大贵族和危险的城市暴民之间，维持着像巴黎高等法院这样一个权力机构的高度可疑的合法性。即便它与外省所有的法院联合，即便 noblesse de robe［穿袍贵族］在全法国都品行端正平和，它也只是一个阶层，其他所有阶层会共谋反对它。而且它也是一个奇怪的统治阶层，通过购买和继承来占据官职。

关键时刻是1649年1月，当时高等法院召集了大贵族，他们毕竟太有名了！由于这些 seigneurs［大贵族］，针对法兰西国家的老的西班牙阴谋势必有机可乘。

从那一刻起，整个法院体系连同全部民众救济的问题都不过是权势人物争斗的附属物，够怪的，"民众"也感兴趣，或赞成或反对。例如无论孔代[64]在投石党的各个阶段如何大声表达他对高等法院和巴黎市民的率直蔑视，民众和高等法院还是帮忙要求释放他。

尽管在17世纪40年代，仅仅对高等法院的法官们加以威胁就造成了一些大暴动，但后来任何暴力行为都能不受惩罚地发生。尤其在1651年，只是为了 seigneurs［大贵族］的好处，高等法院被怂恿做出一些非常极端和愚蠢的决定[65]。它坚持加入要求马扎然离开这个国家的喧嚣中。

---

[64] 孔代（Louis Ⅱ de Bourbon，Prince de Condé，1621—1686），法国名将，在三十年战争中崭露头角，1649年镇压投石党，1650年因触犯马扎然而被捕，获释后他以西班牙为根据地造反，直到1658年被击败，1659年得到宽恕后，他成为路易十四的将领，屡立战功。
[65] 指释放孔代，驱逐马扎然。

孔代盲目地表露出他对马扎然的傲慢和蔑视，以致无论何种依然残留在法国人中的尊王主义都逐渐不得不反对他。

当时有人这样描述法国人的尊王主义［希奥布·卢多尔夫[66]的《世界展台》(Schaubühne der Welt)，法兰克福，1713年，3卷，395页］："应该赞扬法国人，因为无论他们的国王对他们是好是坏，行事公正或不义，他们仍忠于他并且总是赞扬他。"

一件非常卑鄙的事情是孔代在1652年春与路易十四的叔父加斯东的最后联合，加斯东带来了洛林公爵[67]。

在圣安东尼区的事件中，加斯东的女儿蒙庞西埃公主[68]帮忙救了孔代，通过"授予"这两个谋反者（他们现在公开联合西班牙）两项国家的最高权力[69]，高等法院永远毁了自己——这都当着已经成年的国王的面。所有这些做法都只是出于对"马扎然"这个外国人、这个勒索者、这个专制者的愤恨，他们没有停下来想清楚，对于任何最高国家权力的占有者来说，他们做得再好不过了。

如今到来的是一个运动扑朔迷离阶段常常发生的事情：爱好和平的元素获得了力量。

后来，在1653年2月，当孔代在逃，王叔加斯东被从宽发落，雷斯[70]入狱时，马扎然得以搬回巴黎，并执行一种十足的专制，再

---

[66] 希奥布·卢多尔夫（Hiob Ludolf，1624—1704），德意志学者，埃塞俄比亚历史和语言研究的开创者。

[67] 指洛林公爵查理四世（Charles Ⅳ, Duke of Lorraine, 1604—1675），他1624年继承洛林公国，但由于反法政策数次被法国强迫退位。他支持加斯东。

[68] 蒙庞西埃公主（Duchesse de Montpensier, 1627—1693），加斯东的女儿。1652年7月，王家军队与孔代军队在巴黎城外圣安东尼区交战，她命人为孔代的败兵打开城门，并命人用巴士底狱的大炮轰击王军。

[69] 指高等法院于1652年7月20日宣布奥尔良公爵加斯东为代理国王，孔代亲王为大元帅。

[70] 雷斯（Cardinal de Retz, 1613—1679），投石党之乱的首要煽动者，1652年入狱。

也无需对 *seigneurs*［大贵族］低声下气。

100. 马扎然

（1）黎塞留这里有一个成年的和至少在后来完全顺从的国王，在他的恐怖之后，统治对于一个五岁孩子的女摄政和一位首相来说是困难的，无论他是谁。起初奥地利的安妮［71］受各方面的逼迫，拒绝了马扎然并试图代之以博韦主教［72］。她的底子是对她家乡的一种盲目偏爱，在1637年她还进行了一场危险的通信。不过，黎塞留通过将马扎然用于最困难和秘密的事务，事实上把此人遗赠给了朝廷。正如人们没有黎塞留就不知道如何进行，现在他们也离不了马扎然。

（2）这句话揭示了他个性的主要特征："我不是自己话语的奴隶"；这也适用于那时其他所有活跃的当事人。无论事态如何：在投石党之乱中，马扎然是法兰西国家力量和独立（不受西班牙控制）的担纲者。他像18世纪的俄国大臣们一样，不可能被国外的贿赂触动，只因他已经知道如何使法国完全听命于他。对于法国人，他有那种深深的、有时几乎不加掩饰的蔑视，这使他在和每个人打交道时只关心其要价，并且征集讽刺文章以便高价出售。的确，他的对手表面上不能被收买——但只在涉及野心和虚荣时。马扎然的任务就是发现某个人可被收买的那个时机。对于那些他想用的人，除他们的要价外，他还关心他们的幸福，他们的运气——例如，他

---

［71］ 奥地利的安妮（Anne of Austria，1601—1666），西班牙国王菲利普三世之女，1615年嫁给法国国王路易十三，路易十三死后她成为摄政（1643—1651）。她与她的弟弟、西班牙国王菲利普四世曾有秘密通信，信中表达了反法情绪，几近叛国罪，这使她在1637年险些被休弃。

［72］ 指坡提埃（Augustin Potier），1617—1650年间任博韦主教（Bishop of Beauvais）。

询问一个将军的情况:"他幸福吗?"

101. 1650年左右的生活风尚和艺术

拉丁民族和天主教徒情感充沛。荷兰人是现实主义者和布尔乔亚。英格兰在这一时期不算数,德意志暂时只能从三十年战争中抢救其学术。

情感充沛的各民族:他们的生活风尚仍追随着西班牙样式,德意志上层天主教圈子,乃至皇帝宫廷也是如此。

艺术和文学由天主教会,由古老的罗马文化(还没有一种关于希腊的想法)塑造;文学也部分地受到西班牙文学的影响,它被广泛译介(高乃依[73]的《熙德》)。

三种艺术的巴洛克风格[74],在建筑和雕塑上源自米开朗琪罗,绘画方面大多源自柯列乔和提香,经过了卡拉齐家族[75]。多大程度上它是写实的?它的主要目标是强烈、恢宏的效果。这是贝尼尼[76]和彼埃尔·德·柯尔托纳[77]的时代,是鲁本斯[78]、凡·代克[79],以

---

[73] 高乃依(Pierre Corneille, 1606—1684),法国剧作家,1637年发表名作《熙德》。
[74] 巴洛克风格(Baroque style),盛行于17世纪,它打破了文艺复兴时期的严肃、含蓄和均衡,崇尚豪华气派,注重强烈情感的表现。
[75] 卡拉齐家族(Carracci family),意大利博洛尼亚的画家家族,包括阿戈斯蒂诺(Agostino, 1557—1602)、阿尼巴尔(Annibale, 1560—1609)和鲁多维克(Lodovico, 1555—1619),16世纪80年代他们在博洛尼亚创办绘画学校。他们的作品和影响是巴洛克风格的先声。
[76] 贝尼尼(Bernini, 1598—1680),意大利雕塑家、画家和建筑家。
[77] 柯尔托纳(Pietro da Cortona, 1596—1669),意大利画家和建筑家。
[78] 鲁本斯(Peter Paul Rubens, 1577—1640),佛兰德斯画家,巴洛克绘画的最伟大代表。
[79] 凡·代克(Sir Anthony Van Dyck, 1599—1641),佛兰德斯画家,曾学习鲁本斯,长于肖像画。

及他们的画派的时代,是委拉斯贵支[80]和穆里罗[81]的时代。这种艺术中有生命和色彩,对主体最深入的层面关注较少。

至于不那么激动的情绪,我们将提到哀挽题材、田园画和风景画,然后是不太写实的风俗画。这方面也有诸如笨笨画派[82]。

抒情诗是英雄—田园的和抒情—挽歌的。意大利和西班牙有着做作的抒情诗。这两种诗歌形式的代表是马里诺[83]的《阿多尼》,塔索的继承者们,以及夏普兰[84]。此外还有书信文学和讽刺作品。至于戏剧,在法国它是英雄剧或喜剧,在意大利则只是喜剧或是不存在,在西班牙依次是神剧、英雄悲剧、情节剧、喜剧。

最后,歌剧在意大利开始了,并被移植到所有宫廷;这是一般现代音乐面貌的开端。

现实主义的和布尔乔亚的各民族:他们也通过知识和情感来表达自己,在这方面他们受惠于古代和拉丁各民族。但与此同时还流行着风俗画中的荷兰写实主义,以及风景画中的哀婉反映。

此外,一种对神圣元素的崇敬体现在圣经画的形式中,这种绘画当然出自伦勃朗[85]及其画派之手。

弥尔顿[86]的《失乐园》代表了在自由发挥《圣经》素材方面的

---

[80] 委拉斯贵支(Diego Velázquez,1599—1660),西班牙画家。
[81] 穆里罗(Bartolomé Esteban Murillo,1618—1682),西班牙画家。
[82] 笨笨画派(Bambocciads),其创始人是长期居住在罗马的荷兰画家勒尔(Pieter van Laer,约1592—1642),他因身体残疾而被称为"小笨孩"(Il Bamboccio),许多在罗马的北欧画家受到了勒尔的影响,他们以诙谐笔调描绘下层生活。笨笨画派还影响了荷兰风俗画创作。
[83] 马里诺(Giambattista Marino,1569—1625),意大利诗人,代表作是耗时20年完成的《阿多尼》,讲述女神维纳斯与少年阿多尼的爱情故事。
[84] 夏普兰(Jean Chapelain,1595—1674),法国批评家和诗人。
[85] 伦勃朗(Rembrandt Harmenszoon van Rijn,1606—1669),荷兰画家。
[86] 弥尔顿(John Milton,1608—1674),英国诗人和学者,1667年出版了史诗《失乐园》。

最高水平。

102. 查理十世·古斯塔夫[87]治下的瑞典

Vivitur ex raptu［民众靠偷抢为生］。一个被巨大成功弄得野蛮化的民族，它内在的不安呼应了一个出自新的家族的国王，他早就作为一个大胆的将军闻名于这个民族，现在他获得了不受限制的财权。就查理·古斯塔夫这种人来说，一个纯粹本土政权是难以想象的。再者，瑞典对其境外领地的虚假霸权最好能通过*fataliter*［破坏］，通过征服更远的境外领地来维持。由于强加的和平条约，所有瑞典的邻居都认为自己处于一种不公平的不利地位。瑞典觉得让它的邻居经常闻到硝烟将会非常管用。

这些邻居中，除瑞典人之外的斯堪的纳维亚人，亦即丹麦人和挪威人，实际上最被憎恨。如果他们在三十年战争之初就能与瑞典人联合起来，或许德意志相当大的一部分将变成他们永久的战利品。

"北方的皮洛士"在大胆方面，在一种似乎冒险的快速行动方面跟他的人很合拍。此外，他显得不是个酒鬼，倒是常常能胜任外交职责。例如在关键时刻他能够唱一首路德宗的歌曲。但在餐桌前，他吃大量黄油，他常常为所有戴绿帽子的男人干第一杯，这或许使他与他的周围气氛合拍。

---

[87] 查理十世·古斯塔夫（Charles X Gustavus, 1622—1660），古斯塔夫·阿道夫的侄子，接受阿道夫之女克里斯蒂娜（Christina）的让位而成为瑞典国王（1654—1660）。他曾参加瑞典在德意志的战争和对丹麦的战争，继位后发动了第一次北方战争（1655—1660），先后打败波兰和丹麦，使瑞典霸权达到鼎盛。

103. 无限王权的时代

教会争论的时代笃定到头了，但一些表象仍给人以错觉，鉴于不宽容还在继续，且还有个别著名的改宗者。

似乎在不同的信条中，宗教思想都再也不能主宰世界。一种完全世俗的内阁政策不仅取代了精神动机，而且除英格兰外，压倒了各种世俗—宪政的阶级力量。贵族再也没什么政治效果，且到处都只追求特权和排场。

罗马也再次世俗化了，这无关紧要。自亚历山大七世[88]以来，教皇就缺乏任何全欧分量；他们并不比教会地位所能赋予的更具重要性。即使是对《威斯特伐里亚和约》[89]，罗马也只有微弱的抵制。耶稣会士现在只专注于财富和权力，并且倾向于支持他们所在的各个国家，这也无关紧要。即便事态不同，在新教这边和在天主教这边一样，内阁专制和素丹主义都将获胜，并将利用艺术、辉煌景象及每一种高级的生活形式。（不幸的是，这没有制止个别国家的不宽容举动，也没有制止认为信仰一致在政治上便利的态度。这是负面的宗教成分，它基本上存在于对他人的仇恨中。）

鉴于这一绝对主义的事态，某个国家的居先是不可避免的，符合专制主义除国内权力外还要求国外权力的内在必然性。

正如西班牙先前的确争取过这一地位，法国现在也得这么做，相对而言，该国那时比它今天要远为强大，它有空前强大的军队，

---

[88] 亚历山大七世（Alexander Ⅶ，1599—1667），教皇（1655—1667）。在他任教廷的科隆大使期间（1639—1651）曾受邀参加《威斯特伐里亚和约》的协商，但他拒绝与异端协商。

[89] 威斯特伐里亚和约（Peace of Westphalia），1644—1648年间在威斯特伐里亚城镇蒙斯特（Münster）和奥斯那布吕克（Osnabrück）协商签订的和约，该和约结束了三十年战争。

保守估计是12万人。就欧洲政治而言，俄罗斯和北美还不存在，勃兰登堡仍然不比萨克森更强。奥地利（很长时间英格兰也一样）已经通过贿赂其群臣而被收买了，西班牙奄奄一息。

国内，亲王、神职人员、贵族和高等法院，已经不再能够代表国家，中等阶级，更别说群众，还不能代表国家。任何指向诸如群体行动、专门特权、政治组织的企图，已经在无情的君主面前统统落败。所以路易说，"朕即国家"。

信条无关紧要。除了英格兰，新教统治者变得像天主教统治者一样专制，在信条问题上他们同样十分不宽容。对于天主教统治者的伪誓授权和其他成问题的事情，他们也有自己的替代品。

新教方面的贵族（瑞典等地）榨干了民众，像他们的天主教同行一样，甚至更无情。

104. 路易十四

他忙于权力和财富的扩展，只为保持它们，但后来这成了公认的个人嗜好。拥有支配全法国资源的可怕权力，路易必然走到谋求普遍君主制这一步。

表明路易性格的是他在后期，在1688年所说的话，评价巴伐利亚的马克西米利安·伊曼努尔[90]。他说这位选侯应该利用好命运给他的机会来扩张，"这是君主最有价值和最美好的目标"。

---

[90] 马克西米利安·伊曼努尔（Maximilian Ⅱ Emanuel，1662—1726），巴伐利亚选侯，1688年他率军从土耳其人手中夺得贝尔格莱德，确立了自己的声望。

105. 路易十四作为教会首脑

（这顺便也是南特敕令之撤销的导论。）这个时期里有一些清楚的现象，天主教的主要冲动不再出自教皇，甚至不时针对教皇。这些冲动现在倒是出自扩张并谋求权力的遍布世界的耶稣会，此外是出自法国国王。主导他的是对领土权力的迷狂，他再也容不下任何差异，冥顽不灵地想踩着别人做忏悔，且更加盲目和狂热地出击，因为与此同时教皇正受到损害，土耳其人和匈牙利人被用来反对奥地利—德意志。

在法国等地的天主教中，更精致和更知性的思潮谋求维持自身并传播，够艰难的，所处的现实是对权力的冷酷贪求，不良的忏悔道德，以及于1675年之后显示在"圣心"崇拜[91]中的耶稣会那较为粗俗的虔诚；典型例子是冉森主义[92]，它从黎塞留时期起就不断遭到迫害，然后是神秘主义、寂静主义，莫利诺[93]所践行的那种。

王权有法国的耶稣会士完全站在它这边，莫利诺一案，英诺森

---

[91] 据称在1675年圣体节八日庆期期间，耶稣向修女玛加利达显现，吩咐她推动对圣心的崇拜，要人们在圣体节八日庆期之后的星期五设立圣心节。耶稣会积极普及这一节日。
[92] 冉森主义（Jansenism），因佛兰德斯神学家冉森（Cornelis Jansen，1585—1638）得名的天主教会革新运动。冉森死后出版的著作《奥古斯丁》（1640）以及他的朋友在法国有很大影响，形成了宗派，该派批评耶稣会的道德，尽管在耶稣会和法国王权推动下，教皇多次谴责和否决冉森主义，但冉森主义不但存活下来且最终促成了耶稣会的解散。
[93] 莫利诺（Miguel de Molinos，1628或1640—1696或1697），西班牙教士，寂静主义发起人。他于1670年左右定居罗马，与教皇英诺森十一交好。1675年他出版《精神指南》，主张灵魂无为沉静、人完全抑制自身以便上帝充分施展作为。1681年起，他的观点开始遭到耶稣会士的攻击。路易十四因与英诺森十一交恶，乐于在教皇的好友中发现异端，1685年，在法国驻罗马大使兼枢机主教的提议下，莫利诺被捕，1687年被宗教裁判所判处终身监禁，后死于狱中。

十一[94]在宗教裁判所前不得不服从于一个听证会。一场与教皇关于王室特权的争吵也出现了，王室特权被强化到了1682年的高卢四款[95]这一表述。后来在1687—1689年间，又增加了与英诺森十一关于外交豁免权的争吵。

但伴随这一切，决定性的现实是对胡格诺派的新一轮迫害和南特敕令的撤销。以此为价码，神职人员才支持国王反对教皇。

以耶稣会为其形式的反宗教改革的教会对教义和教士团问题比早先的教会敏感得多，早先的教会可能会容忍或忽略像冉森主义这样的运动。

若非法国的耶稣会士，教皇本会让冉森主义和寂静主义悄然通过。然而关于原罪和神恩概念的任何深入的观点都让耶稣会士感到危险。

甚至早先教会极大程度上宽容，或者还援为己用的寂静主义，也很快变得可疑。

一旦国家权力对教会足够顺从，且足够强大和无耻到能够这么做，胡格诺派就被摧毁了。

---

[94] 英诺森十一（Innocent XI，1611—1689），教皇（1676—1689）。他的当选遭到路易十四反对，此后两人争吵不断。1673年，路易十四下令收回国内的主教授职权，受教皇支持的个别主教予以抵制，这导致路易十四召集的教士会议公布高卢四款，教皇则至死对国王授职的主教不予承认。1685年，教皇说服各国放弃其驻罗马大使的免税权和庇护权，唯有路易十四不予让步，1687年，法国大使率一支军队进入他在罗马的官邸并设岗布哨，维护特权，教皇则将法国大使革出教会。

[95] 高卢四款（Gallican Articles），1682年由路易十四召集的教士会议所公布的四项决议：（1）上帝并未命令国王和主权者在世俗事务方面服从任何教会的管辖；（2）法国教会赞同康斯坦茨宗教会议（Council of Constance）宣布的宗教会议在信仰方面高于教皇；（3）教皇必须尊重法兰西王国和法国教会公认的教规、教例、教仪；（4）教皇在宗教信仰方面的决定，只有在教会接受之后，方为有效。

对于这一切，法国是合适的土壤，因为它是有活力的地方。耶稣会和它的朋友、国家，仍找得到人去战斗。路易十四接过了一个充满顽固头脑的法国。刚开始时，很多人仍怀有投石党的精神。人们没有立即认识到，想要在这位国王治下与众不同，代价有多大。

行文至此需要提到路易对法国神职人员的鄙视。《诵经台》的调子尤其清楚地反映了这一点。如果这位国王不曾喜欢，布瓦洛[96]不敢这么嘲讽。

106. 法国的整齐划一精神和胡格诺派

君主政体中法国的整齐划一精神和法国耶稣会对任何风吹草动的不安，导致了对冉森派的最早的迫害，该派当然原本可以被忽略，还有对寂静主义的迫害，到了藐视英诺森十一的地步。耶稣会士仅在"圣心"的形式中有他们专利的神秘主义。

这一法国的整齐划一精神和耶稣会活动逐渐很自觉地将立场设定为反对大的、普世的天主教会。趁着关于王室特权的争论，又具体化为高卢四款；更有甚者是在法国驻教廷使馆人员庇护权一事上路易下令犯下的粗暴行为[97]，以及占有阿维农[98]。与此形成对照，

---

[96] 布瓦洛（Nicolas Boileau-Despréaux，1636—1711），法国诗人和批评家。他于1674年发表的《诵经台》一诗讲述了一家修道院的两个修士因争论一个诵经台的安放位置而大打出手的事。

[97] 因各国驻罗马大使享有的免税权和庇护权严重影响到罗马的经济和治安，教皇英诺森十一说服许多国家同意放弃这些权利，但路易十四反而让他的大使于1687年11月率领总数为1000人的军人和仆役开入罗马，坚持其特权。

[98] 因在科隆主教职位的争夺中，德意志皇帝和教皇联手排挤了路易十四倾向的人选，作为报复，路易十四于1688年10月夺取了教皇领地阿维农。

后来在西班牙继承战争前夕出现了路易的让步，高卢四款的书面撤销，最后还有教皇的"独生子"通谕。

胡格诺派是这种整齐划一精神和耶稣会活动的主要受害者。任何条件下，一位明智的国王都会宽恕这些有用和忠实的臣民，任由神职人员去吼叫，闲散的等级去唠叨。

如果说法国王权曾经千方百计想要变得强大有力，只要它是全欧唯一给出两种信条平等这一榜样的王权，它本可成为世上最显赫的。路易十四本可仅仅通过遵守南特敕令而提供这么一个榜样。

107. 西班牙继承战争之前的路易十四

［1869年暑假之后插入］一旦国内形势允许，贪多和"得寸进尺"就支配了强权的所有境况。它攻击政权不稳的小块毗邻地区，并且可能坚称吞并是为了它们自己好。那些日子里人们要求世袭权利、求偿的权利等等。还有这么一种借口：如果我们不做，别人也会做。某人创造了一个机会，于是说他必须加以利用。由此看来一切现实权力都是恶的。

不过，路易十四在国内国外，在理论（他的傲慢）和实践（他的亵渎）上，向前冒进得已经远得惊人。违背他权力观念的一切都被粉碎。他发现没有法律约束自己。对内是压榨、拘禁和最恶劣的宗教迫害；对外，再空洞的借口也能发动征服战争。

在《内伊梅根和约》[99]中，路易已经为自己确保了弗朗什—孔

---

［99］《内伊梅根和约》(Peace of Nimwegen)，1678年8月—1679年12月，法国及其盟友瑞典与荷兰及其盟友在荷兰城市内伊梅根签署的一系列和约，荷兰战争至此结束。

代、比利时的南部边界,以及实际上几乎整个阿尔萨斯;法国国内不许发出任何声音反对王室的宗教观念,那同时也是王室的权力观念。

但事情如何才能继续如此?荷兰以光彩的形象从这场战争中显现,所以路易此战在他的主要目标上早就失败了。此外他开始资源短缺;当然,很长一段时间,寡廉鲜耻的勒索能帮上忙。更严重的是人手越来越少[100],路易自己开始跟大臣们一起忙活,他们基本上不过是秘书(卢瓦[101]死于1691年),提拔越来越基于顺从(总体上是论资排辈)。

而今西班牙王位继承问题逐渐迫近了,早就孕育着一场大战,为此需要好的联盟。恰恰相反,整个欧洲都被搅扰了,且充满仇恨。暂时它或许无助,因为大选侯与法国人结盟[102],皇帝[103]被缠住了,且忙于土耳其人,斯图亚特家族正在英格兰当政。有着中心位置的法国得以执行最有野心的计划。

然而事与愿违,路易提升了一个对手的力量,奥兰治的威廉。路易那时应该已经了解此人,威廉在落败或未决的战斗之后一次又一次重返战场,并拒绝路易的所有提议。但路易很可能希望在荷兰为自己激起够格的对手。

《内伊梅根和约》之后路易的傲慢程度,除南特敕令的撤销外,还显示于自重新统一以来政治的粗暴。

---

[100] 指1675年法国名将蒂雷纳子爵(Viscount de Turenne)的战死和孔代的退休。
[101] 卢瓦(François Le Tellier, Marquis de Louvois, 1639—1691),法国国防大臣。
[102] 1679年大选侯与路易十四结盟,但随着有法国人暗中支持的土耳其人于1683年进攻维也纳,盟友关系冷淡下来。1685年,在法国驱逐胡格诺派之后,大选侯加入了反法同盟。
[103] 指利奥波德一世(Leopold I, 1640—1705),神圣罗马帝国皇帝(1658—1705),他大部分统治时期都在与土耳其和法国作战,与土耳其的战争从1683年打到1699年。

108. 第二次英国革命

（1）考虑到关于第二次英国革命的高调说法：这些密谋者只需知道不会引起民众骚动就够了。民众心不在焉且忙于生意。他们对国王的憎恨还没有强烈到要去推翻他，但也足以使他们袖手旁观，看着别人去推翻他。后来他们注视着军队的所作所为，或紧或慢地跟在后面。由于革命的操控者聪明而幸运地让整个事情显得仅仅是一次王室的内部更迭，民众给它放行了。

民众当然对荷兰的友谊怀有反感，但对法国的憎恨或许更大。不过，那些确实积极的人所积极谋求的，对辉格党和托利党[104]一样（鉴于两党都有参加），乃是从不奉国教者那里拯救国教。即便如此，他们中的大多数直到威廉出现才加入。英格兰摆脱不了这一责备，即它用一支荷兰军队使英格兰真正改变了自己。

除了执政的国教徒对不奉国教者因《宽容法》[105]而崛起的颇有道理的担忧，或许对天主教残余也存有疑惧。由于一百多年的废弃，大众当然讨厌并疏远它；但毕竟这时候大众说不上什么话。如果有真实和彻底的自由，天主教无论如何会跟不奉国教者一起获得一个相当的地位，尽管这并非出于宫廷的好感，甚至恰恰相反。但

---

[104] 辉格（Whig）一词据说是 whiggamor 的缩写，意为"赶牲口的"，原是17世纪对苏格兰长老派的蔑称；托利（Tory）一词源于爱尔兰盖尔语 tóraighe，意为"被追捕的"，1639到1651年英国内战期间用来指游击战者。1679年，在议会讨论国王查理二世的弟弟，即后来的詹姆士二世能否继承王位时，反对和赞成的双方相互攻击，反对的一方被呼为辉格党，赞成的一方被呼为托利党。1688年的光荣革命确保了英国的君主立宪制，辉格党人和托利党人都有参加，但两党也分别有坚决主张共和制和坚决主张詹姆士二世当国王的极端派。由于詹姆士党在1715年和1745年发动复辟叛乱，托利党也受到牵连，致使辉格党长期执政。

[105]《宽容法》（Toleration Acts），英国国会于1689年颁布，给予不奉国教者宗教自由，但仍维持他们社会和政治方面的不平等地位，该法案不适用于天主教徒。

在此期间变得更加强大的不奉国教者,有可能发起一场反对"偶像崇拜者"的毁灭战争。

(2)说到革命所采取的猥琐路线,英格兰人的观点以一个众所周知的想法来自我安慰,即上帝最终对英格兰是多么好,对其他民族是多么坏。

但英格兰真正的成就(作为一个岛国,它在许多事情上逍遥法外),没有一个大陆国家在那时能够取得的成就,是产生了两个贵族政党,它们不仅轮流统治,还的确能够统治,亦即拥有这个民族其他部分的必要的信任,并且,通过议会选举,它们依靠民众。一种针对破坏活动的安全措施是颇受限定的选民,英格兰和威尔士有20万。

当然,一开始辉格党人跟共和党人、托利党人跟詹姆士党人还没有完全分开。起初一个大的詹姆士党存活着,鉴于新的统绪成问题,该党大有希望再次崛起。在此一切取决于新的、反詹姆士党人的英格兰在关键的几十年中能否兴盛。而它的确在对欧洲的政治影响、在各种敛获、在工业和商业方面造成了一个辉煌的盛况。

因此詹姆士党人缩进了日益变小的圈子里,越来越屈指可数,最终绝迹。他们这边曾经更有权利,但某一天他们不在了。

109. 英格兰对军国主义的防范

当威廉三世登上王位时,公众舆论充满对克伦威尔军事专制以及查理二世[106]和詹姆士二世[107]威胁性军事措施的憎恨。因此在召

---

[106] 查理二世(Charles Ⅱ,1630—1685),英格兰、苏格兰和爱尔兰国王(1660—1685)。
[107] 詹姆士二世(James Ⅱ,1633—1701),英格兰、苏格兰和爱尔兰国王(1685—1688)。

请威廉登上王位的《权利宣言》(1689年1月22日)中，国会永久规定，未经国会同意，和平时期君主在联合王国内不能维持任何常备军。1689年春，《兵变法》将这一点更加细化，该法使王权掌握军事法庭以应对暴动士兵的权利基于国会每年的批准。国会有权在每次通过预算时确定服从军事法规并驻扎在不列颠土地上的军官和士兵数目。当时批准的军队数目是1万（？）。

英国军事制度没有完全瓦解，这只能归因于传统的政治审慎。在将近200年中，没有一个议会试图通过拒绝政权维持其权力工具而使它完全瘫痪，或迫使它去违反宪政。

威廉三世不得不把他的荷兰卫队，把他光荣与共的同伴们和英格兰的救星们，遣回海峡那边的老家。另一方面，国会总是给予即使非常不得人心的政权以足够的部队，尽管数目不大，来维持内部和平和外部安全。

110. 17世纪的各种特征

西班牙继承战争之前，必须向17世纪及其缺点和优点告别了。

较之16世纪，它在政治方面多大程度上是一种倒退？

基于它所产生的众多原创的头脑，我们对16世纪有过于辉煌的总体印象，且急于相信当时的世界想要直接汇入一个完全现代的时代，亦即与我们的预想合拍，而这只是被反宗教改革、世界范围的君主制度等事情阻挡了。较之17世纪，16世纪很可能更"现代"。

但至少17世纪是完全贵族式的。除了在荷兰和英格兰这两个大国中贵族直接掌权，实质上它在专制国家也掌权。

就高级的精神生活而言，两个世纪都有它们的优势和劣势。在这两个时期中，政治和宗教状况都被稳固地确立。起初天主教和新教教会几乎到处都建立了与国家和中等阶级社会的紧密联系。学术从属于教会，研究有赖于它的许可。反对者必须保持沉默或离开当地。

但在17世纪，个别思想家逐渐召集了一批延伸到了权势阶层的追随者，甚至影响了神学家。他们的影响是全欧洲的、全世界的，而不再是民族的。有一种总的认识论的更新（培根）。哲学从宗教中解放出来（笛卡尔[108]）。必然性被理解为因果律（斯宾诺莎[109]）。怀疑论变得普遍（贝尔[110]）。理性显得是宗教的主妇（英国自由思想家）。运用到国家，这意味着它再也不是基于神权，而是基于理性、权宜及假想的契约。这种思想方法的基础由16世纪的荷兰崛起和17世纪的英国革命奠定。西方启蒙运动的大气候逐渐形成了。

不过暂时17世纪还到处都是这么一个时代，在其中，高于一切个别事物的国家权力增长着，无论这一权力是在绝对主义者手中，或被认为是一项契约的结果。人们开始争论个别统治者或个别权威的神圣权利，没有意识到与此同时他们正游弋进一种巨大国家权力的掌中。

111. 俄国

直到那时，在东方与西方的拉丁和日耳曼民族相伴的仍是作为对立面和大敌的土耳其人。他们是一种纯粹破坏性的元素，只在战

---

[108] 笛卡尔（René Descartes，1596—1650），法国数学家、哲学家和科学家。
[109] 斯宾诺莎（Benedict Spinoza，1632—1677），犹太人，荷兰哲学家。
[110] 贝尔（Pierre Bayle，1647—1706），法国哲学家、批评家。

争时期与西方联合，且还只与似乎占上风的一方联合。否则他们就固守其排外的穆罕默德—鞑靼文化，并蔑视西方文明。土耳其只是通过征服和外在压迫来对欧洲施加影响。

而今在东方崛起了一个国家，它似乎非常渴望使自己隶属于欧洲文化，但却是为了不择手段地主宰欧洲！它利用外国的智力，但封闭了外国的思想。

如果所指的这个民族自行其是，它在种族上仍将尽可能是东方的。除了被迫采纳的文化，它还以非凡的韧性保留了其古老的本土风俗，以至经常看到两者之间的惊人反差。

不过，此间在一个"有着明确筹划的政权"的掌握中，它150年来成了为主宰世界而曾经发动的最强大的机器之一。

因为除了拥有其古老的传统，它是完全可训练的，特别是为了政权的目标，它不断从它所储存的旺盛蛮性中拿出很多可怕的力量。俄国元素至少能够汇入欧洲文明，因为它没有《古兰经》。

俄国人有可能仍是孤陋的蛮族吗？长远来说当然不。甚至中等分量的专制君主，例如伊凡四世[111]，也设法从这种适合训练的天赋中发展力量和文化，并使他们自己对邻居来说变得可怕。在沙皇的帷幄中似乎有一种去这么做的永久诱惑；世界通过彼得大帝[112]感受到了它最强烈的和决定性的爆发。就蛮族来说总是这样，他们强力的统治者总是征服者。

随后欧洲命运的悲剧元素在于，西方民族，自发地忙于不断的

---

[111] 伊凡四世（Ivan Ⅳ，1530—1584），1533年继位为莫斯科大公，1547年亲政并自称沙皇。他打击贵族势力并强化军事力量，同时向东方大举扩张，但向波罗的海的扩张受阻。

[112] 彼得大帝（Peter the Great，1672—1725），俄国沙皇（1682—1725）。他曾游历西欧，回国后推行全面欧化的改革。他的扩张政策使俄国获得了波罗的海的出海口，他在这里建造了新都彼得堡。

转变和革命,与此同时却受到外来的几乎完全机械的力量之影响,这种力量实际上无缘于它们的快乐和忧伤,它们的心灵和更高的志向,但却构成了天平上的主要分量,并按照它的便利来帮助稳定或革命。(注意:最近时期有所不同。此前赢得的东西开始报复和还击它的主人。)

在他们的统治方式中,沙皇完全不受限制,能够做一些西方所有的恺撒主义都再也无心去做的事情。

伴随着对他们自身性格的彻底贬损和民族中绝大多数人深深的由衷苦恼,俄国人达到世界历史中最高的地位之一。

是否没有彼得,他们仍会落入各种邪恶和危险的道路中,只是种类不同,我们不得而知。

即便俄罗斯民族的确想变得强大有力,即对外变坏,像其他强大民族一样,它可能还是有美德去认识到彼得及其制度的杰出。

个体化的命运,亦即原子式的革命,会触及俄国人吗?如果会,多久?这将使它对欧洲丧失影响力,还是更具影响力?

112. 乔治一世[113]之后的英格兰

王权的绝对权威,以及王室的教会至尊地位被永远打破了。后者的政治利益现在移交给了当时的内阁首相。此后是他对教会职位的授予具有实质的控制,这自然加强了他的党派。

对王权的同情起初甚至转向了不奉国教者,只因高级国教神职人员仍有詹姆士党人倾向。

---

[113] 乔治一世(George Ⅰ,1660—1727),汉诺威选侯,后以詹姆士一世曾外孙的身份获得大不列颠及爱尔兰联合王国王位(1714—1727)。

英格兰和苏格兰现在完全统一[114]；但对峙于英格兰的国教会，在苏格兰存在着一个有敌意的加尔文—长老派教会，它同样是国家教会。

哈勒姆[115]这么说英格兰："立法机关的至高地位就像看门狗的项圈"，国家把它套在受它资助并被它提升为国家机构的教会上，作为豢养和庇护的代价。

另一方面，最终所有已经形成或即将形成的宗派或宗教团体都在完全的自由中自我管理。

已经获得的是宗教自由，亦即不归属国家教会（新教徒也一样）的自由，这一成就与原始新教的原则相冲突。重新赢得的是公民自由，它曾被16世纪新教的国家教会部分破坏；这些自由现在也得到了扩展。新教在其先前的官方形式中曾是公民自由的死敌。在它后来进一步分化的状态中，在它次一级的各种形式（各种宗派）中，它实际上有功于这些自由的恢复。

它们并不自愿地就宽容，它们本身并不确认自由。每一个都想压制其他宗派，并把它观念和制度的重轭加诸整个民族。

英格兰的长老派彻底自行瓦解了，被其他新的宗派取代。

自18世纪起王权已经成了空洞的幻想；取而代之，这里有下院多数的统治。

1715年艾迪生[116]写到，这个民族已经成了政治家的民族，各年龄、各性别和各职业都有其自己的大臣名单挂在嘴边，"辉格"和"托利"属于婴儿在它母亲怀中最早嘟囔的词。

---

〔114〕指1707年英格兰和苏格兰签订《联合法》，两国合并，新国家称作"大不列颠联合王国"。
〔115〕哈勒姆（Henry Hallam, 1777—1859），英国历史学家。
〔116〕艾迪生（Joseph Addison, 1672—1719），英国散文家、诗人和政治家。

113. 弗里德里西大王

他的性格变化,他的最终成熟,应该是他1730年企图出逃的后果。[117]这次事件开启了他对民众不可避免的蔑视,以及他对存在于普鲁士国家中的一切事物之毫无疑问的格外蔑视,同时通过他的父亲,他领教了王权的重击。这一次,完全低级的办法,虽然不是 in anima vili [存有恶意],但却用到了他这个王位继承人身上,卡特当着他的面被杀,他被锁起来,只留一本《圣经》,一本赞美诗和一本阿仁特[118]的《真基督教》,此外他被允许研究边疆伯爵汉斯(Margrave Hans)的档案。与国王关于普遍恩典的半路德宗观点相反,弗里德里西赞同加尔文宗的预定论(奥兰治的威廉三世也是一个激烈的预定论者)。至迟在1737—1738年间,伏尔泰非常急切地与他争辩,支持人的自由,反对其宿命论,他说宿命论会让心变硬。

弗里德里西在屈斯特林的滞留,对于打破他对知识乐趣的狭隘追求有极大好处,那或许将在今后阻碍他伟大的政治发展。他学会了管理的技巧和小规模的军事指挥。接着到来的是与布伦瑞克-贝弗恩的伊丽莎白的强制婚姻,为了做个样子,他跟她住在莱茵斯博格。

他对法国事物的亲近充分表明他想要与他的国家和民众分开过

222

---

[117] 弗里德里西早年爱好法国文艺,对行政和军事不感兴趣,为此不断遭到父王弗里德里西·威廉一世的羞辱和虐待。1730年,弗里德里西计划出逃英国,但被父王抓获,他的同伴卡特(Hans Hermann von Katte)当着他面被处死,他则被囚禁在屈斯特林(Küstrin)要塞,与父王妥协后方获释。1733年,在父王的安排下,他娶了布伦瑞克-贝弗恩的伊丽莎白(Elizabeth of Brunswick-Bevern),但夫妻关系冷淡。

[118] 阿仁特(Johann Arndt,1555—1621),德意志路德宗神学家。

活,高出他的民众。如果知识事物曾经在德意志展现给他,他或许有不得不尊重德意志的危险。

就在收到查理六世[119]死亡消息的第一天,他就下定决心要控制西里西亚。

如果他曾经预见到他后来不得不应付的所有那些对手,如果他年纪更大更有经验,他或许很难冒这个险。

弗里德里西二世的第一次军事行动就决定了他对个人独裁的终生需要。

---

[119] 查理六世(Charles Ⅵ,1685—1740),神圣罗马帝国皇帝(1711—1740),作为查理三世是匈牙利国王。

第5章

革命时代

114. 革命时代历史之导论

（1）[1867年11月6日] 本课程所涉及的时限每次都有变更，它不同于其他任何课程。它所关切的是那个仍然活跃并将继续如此的事物的开端，是那个我们尚无法预测其未来发展的世界时代。就在此刻，事态正被塑造着，在地平线上，在或近或远的未来，将有一场作为过往一切事物之后果的欧洲大战。

因此，叙述的客观性在这里比平常更加可疑。然而叙述这一时代的人必须从自身的有利位置给出一个总体性的解说。

少做判断，满足于把革命的每个时刻说成是一个演进阶段从而赋予其相对的存在理由，这是肤浅和不足的。首先，不是一切事情都无论如何是必然的，许多事情是偶然的，是个人行为；其次，最糟糕的判断易于被代之以所谓不做判断，即认可既成事实，认可胜者。

尤其是，革命具有的那些结果现在完全塑造着我们，构成了我们的正义感和我们的良心之不可分割的一部分——因而是我们再也不能从我们自身分离出去的事物。

诚然，在所有先前的局面所涉及的国家中，贵族和神职人员都只是或这或那地作为阶级力量组织起来，但是享有非常大的个人特权、免税权、担任高官的独占资格,以及庞大的不动产,这些不动产寄托于以永久经营和限定继承为前提的地产——在这些国家中,工业受政府剥削并常常以极其无知的方式被官僚化,有着独占权利的国家宗教顶多是容忍那些持不同信仰的人,并尽可能地维持着信仰一致的外观。

而革命的种种结果如下:

法律面前的完全平等,包括官职、税收和继承方面或多或少平等的资格。

随着大大缩减永久经营和限定继承,对不动产完全或近乎完全的任意处置。

工业自由,理论上确信任何国家干涉都有害;经济学的大增长;工业界对国家建言的必要性;物质文明的大增长,结合着对地表的急速开发。

宗教平等,不仅仅是基督教各种信条的平等,通过缔造一个让神职人员领取薪金的宽容国家以及国家中立而实现;此外是一种朝向教会和国家分离的倾向,伴随着后者对前者的完全支配。

政治上绝对平等的开始;作为较发达民主政体的美国和瑞士是范例;一些地方的普选;以及普遍的标准化。

不过,可疑的是,平均而言,是否世界因为这一切变得更幸福了。幸福的两个成分是状况本身和对它们的满意程度。

变动无常之感是我们今天的主要现象。除了每个个体命运的不确定,我们还面对一个巨大的生存难题,它的各个元素必须被分别审视,并被看作是出自革命的新的后果和倾向。这些元素如下:

225　新的国家概念

这个不是那种哲学概念(黑格尔!),后者把国家说成是道德在世间的实现，这其实不是国家而是社会的事情，国家终究只是个保护盾。毋宁说，这里涉及的是关于国家权力范围的新概念。

在前一个世纪，素丹专制主义已经占优，以至它能够压倒特权。许多缝隙中滋生了各种特别的存在。

接着，革命来了，先是释放出所有理想和志向，后是释放出所有激情和自私。它继承并践行一种专制主义，该专制主义将是所有专制主义永远的典范。它的另一个基本特征是教会的世俗化。这一总体进程有一部分是无法无天的集权，出现在某个"祖国危急"的时候。这种集权只在革命以来才以完备的体制存在于甚至是君主政体中，它的产生部分是为了防御的目的，部分是作为一种模仿。

平等观念在此是双刃剑。它变成个体的隐退，因为任何占有物它越普遍，它能找到的个体捍卫者就越少。一旦人们习惯了让国家作为权利和公共福利的唯一保护者，即使有分权的意愿也无济于事。各国政府都再也不把任何真正的权力事务委托给它们的省、市，以及其他个别力量，交给它们的只是那些难事和苦事，那些各个政府完全不能应付的事务——小一些的单位也很不想处理这些事务。总之，尽管有那些关于自由的说法，各民族和各政府要求无限的国家对内权力。

大革命把法国置于这样一种状况中：最初它在征服世界中寻找疗救；接着，在一次深深的羞辱之后，充斥这个国家的无非是索求和控告。加上宪法和国际法意识的完全泯灭，这一状况催生出周期性的革命，其后果是欧洲再次被危及，直到1870年发生的突然转折。但其他国家也学会了如何去恐吓，各国政府和人民一致赞同对外必须有强大的力量。

这一国际形势的后果是军国主义之无法估量的增长（自弗里德里西大王以来就有庞大的、可用于国内国外的常备军）和国债的巨

第5章 革命时代

大增长,这跟对赚钱的普遍狂热和对高档生活的渴望形成了醒目的对照。借此犯下的罪行那时被称作内阁或王朝的专制,但很快也获得了重大的民族需要之名。

何种程度上各个王朝的君主仍然掌控着,何种程度上他们只是大众运动的经理人和送信人?一旦迫于时势,他们就吞噬或驱逐自己的同类、自己的兄弟姐妹和其他亲属!被剥夺的君主们把他们的权利要求换成一笔笔钱或津贴。对神圣权利的感受离弃了各个政权——对它的信念又怎应仍然出现在民众的感情中!对不可见、不可追忆的存在基础,对政治—宗教神秘主义的信仰消逝了。各个王朝即将走到尽头,因为人们需要的只是特别的天才。过继的继承人管用吗?我们对往昔那些选出的帝王权力的同情是愚蠢的,而整个欧洲正滑向某种相似的东西,无论它是特别的人物或过继的继承人或别的什么,往昔民众连投票都不能够!

最终民众相信,如果他们完全掌握国家权力,他们就能塑造一种新生活。

但此间出现了个别领袖和篡位者治下之长期的、自愿的奴役;民众不再相信原则,但的确时常相信救星。一种新的、对疲敝的民众长期专制的可能性一次又一次出现。

227　　与民族性的关系

大革命及其战争首先将法国人,接着将其他民族,召唤到了爱与恨的行动中,激发他们走出支离破碎和分散的地方生活,或至少有更热切的民族意识,如果该民族已经统一。

或许反省的思想会回答说,基于血统和语言的共同民族性是某种早就过时的东西。法国启蒙运动和后来的法国大革命关于"人性"话说得很大,那里也有一种高雅的"世界主义"。或许它会回答说，文化（全欧性的）以及经历、利益和志趣的共同性是一个更强的纽带，并非民族性，而是一个健康的国家才是情感的归宿和主宰。

不过，在被各个议会所操弄的不健康状况中，人们依靠其血统和语言作为对难挨局面的解救，直到人们最终找到道路，但这样并不比之前好多少。

此外，在强权已经存在的地方，民族性也被用作进一步的凝聚手段。（或者某个革命党派把对民族重新统一的渴望用作欺骗手段，就像意大利光复主义者[1]。）各君主和各民族对此意见一致。抵制行为被憎恨。已经处在某个强权之下的外国元素被碾碎。在波罗的海省份中立即根除德意志元素，这在俄国是一种流行想法。

自革命以来，尽管有33年的间歇，民众已经习惯于他们视野内一切可以想象的变化。

公众舆论

作为历史上全民而非特定阶级被一种思想氛围所支配的时代现象，十字军运动和宗教改革广为人知。但革命在一个远为不同的意义上施展了这种支配作用；自革命以来这一控制已经永久不变，全欧都是如此。这里的各种波动是巨大的，并且在一切交通手段的快捷化，以及全欧文化和日常刊物的均质化方面增长越大，它们就越有传染性。日常刊物迄今是各阶级和各国家主要的——真的，几乎是唯一的——读物。1789年的重大经验是，公众舆论塑造并改造世界———旦传统权力虚弱到无力阻止它，一旦传统权力开始跟公众

---

[1] 意大利光复主义者（Italian irredentists），他们在1866年意大利基本统一之后，仍要求收复属于奥地利但意大利人口占多数的地区，他们的要求在第一次世界大战后得到满足。

舆论洪流中的个别潮流做交易。

在一切高度重要的事务中，党派分化和相应的两面派论调如今贯穿所有欧洲民族。公众舆论，即各民族的激情，的确势不可挡。

但日常刊物的真正成就更多在于观点的拉平化而非其即时效应。最大声、最经常地被推荐和要求的往往是最不可能发生的事情。有时候出版业叫得那么响，恰恰是因为人们不再倾听。一些敌对者或许是无论如何不读报纸的人。还有被当权者和小党派炮制的公众舆论，诸如某个受贿的报社。统治者总的来说很少不安，他们任由最大胆的评论过关，因为它们是无效的，他们完全放弃了老式的审查，尽管他们的确保留了突然的间接行动。（那时起他们又变得更加不安。毕竟，公众舆论能够一夜之间泄入街区并转变成一场骚动。）与此同时，统治者已经发现了真正制衡出版业的东西：

商业和交通

一旦那些大的战事结束，英格兰的样式就流行。1815年以来，一种全世界的逐步工业化已经在发生，大土地占有随之完全消退。机器劳动远远抛弃了一切较老的技术；资本用于建造工厂，民众则用于工厂运转；与此同时信贷极大地扩展了。机器也用于大规模耕作。铁路、汽船和电报服务于交通。一切货物都能长途运输；一种全欧的调度出现了；在那些无须立即消费产品的地方，产品终止了全部地域性。此外终于是商业、投机，以及后来，从股票和证券中获益。钱变成且始终是事物的重要尺度，穷是最大的恶。钱取代了出身，但它较之后者更公平，因为若后嗣无能，它就不会长期保持。

知识和文化的确得到了赏识。但不幸的是文学在多数情况中也已经变成了一个工业。挨着它的18世纪文学显得都是以心血写就。今天很少有东西仍出自内在需要。绝大多数作品的存在理由是报酬或对某种地位的企盼。最著名的作家最有可能变成制造商。至于学术，为报酬而通俗化甚至高于大量研究。

慌张和惶恐正在损害生活。由于普遍竞争，一切都被逼向最大的速度和对细微差别的竞逐。

但与此同时，由于大城市的影响，掀起了追求暴富的躁狂（*l'amour du million*），因为这简直就是生存的尺度。对这种状况的天真迁就随处可见。"体面的生活"被抬升到了难以负担的地步；至少是要求富裕的外表。各种欺骗跟这些现象和状况密不可分。

在任何危机时期，大量纸房子都会坍塌。但那些不能成就自己并致富的人，像在1849—1853年一样，可怜地哀叹［此后有1873年的崩溃及其后果］。如果那些时期继续，仅仅因为欺骗和生产过剩，此时此地就会有最可怕的危机；经验告诉我们，人们并不约束自身。［这后来发生在1871—1872年，并在1873年得到惩罚。］

这一切发生时，来自下层的骚动一次次透露出来，这些在目前，举例说吧，恐吓着整个有财产的英格兰（此后其他国家也一样）；可民众无所顾忌于任何种类的变化，对于这些变化，法国大革命有一些习以为常的人，特别是不满者。与此同时在对多数派决定的法律限制方面完全没准，而阴云在聚集。肯定会摧毁所有弱小国家结构的大陆战争无论如何都将招致重大社会问题的汇集，它会随着工业和信贷的停止而自动显现。［这已经发生，但跟我们预期的很不一样；法国以1871年的公社经历了它；在别处该疾病仍作为一种蔓延的东西停留在体内。］

在此事态取决于我们这一代能多好地经受考验。恐怖和灾难深重的岁月或许来了。我们很想知道自己正漂流在这大洋中的哪个浪涛上，但我们自己就是那浪涛。

不过，人类还没有注定败落，大自然一如既往，仁慈地创造着。

不过，如果在不幸中也将有某些幸运，那只能是精神上的，它回顾对较早时代文化的挽救，展望精神在某个时代中沉着和孜孜不倦的表现，否则这个时代就会被彻底抛入庸俗事物中。

（3）*[1871年11月6日] 关于这一课程的名称，有人可能会说，实际上迄今的一切在根本上都无非属于一个革命的时代，或许我们相对而言只处在开端或第二幕。1815—1848年那表面上平静的三十多年已经变成不过是这出大戏中的间歇。但是这一切似乎即将变成一个运动，它对立于我们地球所有已知的过去。

当然，在那个我们出生并成长的三十多年中，人们可能会相信革命是某种已经完成的东西，因而可以被客观地描述。人们还相信——这种错觉的顶点是1830年的精神——他们在立宪君主政体中拥有了旧与新之间的桥梁。一些"成就"越来越均匀地散播到整个欧洲，并被看作是法国大革命的"恩惠"，尽管有些只是作为追求的对象。它们是：法律面前的平等，税收和遗产划分的平等，对官职的平等资格；不动产的任意处置，永久经营和限定继承的缩减，以及更为多产的土地耕作，伴随一定程度上更迅速的消耗；工业的自由，借助商业和交通的支配；固定资产被流动资产接管，且自身被变为流动资产；各个教派的平等权利，这尤其是在非常杂糅的国家已经变得势在必行；国家在一些地方支配了教会，也有一种朝

---

* 原文计错次序。——英译者注

向政教分离的趋势；公众舆论对所有事件的重大影响；超越一切民族事务，广泛蔓延的公众舆论之激流；现代出版业。

当时出现了一些书籍，虽非经典，但也很好，它们试图对1789—1815年（作为一个已经结束的时代）提供一种总体看法——当然并非不偏不倚，但却试图是公正和平实可信的。

而今我们却知道，自1789年以来一直在扰动人类的一场风暴也在带动我们向前。我们可以诚恳地声明我们的公正，但无意中却受制于极端的偏好。

但是无论如何，1789—1815年这段时期，连带其溯自18世纪中期的预备阶段（启蒙运动，各个政府所行改革的开端），构成了可供实际考察的一个完整过程，至少事实及其原因还算不错地建立起来了。

如果想严谨地进行研究，对于纯净的知识来说，历史本身从源头就非常可疑，因为即使对它最早的报道也每每能附着当前的同情和憎恶。甚至对古代希腊罗马史，对埃及和亚述，人们也能完全陷入当前的党派偏见和相互拼刺。

但我们还是要试着学术地呈现我们目前的革命世界时代之第一个时期。对此，一个好的学术理由或许在于，当时的那么多人物和事件对后来的各种发展有着典范意义，而且对第一次法国大革命的遵循和模仿是目前运动的一个元素，因而对于历史地理解该运动乃是必要的。

（2）[1869年11月1日] 我们先是遇到了自上而下改革的时期及其开明的君主和大臣。受一种重要的文学和诗歌的引导，一种公众舆论那时正在形成，部分是负面的，部分在想象上是正面的，它从人性本善的前提开始推进。这种公众舆论暂时仍期待一切都来自上层。但一个重大的外部事件，北美殖民地从英格兰解脱出来，显得是所有解放的普遍典范。与此同时英格兰自身之中重要的宪政斗争也作用在这个方向上。

但重要的专制改革者同时也是革命者，因为他们是吞并者和征服者；就像弗里德里西二世、约瑟夫二世[2]和叶卡捷琳娜二世[3]。吞没一整个国家和民族的第一个重要例子是波兰。

接着，适逢一场深刻的财政动荡，法国国王召集已经在发酵中的国民来商议。所有理想和愿望都在cahiers[陈情书]中爆发了，这些陈情书绝无仅有。这仍是梦幻般希望的时节，它后来只短暂回来过，这一情绪也辐射全欧。

就是在这个议会里有了针对国王的迅速转向。旧国家体制的所有机构迅速自行消亡；自发的无政府状态开始了。在旧的权力观念及其手段跟新的对一个民众政权的企盼之间的任何妥协，一种要求并期待从中建立全体幸福的妥协，变得彻底不可能。人权是强大动力，它不仅要法国，而且要世界。两个阵营肯定不能被看作是两个竞争的合法党派，而只能被看作是两种现象。

而今在所谓人性的善方面出现了裂隙。其挑动者是让·保罗·马拉和猜疑。这种猜疑先是指向国王和王党（流亡者），后又指向所有那些对自己所属党派有所保留的人。巴黎最危险的元素掌了大革命的舵。巴黎变得致命地重要，远甚于内战时的罗马。恐惧滋生激愤。巴黎精神在当时的无政府状态中担当领袖，巴黎不仅提供行动，也提供思想。

九月屠杀或许可以看作是大恐怖的真正开端。法国开启并进行的对外战争遭到了普鲁士指向香槟区的战役以及后来反法同盟战争

---

〔2〕 约瑟夫二世（Joseph Ⅱ，1741—1790），神圣罗马帝国皇帝（1765—1790）。
〔3〕 叶卡捷琳娜二世（Catherine Ⅱ，1729—1796），俄国女沙皇（1762—1796）。

的还击，这使得恐怖政权赖以为生的那种情绪始终活跃。与此同时在国内，该政权执行其针对联邦主义的处决。恐怖从王党转向了同志，就像在西班牙宗教裁判所中，它从犹太人和摩尔人转向了西班牙人。

大革命而今以一种其他任何革命都比不了的规律性和快速性通过了各个典型阶段。它最大程度呈现了在一个非常开化的时期里一场革命的最完整图像，有着人们在文学艺术中想要得到的一切实例。

抵挡外国入侵相对容易，因为反法同盟中有非常激烈的内部争执，所以法国在整个大恐怖中有时间长出一层新的表皮；热月之后它显而易见。

有了一个新的社会，大量新的财产所有者，他们不想望任何阶级特权，事实上，他们几乎也不想望什么政治权利，并且无论何种社团都只会妨碍他们；大量释放出来的人力可资利用。所有这些人想望的只是和平和安全。财产概念比其他所有原则和价值都要持久。不同在于，财产大部分在一批新人手中。

督政府试图既抛开几乎无人再信的大革命原则，而又使活下来的大革命参与者保持权力和荣誉。财政上它靠建立和掠夺所谓姊妹共和国[4]来对付，政治上则靠一遇困境就恢复恐怖。但在此期间军国主义也成长着。由于将军们不再被砍头，而是被准许变得越来越有名和有权，拿破仑在雾月十八夺取了权力。

他是恺撒主义最具说明性的典型。与此同时，他是新的法国社会之救星和世界征服者。人们原本会满足于一个远为逊色的人。

---

[4] 指拿破仑在北意大利新建的利古里亚共和国（建都热那亚）和山内共和国（建都米兰）。

国内出现了一种彻底的驯服。随后是14年的缄默服从;管理和立法都变成了全国性的。这一拿破仑国家作为其他欧洲国家的样板具有一种重要意义。大革命通过破坏几乎完全集中了权力。拿破仑国家则增添了秩序和一种目标明确的组织。

在国外,拿破仑是一个出自"1793—1794年学校"的恐怖分子。然而他或许是古往今来第一流的将军。伴随道德上的完全无所顾忌,他有着最伟大的军事才能供其发挥。

他的使命暂时是蹂躏各民族,但同时会在它们中唤起其所有将来的力量,部分通过利用和训练它们,部分通过激怒它们。

与英格兰勉强缔结的和平,他一年后打破了;他在意大利、瑞士和荷兰获得领土。

他建立了自己的帝国,在威胁英格兰之后,他发动了对第三次反法同盟的战争,在奥斯特利茨[5]他第一次遭遇了该同盟。接踵而至的是针对普鲁士的动向,它曾不悦地保持中立,且反对俄国;这一冲突中的伟大篇章是耶拿、埃劳、弗里德兰和提尔西特[6]。不过此后英格兰始终是主要对手;拿破仑筹划一场脚踏实地的战斗,但在特拉法尔加[7]之后,他不得不满足于一场间接的战争。

对拿破仑而言,在这一过程中停下来是不可能的。其他国家的

---

〔5〕 奥斯特利茨(Austerlitz),捷克东南部城镇。1805年12月2日,即拿破仑称帝的周年纪念日,他率军在该城附近击败了俄国沙皇和神圣罗马帝国皇帝率领的军队。

〔6〕 拿破仑率军于1806年10月14日在耶拿彻底击败普鲁士军队,于1807年2月8日在埃劳,6月14日在弗里德兰击败俄国军队,6月25日,拿破仑与俄国沙皇和普鲁士国王在提尔西特议和,7月7日签订和约。

〔7〕 特拉法尔加(Trafalgar),西班牙西南海角。1805年10月21日,英国海军在此彻底击败法国和西班牙的联合海军,使拿破仑登陆英国的计划破产。

和平归顺不再能满足他，因为只要那里还有英格兰，它们仍会受其影响；所以有了西班牙战争。后者被奥地利利用以便挣脱；为此奥地利再次被碾压，尽管这次更困难。

拿破仑的悲剧在于，作为政治家的他如此推进，以至作为军事统帅的他不再能够与之同步。除了臣民和奴仆，拿破仑无法从那些被征服地区制造出任何东西，无法通过和解来多少赢得它们作盟邦。由此他激发了各民族一种深刻的内在反抗，它们因而真正地第一次认识自己，并经受最重大的内在转型，例如1808年之后的普鲁士。

看上去触手可及的诱人目标成了颠覆英格兰。为了与之争霸，他采取措施，使他的领地和英国人的领地成了截然分开的两个世界。一旦他能迫使俄国让法国的海关官员在圣彼得堡主事，英格兰肯定得让步。

他开路跨过怒骂着的欧洲各民族，靠过度课税得来的资源远征俄国，最后得来的是三年大审判。它的主要意义是带来了一种新的多国秩序，而这或许不是由于拿破仑的突然死亡以及各个政府之间的协定，而恰恰是出于各民族非常强烈的全民兴奋，尤其在德意志、俄罗斯、西班牙和英格兰。如此一来，被法国大革命和解放战争唤醒的各民族再也不会去沉睡（尽管它们需要休养），并在此后对它们的整个生存有了一种不同的标准，且绝不会满足于上述新的政治秩序。

作为一个主要后果，由此得来的是不断修正的精神。拿破仑本人曾一度制止这一精神："我已经制伏了正在世上撒缰的可怕的求新精神。"

（4）［1871年11月6日］在接下来相对平静的三十年间，一些新的大风暴显然正在酝酿着，遵循的是最深刻的革命原则，人们将从所有早些的此类事件中辨识出这个原则：不断修正，或者不如说，不断革命。

通过法国大革命来到世上的关键性新事物是以公共福利为目标，对改变事物的许可和意愿。这一新事物显示在平等中，平等在此把变化的抉择交给了普遍的，或至少是非常广泛的选举。由此但凡一个新的内容被觉察到，结果就是一种所有体制上的变化。

因而国家权力此后或者只是有保留地存在着，不断受到修正愿望的威胁，或者作为一种专制的反动存在着，伴随着对政治体制的破除。

理论上讲，权力无论在何处都不再是一种因世袭而获得的权利。所以一旦需要，它可以通过一场政变临时产生。

普选权在逻辑上是神授权利和旧式权威的对立物。革命几乎从一开始就宣扬它并伪造它。它的限度是不确定的。它是为选举创造出来的，可以扩展到一切国家事务，最终是任何能想到的生活领域。结果是人们将获得一个蜂巢或一个蚁穴的群体意愿。

有普选权之前的一切政治自由明确有别于有普选权之后的。即便在英格兰，政治自由原先也限于一些有限的投票人。只有有了普选权之后的、基于平等理论的政治自由，才拥有或赋予了自己不断修正的权威。只是从那时起，各个宪法才不断处在追问中，且国家体制经受不断的变化。

平等和通过普选参政已经成了同等概念（直到或许有一天某种专制主义将向我们表明，也可以有在它面前的平等）。

这一切的动力是一种强烈的乐观意愿，它弥漫于18世纪中叶以来的各个时期。前提是人性的善好，然而人性是善恶的混合体。那种乐观意愿希望各种变化会带来一种递增的和确定的福祉，且在每个关口都相信这福祉触手可及，就像干燥暖风里的山峰。一个又一个民族、阶级和文化层次被它吸引，且相信它想要的东西一旦实现，世界就会伫立片刻。人们并不怀疑他们自己的渴望也给了其他所有人、现在的和将来的人，一种向往事物的同样权利。人们太容易忘记卢梭用他关于"全人类"的说法已经把目标设定得多么远，即通过一种向简单和理想状况的回归才能使"全人类"均等地幸福。不过这些渴望中占压倒性多数的是自然中的物质，无论它们如何把自己装扮成理想，因为绝大多数民众没有别的幸福概念。然而物质渴望本身完全是贪得无厌的，即便它们被不断满足，它们还是会更加不知足。

理想主义者们的确让他们的渴望和幻想在一幅灿烂的未来图景中膨胀，在这幅图景中，精神与物质将和解，宗教、思想和生活将是一体，责任与爱好之间将没有分歧，一种伊壁鸠鲁式的生活将与道德并行不悖——全都登峰造极，一切事物都既为人所知晓，又为人所美好地塑造。实际上，迄今只有文化增进了，而人类的善好却没有，幸福当然也没有。因为幸福有赖两件事：状况本身和对它们的满意程度。

不难想象那一乐观主义可能会转向悲观主义，就像在古代末期早就发生过的，这方面有一些零星的迹象；但"是否"和"多快"仍是疑问。

叔本华置言政治利害，且谈到这个世界的不幸，似乎这个世界最好根本不存在。

达尔文[8]关于大自然中生存斗争的理论而今也越来越多地应用于人类生活和历史。这一斗争始终存在着，但由于过去政治、民族

---

[8] 达尔文（Charles Robert Darwin, 1809—1882），英国博物学家，著有《物种起源》(1859)等。

和工业生活的缓慢,它极少被觉察;然而现在,它可怕地活跃着,且因民族战争和殊死的工业竞争而加剧。

也有可能,借助这种盲目的变革意愿(流行的乐观主义肤浅地称之为"进步",以及文化、文明、启蒙、发展、道德等等),某种永久事物(相对如此)被意指着,某种更强和更高的事物正在我们之中并通过我们实施某种意愿。未来某个时代,当它历史地俯瞰我们这整个危机的世纪,或许就会认识到这一点,而与此同时它对其自身的生活和行动或许像我们一样盲目。

(很难说我们的星球还能在多长时间里容忍有机生命的存在,还有多久它的干涸以及碳酸与水的耗竭就将引发地球上人类的消失。)

抛开所有一厢情愿,我们的工作是要尽可能地从愚蠢的高兴和恐惧中解放自己,并首先投身于对历史发展的理解。当然,如前所述,革命时代使这一客观的理解对我们来说非常困难。一旦我们变得意识到自己的位置,我们就发现自己处在一艘多少破损的船上,它正在无数浪涛之一上漂流。但也可以说我们自己部分地就是这一浪涛。

但借助一些努力,就可以让人们怀有一种严肃的兴趣。

在这些时期、国家、群体、运动以及个人中,某种特殊的精神跟一种配合它的力量与激情雄辩地自我彰显,时而发人深省,时而令人心潮澎湃。从混杂和紊乱中我们将赢得一种精神财富;在其中我们想找到的不是悲哀,而是富足。

由于世事丰富多变,由于现代生活比过去的生活多姿多彩,由于节奏跌宕有力,以及最后,由于与之相关的一切事物声名昭著,对比古老的和先前的一切事物,革命时代格外具有教益。

单从这里,我们关于人类的总体生活知道得(当然不是靠我们自己的优点)远远多于一百年前那些最伟大的思想者。他们的先人经历的不过是一些战争，最近三代人却经历了没法比的更为多样的事物，即新的生活原则之形成，无数新的国家体制，一切风俗、文化和文学方面的迅速变化。作为一场生活的震荡，诸如宗教改革和殖民的时代跟我们的时代相比微不足道。我们甚至有了一种非常不同于我们的祖先所具有的关于早先时代的知识，因为革命时代向我们敞开了一种对历史动力的了解，在这方面我们的祖先只知道发挥作用的个人。我们如今远为开阔，在所有时代的历史中看到了必然性的滔滔巨浪，并把个人看作不过是工具。

两个最大的变化是民族性的新意义和与新的社会纲领相关的新的国家概念。

民族性

法兰西，以及其他所有民族，既通过抵抗也通过熏染，变得比以前更加意识到它们自身；尤其是国家破碎的民族，更渴望结束自己离散的区域生活，渴望一种共同生活并展现自己的力量。拿破仑一世用这种前景撩拨波兰人和意大利人，他们在他死后仍相信他。民族意志的理念发展起来，无论在国外还是面对统治者，民族意志都能确认自己的存在。当然，后来的民族战争及其性格也归入这一脉络；军国主义是它们的后果。

更新意义上的国家

国家将与这一民族性叠合，即它将扩张到涵盖所有讲同一语言的人。民族性将作为一种更深入的凝聚手段为国家服务，或者反过来。已经处在国家内部的外来元素都被碾碎；这种民族主义国家对外永远不会过于有影响力，或很难有足够的影响力。

但这也适用于对内，在此政治和社会利益给国家规定了最广泛的纲领，有着几乎不能兼容的内容。在政治方面它们要求：所有行为和活动的最大自由，普遍的投票权和决策；民族意志（不管它是如何被确定的）应成为主人，专门机构将出现；所有制度都将是暂时的和弹性的。这一政治纲领的源头是革命理论，而非其实践。

在社会方面，上上下下主张一个全权国家。因为人们没有期待和希望社会自身将实现有关愿望——它其实应该如此；这就是为什么这些任务被交给了国家，它有着必需的强制手段，或者将会以所谓普遍利益的名义创造出这些手段，所以它需要一种前所未有的充足权力。不过，野心家们想要掌握这一全权国家并操纵它。这一社会纲领的起源，或者不如说基础，在于恺撒主义。

法国大革命从1789年一开始就是社会革命。财产转移在乡村地区直接就是动力，非此农民就不会参与。此外起作用的是对那些财产所有者的迫害或消灭，后者同时也一直是官方权力的持有者。再就是要设定各种事物的自由，好像这个世界是一块 *tabula rasa*（白板），一切事物都能用精心设计的制度来强制推行。这些取向在理论上先是由圣·鞠斯特[9]代表——作为卢梭坚定的追随者，他只想留下剑和犁——最后由巴贝夫[10]尾随。

1815年之后的时期接过这一发展并继续推进。只是到了如今，由于和平，一种被解放的庞大的不动产和一种此前实际上被束缚且只是相对自由的工业之各种后果才显示出来。以英格兰为

---

[9] 圣·鞠斯特（Louis de Saint-Just，1767—1794），法国大革命领袖。他于1791年出版了《革命精神与法国宪法》，成为大革命的理论明星。他支持罗伯斯庇尔的恐怖政策，在热月政变中与罗伯斯庇尔一起被处决。
[10] 巴贝夫（François-Noël Babeuf，1760—1797），法国报人，大革命期间主张平均分配土地和收入，督政府时期组织"秘密救国政府"，鼓吹人民革命，不久以谋反罪被处决。

样板,一个绝对而无情的攫取和交通的时代开启了(歌德致策尔特[11]:财富和速度);现代工业形成了。除了民族战争,还出现了同样要命的民族竞争,以及沿着民族层次和阶级界限的斗争——始于依靠机器的大规模小麦栽培,继之以家庭工业和手工业被大工业和工厂体系排挤,后者的生产主要是为大众消费,接着是为一切。(海尔瓦[12],《机器与不幸》,783页。注意,不只在过渡时期是这样。)

与政治平等形成惊人对比的是贫穷和生理退化(大脑构造)。当然,贫穷构成了"每个文明阶段的成分",但以前它不集中,且在政治上没有一个声音。现在它吵吵嚷嚷;它简直再也不想是贫穷了,毕竟,我们处在不断修正的时代。

在这种环境下,伴随其他所有被宣告的平等,唯一的不平等,也是最敏感的——财产的不平等被设想为维持不变,而此时它恰恰在严重地加剧,而整个中等阶级明显在衰落。

于是社会主义及其一系列纲领出现了。它力求控制国家,与此同时国家也着手社会实验。

加剧危险的因素有较小生活单位的解体、无限制的定居和商业营建,以及人口过剩——这一切伴随着国家越来越多的要求。

幸好我们对历史的考虑并不涉及未来,不像某些哲学家,例如有着两种预言的冯·哈特曼先生。预言固然是无效的,但我们的时代通常会激起对未来的估计和推测却是个事实。

一个预言(哈特曼,《关于无意识的哲学》,348页和351页起)是说世界会破碎成一些共和国,它们一起将形成一个有着共同立法

---

[11] 策尔特(Karl Friedrich Zelter,1758—1832),德意志声乐作曲家,歌德的好友。
[12] 海尔瓦(Friedrich von Hellwald,1842—1892),德国社会达尔文主义者。

保护的多国共和国。

在社会方面，哈特曼预见了自由合作，后者有着统一的生产组织和世界范围的销售市场，由此地球上的财富也将以比现在快得多的速度增长，只要（！）它这时没有被人口增长拖累或超出。（所以即便是哲学家们在这里也看不到关联性。）最终目标将是所有人都过上一种舒服生活，一种配得上人的生活，有着允许充分闲暇以便增进知识的工作时间表。（但那时谁将装卸垃圾或干单调的零活？）很大程度上，人那时将有可能最终实现他积极的、真正的使命。

哈特曼的另一个预言（《关于无意识的哲学》，337页，尤其是341页起）如下。在关于哲学和哲学家巨大的自我赞美以及其他漂亮话之后，跟着的是一种对未来的看法（与达尔文有关），它或许尽它最大可能跟前面的内容协调（《关于无意识的哲学》，343页：在这个地方他也承认若从幸福论的立场出发，自己的展望是恐怖的）。它就是生存斗争。他说，依据对人和对动植物同样不容分说的自然律，这一斗争也发生在人之间，亦即除掉低劣的人类种族，除掉作为受阻发展阶段之残留的原始人。当然，最高度发展的种族，白人，占据整个地球越快，这些种族内部各部族之间的战斗爆发得也就越快；因为这些部族更加匹敌，这一战斗将更加可怕、严酷和拖延，但也更有益于物种进步性的"发展"（的确是！发展成邪恶的魔鬼！）。依据哈特曼，斗争形式不重要，无论它是战争或其他竞争形式，商业榨干或别的方法。由此地球将日益成为最高度发展民族的独占奖赏，这些民族将变得越来越文明。当然，即便在这些民族内部，进一步的发展也只有通过一种恢宏的生存斗争才能够发生。（前面提到的舒服生活，一种配得上人的生活哪儿去了？）

我们将抛开这种历史的装饰性结尾。相反，我们要求了解命运——要求对每次摆在我们面前的东西负有一种责任感,要求服从不可避免的东西,要求当我们面对重大生存问题时,有一种对这些问题之清楚的、毫不含糊的陈述;最后,要求在个体生活中能有所需的许多阳光来使他保持警醒,以便实现他的职责和他对这个世界的沉思。

115. 自上而下改革的时期

绝对主义,先前基于神圣权利,主要为了享受它的权力,为了它贪婪的目标而存在,它开始作为素丹主义关切公共利益,或至少假装如此,部分是本着伟大理想的精神,部分是作为仁慈的父亲。为此它需要并要求进一步加强自己的权力,以支配包括教会在内的特权等级以及各种地区差异和专门特权。

公众舆论早就被一种法兰西—欧洲的、部分是负面的、部分在想象上是正面的文学和诗歌发动起来,并将平等或至少是一致作为其基础。由此它帮了绝对主义,因为它也把国家看作是秩序井然的,在其中,特权阶级仅被许以好处,所剩的自治权力尽可能地小,在其中,差异尽可能地少。贵族统治的王国,波兰和瑞典,被视为最不幸的国家。根据这一观点,英格兰是个例外。与此同时,公众舆论日益拥护普遍的"启蒙",亦即对存在物一切原生和不可见基础的抽象化。

改革包含着不受限制的集权化;启蒙运动包含对一切传统的敌意。启蒙的,亦即绝对主义的国家,力求内部的完全一致和所有力量的完全在手;公众舆论力求打破所有樊篱。

社会方面,上层阶级仍到处都很吃香,只有他们有资格成为国家的高官以及(天主)教会的部分高官,但他们内心不再确信自己的专有特权,且早已受到各种新发展的强烈影响。

如果国家现在不再将其获得全权的授权溯自神圣权利,而是溯自公共利益的观念,它势必要冒这样的危险,即从王朝手中落入别人手中。它恰恰还不知道这一刻多么迫近。所有人都相信自己能够本着公共利益的精神统治。

权力的完全集中和启蒙运动,现代国家的这一双重起源从那时起就经常显而易见。例如法国的政治传统出自大革命和拿破仑专制的交织。

与这一总体事态相一致,弗里德里西二世1778年对总理事务院[13]的训谕说道:"我们的利益与民众的利益一致。"在弗里德里西大王看来,一位君主早已是"国家的第一公仆"(1752年的遗嘱[14]?)。当然,他统治期间,"公共利益"被替换为战争方面所有力量的集中和备战,以及他不可避免的和永久的独裁。他的贵族中只有很小一部分是真正的贵胄,占压倒性多数的是容克[15]。

116. 北方的绝对主义

古斯塔夫三世[16]的任务是通过推翻一个寡头政权来拯救国家,查理十一在1681年也从非常相似的一个寡头政权那里取得了被篡夺

---

[13] 总理事务院(General Directory),弗里德里西·威廉一世于1723年设置的集权机构。
[14] 弗里德里西二世有五份遗嘱,先后写于1752、1758、1776、1782和1784年。
[15] 容克(Junker),普鲁士和东德意志的土地贵族,起源于中世纪对东北欧进行殖民和基督教化的士兵或雇佣军。
[16] 古斯塔夫三世(Gustavus Ⅲ,1746—1792),瑞典国王(1771—1792)。由于议会党争无法调和,他在1772年发动政变,亲自掌权并实施改革。1788年他与俄国开战,丹麦支持俄国并参战,部分瑞典贵族也与俄国勾结,他于1789年再次政变并在其他阶级的支持下压制贵族,1790年对俄海战胜利后他取得了有利的和约。1792年,在一次蒙面舞会上他被贵族刺杀。

的王室领地和权利。古斯塔夫的政变是一次以整个国家的名义反对一个肆意为害部分的真正的王室革命。

在丹麦方面，这里有充分的王室统治，但一个由亲属构成的官僚阶层毫无外国支持地参与统治（这里没有像在瑞典的小帽党和大帽党[17]），仅仅是作为一种习俗。自大、空虚的施特鲁恩西[18]，一个真正的学究，以启蒙和进步的名义闯入了这一积弊的巢穴，之后不得不一步步往前挪，直到他气喘吁吁并被推翻。他的整个故事只有病理学的价值，只是见证了把进步等同于卑贱精神的统治的那种流行热狂。君主政体在他之后跟在他之前没什么差别。

117. 北美革命战争

（1）一旦美洲人真的相信美洲是为他们而存在且属于他们，只要他们足够强大，那就甚至无须用"没有代表就不得征税"的主张来引发他们的反抗。实际上，无论如何，倡导者们都想脱离英格兰，税收事宜不过是绝佳的借口。

一件很有特点的事情是在反叛中持久保留了合法的外表。

美洲人享有极大的个人自由和各种政治权利，这同直到那时他们受到的商业监管和剥削之间有一种惊人的不相称。

---

[17] 自查理十二1718年死后到古斯塔夫三世1772年掌权，此间在瑞典小帽党（Caps）上台两次（1719—1738和1765—1772），大帽党（Hats）上台一次（1738—1765）。小帽指睡帽，该党奉行疏远法国、亲近英国和向俄国妥协的政策，因而被反对者冠以小帽党之称作为嘲讽；大帽指官员和绅士的三角帽，该党奉行亲法反俄的政策。

[18] 施特鲁恩西（Johann Friedrich Struensee，1737—1772），德意志人，作为精神错乱的丹麦国王克里斯蒂安七世（Christian Ⅶ）的医生，他完全左右了国王并赢得了王后的好感。在王后支持下他于1771年成为事实上的摄政，他的改革激起了贵族的仇视，贵族控告他与王后通奸并将他处决。

只有一个想法在当时是不可能和不可想象的：英格兰应该无须劝告就主动给这些殖民地自由。毕竟只在不久前它还胜利地把美洲的新地区转给自己。甚至随后英格兰有可能必须防卫这些地区，假如其他某个海上强权想在那里有所建树的话，例如后来支持殖民地的法国。

所以当时世界上最有权力的政治家和政治经济学家也还真得为经验狠狠付一笔。

当然，没有外国援助，美洲人一开始可能会被打败，但很难长期如此。另外，他们寻求并接受外国援助，这一事实本身就是他们作为民族的特征。

最初那么歧异的背景与政治和社会差异，以及非英格兰人、荷兰人和逃难的人，早已被极大地抹平了。

（2）没有法国的援助和欧洲的海战，北美肯定会被征服。由此英格兰的全部政治和经济生活将不得不朝着永久压制北美来设定。英格兰将成为一个军事国家。不过，终究会到来的法国大革命或许将引得美洲再次反叛，大概会快到使英格兰不得不在1793年之前很早就采取立场并加入反法同盟[19]。至少该军事国家将不得不在英格兰自身防卫一场革命。1783年的美洲（合众国）只有今天纽约一倍半的人口。它当然想不到自己将来与欧洲的交互关系，尽管人们肯定很快就知道这场成功的反抗对整个欧洲有一种道德意味。这个国家将"追求快乐"作为各民族生活的一个目标，写入了它的奠基性文献。

---

[19] 1792—1815年，欧洲国家共组织了7次反法同盟，英国于1793年2月加入第一次反法同盟。

118. 英格兰

这里所存在的国家结构和经济生活,借助自身极大的政治力量和一些个人的能力,能够完全疏远当时大陆上对变化和所谓改革的热情。

英格兰没有孟德斯鸠[20]和卢梭这种人造成哪怕十分轻微的损害,甚至法国大革命的影响也被彻底拒绝。一些大的胜仗之后,作为大革命和法国所有对手中最光荣的一个,英格兰沿着老路进入了19世纪。它渡过了其内部危机,没有外国能通过骚扰或入侵来加以干涉,更别说永久征服。它的公众舆论摆脱了大陆上公众舆论的波动和反复。这个岛上的一切都尘埃落定。

自1763年起,英格兰无比光荣地(《巴黎和约》[21])进入了现代,并且自西班牙继承战争以来就总是几乎持续地占据优势。

它的上层阶级最大程度地拥有法国贵族所缺乏的两项能力:它能够通过两个政党来管理王国,与此同时它在司法、管理和军事命令方面运转各个郡,全都不花钱。

119. 诸小国

[涉及德意志的一些状况。]在威斯特伐里亚、上莱茵河和法兰克尼亚地区,特别是在施瓦比亚,小的公侯和伯爵数目尤其多,

---

[20] 孟德斯鸠(Montesquieu, 1689—1755),法国启蒙思想家。
[21] 《巴黎和约》(Peace of Paris),英国和汉诺威与法国和西班牙于1763年签订的、与《胡贝尔图斯堡条约》一起结束七年战争的和约。根据和约,英国取得加拿大和密西西比河以东原属法国的地区,英国用哈瓦那换取西班牙的佛罗里达,作为补偿,西班牙再从法国取得路易斯安那,此外,英国在印度、加勒比海和西非也有收获。

全都有小的宫廷和小型的完整管理机构。如果他们只满足于做地方容克就好了！相反，那里流行着宫廷摆谱和军事嗜好。各种改革几乎从未渗透到那里。与较大国家的改革者们同时，那里还有许多小宁录[22]和土豪，他们被冒险家包围着，横行霸道、恣意妄为。只要没有哪个大国允许另一个大国兼并小国，小国都会存在。

小国若有意义和生命，必须是个共和国，真正的共和国，并且其变化和保守应与其活力相称。

120. 耶稣会的瓦解

可怪之处在于整个修会在其败落时无人出面。难道就没有一个耶稣会士挺身而出面对像蓬巴尔[23]等权势人物吗？在该修会的最后时刻，人们至少错过了写一本书，从权力和策略的角度来为修会求情。[后来添加：这么一本书也于事无补。]当然，事后也没有任何"披露"。

121. 1789年之前的思想环境

基本上唯物论的世界解释，同样非宗教的人性学说，对基督教

---

[22]《圣经》有限的记载表明宁录（Nimrod）是古实的儿子，含的孙子，挪亚的曾孙，称"他为世上英雄之首"，"他在耶和华面前是个英勇的猎户"，并表明他是大洪水之后第一个建国者，在示拿地建了巴别、以力、亚甲、甲尼，在亚述建了尼尼微、利河伯、迦拉、利鲜（《创世记》10章8—12节，《历代志上》1章10节和《弥迦书》5章6节）。其他记载和传说还称宁录是巴别塔的建造者，悖逆上帝的僭主，经常落得暴亡的下场。

[23] 蓬巴尔（Sebastião, marquês de Pombal, 1699—1782），葡萄牙首相（1756—1777），曾迫害和驱逐耶稣会士。

的憎恨（不只是恨它的外在权力体现，天主教会），跟对特别是法国国家体制的日益增长的批评和嘲讽，对宪政国家的理想，对国民经济的新观点结合起来，并部分地跟关于人性在其假定的自然状态中善好的学说，跟导致风俗和国家中激进变化的动力交叉和重叠。这一切，它的方方面面，都寄托于势不可挡的文学，这种文学越出法国，扫荡欧洲。

人们普遍容易被传染。情感需求被唤起，并且靠着同情和一种它尤其需要的道德感存在着。探询同伴的心理成了风气；这方面的重要文献是拉瓦特[24]的相面学著作。

指向虚幻热情和启蒙的情感需求在欧洲其他地方被秘密会社所利用，在法国自身则被变戏法的和江湖骗子所利用。

一种胜利和欣慰的普遍感受笼罩着社会，这种情绪受到重要游记、自然描述以及自然科学中的发现的滋养。

122. 18世纪德国和法国的思想发展

法国心灵认知事物几乎只是 *ad probandum*［为了争论］，再有就是为了得到一些证据，谴责之前的一切。

而德国心灵是 *ad narrandum*［为了讲述］，即通过新的眼光观察，来自内心和来自世界都有无数事物要讲述。它有一种确凿的能力来深入内心和世界。

音乐在这两个国家的处境提供了这方面决定性的证据。由于它与"证明"，这项当时法国心灵的唯一活动毫不相干，它在法国扮

---

[24] 拉瓦特（Johann Kaspar Lavater，1741—1801），瑞士人，以相面术闻名。

演一个小角色,尽管有格雷特利[25]和梅羽[26]。诗歌方面也一样,因为这一倾向,真正伟大的作品在法国不可能出现。

相比之下,德国人的精神是积极的、丰富的、多样的,它在方方面面发掘自身并享受其财富,它被导向理解和知识的幸福。

它最伟大的代表之中丝毫不显露普遍的不满或嘲讽的调子,法国却以此在过去和现在的一切事物面前喷沫。一些个人情感占主导,但总体也显现,那是狂热者的爱国主义而非含辛茹苦的品种。那里此时流行的不是苦涩,而是各式各样努力中欢快的狂热。

123. 卢梭和他的乌托邦

(1)卢梭的乌托邦早就从有教养者的圈子广泛传播到受过一些教育的人。构成并维持这一乌托邦的是下述前提。人性被设想为是善好的,只要樊篱被拿掉;与此相关,道德感、同情等得到歌颂,并贬损文明人以对原始人唱赞歌;以人类的名义,争论或行动被推进得超越了各个民族;设想一份原始契约,事物可以在其中任意安置(较为谨慎的人说是一份默默制定的契约);接着,从"社会契约"中得出自由和平等,后者假定所有人都该拥有一些东西,但没有人拥有太多;最后,*volonté de tous*[众意]和*volonté générale*[公意]将被平衡,没有说谁将决定后者。

法国人亲近跃入不确定之中的思想;对情感的普遍需求在此发挥作用。

(2)奇怪的是,卢梭肯定非常了解,但却没有援引法国普通人

---

[25] 格雷特利(André Ernest Modeste Grétry,1741—1813),法国歌剧作曲家。
[26] 梅羽(Étienne Nicolas Méhul,1763—1817),法国歌剧作曲家。

之真实、具体的生活和哀愁,而始终是个理论家、空想家。这么做或许是为了不吓走他在那时唯一可能有的读者群?这些新观点有跨越两代人的充足时间来获得承认。

(3)让-雅克·卢梭始终是个平民。他的热心肠只是表面。《忏悔录》的特点在于,它有令人惊讶的效果,忧郁反叛的笔调,心力交瘁的迷梦,以及各种道德感而非道德;这一切具有某种非法国的东西。

124. 大革命前法国的政治形势

对底层的压迫无以复加;让人几乎活不下去。庄园和教会的压迫与国家施加的压迫相比简直不算什么。农民在暗中躁动。

财政预算已不堪重负。除了官僚机构、债务和利息、税租及相关东西、军队及其无数军官以及外交事务的花销,宫廷和与之相关的一切是一笔极其巨大的花销,特别是大量接受馈赠的贵族宫廷社交界和连带的津贴;这一浪费仍在增长。似乎几任国王不仅要使皇亲国戚,而且要使每个随从都保持巨大财富,并且要很不成比例地补偿他们的每一项损失——这一切都面对着递增的赤字。可是这一高等贵族阶层在政治上毫无权力,且不习惯于任何与民众的实际接触。它沉湎于沙龙生活及其舒适惬意和孤芳自赏中。

第三等级已经获得了许多特权,以致它想要月亮且迫不及待。它并不满足于轻易晋升为贵族和向它开放的众多官职。自1614年以来它就与贵族没有任何政治接触[27];在其市政职位上它经常被欺

---

〔27〕 1614年2月召开的三级会议是1789年之前法国最后一次三级会议。

凌；它缺乏任何古老的市政精神。一个资产阶级若在社交上被贵族接受，除非他有才能或名声（文人），或除非他能让人愉悦，或者如果他富有的话，能招待他们。在生意上第三等级向前推进了，它正在获得财富，同时已经受到平等主义文化的极大影响。

诚然，所有的阶级依然彼此隔绝，甚至城市居民也与农民隔绝，但是与其他地方相比，这里在文化和风俗方面更统一，另外，得阅读时尚之助，理论实际上起着拉平作用。

这方面，巴黎的影响和同化力至关重要。

而这一切遭遇到的是一个仍然被独断精神所桎梏的政权，尽管它现在节制其对 lettres de cachet［密札］的使用，并通常 modére et faible［温和和软弱］，且对行动和进步全心全意。正是通过绝对集权的行为，它预备了大革命（参阅托克维尔的论述）。

125. 法国大革命的命运

命定了这场大革命的是，依照古老的传统，王权认为自己有权采取任何手段，尤其是欺诈，然而它在这方面却没什么才能；例如，如果誓言是被逼出来的，但凡可以，它就肯定会收回。对此，革命者们提出了一种全新的宪政观，以致一切都必然显得像是对他们的背叛。王权不可能服从或很快适应这一新的道德。此外，反对者们从一开始就狂热和暴躁，呈现出一副为了千年的不公正而对现存国王和贵族复仇的面孔。大革命在其要求方面是无条件的。王权以及那些一直享受特权的人、当下所有的有产业和有教养的人，不再清楚他们正在对付的是谁，以及作为所有可以想象的集会之女主人的巴黎会走多远。

126. 米拉波[28]

（1）米拉波的研究和著述涉及方方面面。他有一个天赋，即总是能在他自己的状况中看见总体状况和法国。他对外国——英格兰、荷兰、普鲁士——的了解是当时任何一个法国人都比不了的。即便他的天才和他出人头地的天赋都很了得，且他在那时完全成熟，但只要人们了解到从一开始就在法国大革命内部咬噬着的癌症，人们就会对他的成功不抱希望。在危机开始时米拉波遭到了宫廷的误解，他甚至不得不参与进这种瓦解。

（2）米拉波这样的计划几乎不可能成功；无论如何，这个计划预设了在希望和大胆方面的一种过人器量。这解释了他早些时候的完全气馁。要让这个计划成功，宫廷将不得不把自己完全托付给这个表面上的反对派成员，而今后还有多到无法估量的燃料可供消耗的大革命将必须盲目到足以使自身被米拉波哄骗。如果米拉波没有要求不惜代价的行动，他将毫无成功希望地被丢弃。这是那些时候命定的特征，天赋最高的人由于他的恶名，如此持久和深刻地吓住了那些他想要挽救的人，以至他们蹉跎到为时已晚。

米拉波在1790年做出了一些巨大的让步，尤其在所有有关教

---

[28] 米拉波（Honoré-Gabriel Riqueti, Count de Mirabeau, 1749—1791），法国政治家。他出身贵族，早年因生活放纵而多次入狱。1776年他与女友私奔，落脚阿姆斯特丹后靠写攻击法国旧制度的小册子谋生，声名鹊起。1777年他被荷兰移交给法国，监禁到1780年，此间大量阅读和写作。1784—1785年他居留伦敦，1786—1787年他出使普鲁士。1789年他以第三等级代表的身份入选三级会议，后又成为国民议会的核心人物。1789年10月5日和6日之后，在拉马克的要求下，他向宫廷献策，要求国王逃往外省首府，并着手君主立宪，但他的建议被王后拒绝。1790年3月，他接受了国王的大笔秘密酬金，此后通过拉马克与宫廷频繁通信直到去世。1791年2月他被选为国民议会的主席，4月2日病死，葬入先贤祠。1792年他与宫廷的通信被发现后，他的遗体被迁出先贤祠。

士的问题上，只为留在权力顶端。（尤其可参阅泰纳[29]的《大革命》，235页，注释——关于神职人员的婚姻等。）

他是那个时代最耐人寻味的法国人。拉法耶特[30]一伙在他旁边看起来像一群笨蛋，但在1789年夏季，无政府状态开始蔓延之后，他再也无能为力了。

比方说，即使路易十六在7月11日选择米拉波做他的大臣，替代内克[31]，且议会[32]热忱地接受他，米拉波也不可能带来改造所有

---

[29] 泰纳（Hippolyte Adolphe Taine, 1828—1893），法国实证主义者和历史学家，著有《当代法国的起源》6卷，其中2—4卷题为《大革命》。

[30] 拉法耶特（Marquis de Lafayette, 1757—1834），法国军人，曾效力美国革命，大革命期间他是三级会议和国民议会中的重要人物，7月15日被推为国民卫队司令。他主张君主立宪，曾镇压民众以保护国王，1792年君主立宪政体破产后他出逃，先后被普鲁士和奥地利监禁。1799年雾月政变后回国，但不满拿破仑。1818年当选议员，1824—1825年访问美国，1830年参加七月革命，1834年去世。

[31] 内克（Jacques Necker, 1732—1804），瑞士人，在法国成为银行家，1777年受命总管法国财政，1781年被辞退。在路易十六答应召开三级会议应对财政危机后，他于1788年8月复职。1789年7月11日，他再次被免职，这导致了激愤的群众于7月14日攻陷巴士底狱。路易十六不得不将他召回，但他对形势无能为力，1790年隐退日内瓦。

[32] 这里的议会（Assembly）指国民议会（National Assembly）和国民制宪议会（National Constituent Assembly）。1789年6月17日，在西耶士提议下，三级会议中第三等级的代表宣布自己为代表全民的国民议会，此后教士和贵族等级的许多代表也加入其中，他们于20日在一个网球厅集会并宣誓要为法国制定一部宪法。路易十六23日解散该议会的尝试失败后于27日承认了它。7月9日，国民议会改组为国民制宪议会，但习惯上仍称"国民议会"，另一种称谓是"制宪议会"。7月14日之后，该议会成了法国事实上的政府。它于8月4日起讨论并制定废除封建权利的政策，例如废除什一税等；于8月26日颁布《人权和公民权宣言》；于11月2日决定没收教会财产并以这笔财产为担保发行指券（Assignats）；于12月22日决定重新划分国内政区；于1790年2月13日禁止教士的终身誓约并解散除教育和医疗外的所有教会团体；于3月15日决定废除长子继承权、门第特权等；于6月19日决定取缔贵族阶层，废除一切爵位等；于7月12日通过《教士公民组织法》，使教区和政区一致并规定主教和教区神甫由具有选举权的公民选出，教士薪金由国家支付；于11月通过了《宣誓法令》，规定教士必须宣誓效忠新宪政。在所制定的宪法得到国王认可之后，该议会于1791年9月30日自动解散，依据宪法，接替它的是立法议会。

国家制度所需要的安定和秩序。迅速的衰败已经进展得太远，米拉波不再能阻止巴黎参与政权；逃离巴黎是他再后来的建议。他暂时无法改变的事实是，议会在严峻的外部压力下投票，且面对实际的机构解体，它的决定始终无效。

米拉波想要挽救君主制，然而对方起初却一直排斥他。在1789年6月底，他对拉马克〔33〕说，这不是他的错，"如果他们强迫他为了他自身的安全而使自己成为民众党派的头目"。他说他必须讨好民众，即便只是为了君主制——但也为他自己。（他必须及时加入鼓噪中，只为能够保持某种影响。）应肯定他的一点是，他从未支持奥尔良党〔34〕。在自己的所作所为中，他始终意识到自己正帮着冲向深渊。10月5日和6日〔35〕让他无比惊愕。

在1790年6月11日致西耶士〔36〕的信中，米拉波表达了他对法

---

〔33〕 拉马克（Auguste Marie Raymond，Comte de la Marck，1753—1833），佛兰德斯大地主，军人和外交家，三级会议代表，与米拉波私交甚笃，是米拉波与宫廷相互联络的中间人。
〔34〕 奥尔良党指追随波旁王朝奥尔良分支的党派。米拉波碰到的奥尔良党以奥尔良公爵路易·菲利普·约瑟夫（Louis Philippe Joseph，1747—1793）为核心，他是路易十六的堂兄，但与宫廷不睦，1789年他入选三级会议并很快加入第三等级，1791年他参加雅各宾俱乐部，1792年他放弃了贵族头衔并接受了巴黎公社给他的称号，菲利普·平等，在国民公会中他支持激进派，但在他的儿子路易·菲利普出逃后，他被处决。
〔35〕 由于风传宫廷将镇压革命，1789年10月5日和6日，巴黎民众涌向凡尔赛请愿，一部分人甚至闯入王宫，在民众压力下，国王和王后被迫迁入巴黎的杜伊勒里宫，置于民众监督之下。
〔36〕 西耶士（Emmanuel-Joseph Sieyès，1748—1836），教士，革命前以小册子《什么是第三等级？》闻名，后入选三级会议并推动会议转变为国民议会，此后他参与起草《人权和公民权宣言》及1791年宪法。入选国民公会后，他投票赞成处死国王。恐怖时期他明哲保身。热月政变后他先是入选五百人院（1795—1799），后成为督政府督政（1799）。他支持拿破仑的雾月政变，成为政变后的三执政之一，负责起草共和八年宪法。此后他一直任元老院议员，1809年被拿破仑封为伯爵。路易十八复辟后，他以弑君罪被逐，定居布鲁塞尔。1830年七月革命后回国。

国人的看法:"我们这鹦鹉学舌的类人猿民族!"

127. 神职人员

这个新的平等主义国家憎恨神职人员的一切:他们是一个紧密的团体,因此在普遍的崩溃中不为所动;他们与平等格格不入(平等在那时就是取缔旧的行省和它们的各个阶级,取缔各地高等法院,以及所有行会和社团);他们的服从誓言与人权相抵触;他们有无法触动的上司,且在宗教以及整个生活中完全贯彻权威原则。启蒙哲学家们认为基督教是一个错误,而天主教是一场瘟疫。

立法议会〔37〕取缔了村社财产,接着取缔了所有的团体,包括慈善和教育团体,而国民公会〔38〕顺理成章地对所有学术和文学社团采取同样做法;接着它还没收了医院和其他慈善机构的全部财产。

---

〔37〕立法议会(Legislative Assembly),它取代国民议会,于1791年10月1日成立。基于罗伯斯庇尔的动议,以往议会的任何议员都不能进入这一新的立法机关,所以立法议会的成员多为中等阶级的年轻人,其中不乏共和主义者。1792年4月20日,立法议会对奥地利宣战。6月20日,受关于宫廷通敌的传闻刺激,巴黎民众冲击王宫甚至包围国王。8月10日,民众再次冲击王宫并与王宫的瑞士卫队激战,国王则躲到立法议会,后被民众囚禁于寺塔(Temple),君主立宪政体破产。9月20日,普选产生的国民公会召开第一次会议,它取代了立法议会。
〔38〕国民公会(National Convention),它取代立法议会,于1792年9月20日成立。它于22日宣布法国为共和国并于1793年1月21日投票处决了路易十六。最初吉伦特派在国民公会中占据表面上的优势,但它无法去除山岳派(在吉伦特派退出雅各宾俱乐部后,也被称为雅各宾派)和巴黎公社的威胁。1793年6月2日,雅各宾派通过暴动打倒了吉伦特派并掌权,随后施行恐怖政策。1794年7月27日热月政变之后,温和的热月党人取代雅各宾派掌权,在根据国民公会1975年8月22日推出的《共和三年宪法》选举出五百人院和五位督政官之后,国民公会于10月26日解散。11月2日,督政府统治开始。

什一税,实际上相当于净产出的七分之一,它的废除主要有利于较大的业主。

对40亿不动产的没收肯定造成了极大危害,因为它助长了这样的信念,即这只桶没有底。对宗教崇拜、慈善机构(诸如医院)和学校——此前由神职人员照料的事务——几乎一文不花。这种事情而今被认为该由各个行政公社来照料。一切都陷入了指券的无底洞。付给被剥夺的神职人员和团体的津贴在1790年之后很少发放。

128. 立法议会和俱乐部

任何议会,只要它不得不维护各种形式,承认各项原则,并且因由全国选出而成分复杂,它就必然会向无情的俱乐部老板们低头,后者似乎更直接地代表着当前事务,因为他们是最暴烈力量的代表,亦即仍在进展中的运动本身;此外,在施压的一般手法上他们很是肆无忌惮,且有一座大城市的暴徒有组织地为他们效劳。

尽管如此,人们必须承认这些俱乐部领袖高度代表那一统治精神,这种精神对其所作所为的无底限和纯粹暂时的性质并不忧心(只要大恐怖存在,这种精神就会持续)。

当然,对他们有利的是,(通过俱乐部的意志)他们能够统治,因为再也没有别的政权了。下至每个村庄都有他们这类人在活动;当每件事都通过某几个人对整个市区的恐怖威压来迅速和主观地加以解决,说不准这是否还能被称为管理。

面对这样一些势力,议会将随着潮水上涨而举步维艰,首先是因为,前者的人员更新了,且总是适应运动,而议会是在一个落后得多的时刻选出的。这样一个议会的苦楚在于,它必须不断屈服,以便保持仍处在运动排头的表象。

256

而俱乐部的领袖们——卡米尔·德穆兰[39]在俱乐部中看到了"肺活量贵族"——只需听任亢奋的情绪来确信此刻行动正确。1792年夏天他们控制巴黎各区的方式基本上是明着干的。他们把巴黎各区吓得沉默,就像在一个大范围中对议会所做的,直到除了他们自己人没人再能忍受。

在不惜代价通过恐怖造就权力的活动中,恐怖分子及时地获得了重要的经验与风格。

大恐怖在此实际上是借助巴黎的各种否定性力量来控制议会。

重要的事实是,巴黎的势力能够联合起来在具体事物上统一行动,即采取协调一致的步骤。当然,这是他们唯一能做和必须做的事情,但其他人或许不能够统合,并因而在一开始就崩塌了。

雅各宾派的历史编纂对路易十六的态度很不光彩,他只想被营救,甚至不是那么无条件地。雅各宾派历史学家是历史上的雅各宾派的一种回声,他们有意把路易描绘成有罪的和危险的,在纸上制造对他的致命威胁,并把一小撮王党暴徒说成是一支 chevaliers du poignard〔佩剑骑士〕的军队。路易已经被迫在议会前提出战争要求。5月25日他们取消了他的 Garde Constitutionelle〔国王卫队〕。

129. 1792年8月10日

很多事情仍然取决于这位国王的个人行为。如果他具有人们所

---

〔39〕 卡米尔·德穆兰(Camille Desmoulins, 1760—1794),律师,但因口吃和举止暴烈,在巴黎并不成功。他关注时政,内克被免职后,他于7月12日向群众发表演说,称内克的免职预示着对改革者们要进行屠杀,他的演说掀起了以攻陷巴士底狱为高潮的暴动。此后他通过小册子和报纸宣传废除国王,实行共和,并为革命的暴力辩护。他参与了1792年8月10日的暴动,入选国民公会后赞成处死国王。在国民公会中他与丹东联合并攻击公安委员会的恐怖政策,后与丹东一起被处决。

期待的血气之勇，且提供一个藐视死亡的榜样，他将找到多得多的捍卫者，或者那些他已经找到的人将会更好地来帮助他。他可真该通过言行激励一下仍然忠诚的国民卫队[40]，并给瑞士人精确的命令，而不是让他们防守当时他已经不在里面的杜伊勒里宫！为什么要为一个自己不冒一点风险的君主去冒一切风险呢？巴巴鲁斯[41]也认为国王本来还是能赢。如果他身上有哪怕是亨利四世的一星半点（除了他的敦厚），如果他骑上战马，他就能够把谋算他的打击变成可乘之机。

作为一个炮兵上尉的拿破仑这些时候都在巴黎，6月20日、8月10日和九月屠杀期间。

130. 九月屠杀

（1）与之相关的主要因素是马拉的嗜血，以及当时有一种通过重大的恐怖措施和对国民公会选举施加尽可能大的影响来掩护劫掠和不法的需要。

当某些人看到某种恐怖的事情将要发生，他们就加入进来并置身前列，为使事情中有他们的身影。于是丹东[42]就站在马拉身边了。

---

[40] 国民卫队（National Guard），大革命中在各个城市由中等阶级子弟构成的维护治安、支持君主立宪政体的军事力量，有别于军队。
[41] 巴巴鲁斯（Charles Jean Marie Barbaroux，1767—1794），法国马赛人，律师，1792年因入选立法议会而来到巴黎，在他鼓动下，马赛向巴黎派遣了义勇军，这支队伍在组建巴黎公社和8月10日攻打王宫中起了重要作用。入选国民公会后，他支持吉伦特派，该派失势后他逃到外省，发现后被雅各宾派处决。
[42] 丹东（Georges Jacques Danton，1759—1794），巴黎律师，大革命爆发后于1790年参与创建哥德利埃俱乐部，后作为巴黎公社成员推动了8月10日的暴动。共和制下他是国民公会成员并一度执掌第一届公安委员会，由于主张缓和极端措施并批评第二届公安委员会专横，他被冠以谋反罪并被处决。

258　　一旦恐怖被嫁接到了革命上，只有那些现在参加进来的人或许有希望继续控制。

这种日子巴黎有三次：1418年[43]、1572年和1792年，不算1357—1358年[44]和1381—1382年[45]。

不过，除了许多贵族、瑞士军官和未宣誓的教士[46]，这些丹东在名字边上打叉号的人，众多普通犯人和被告也被杀，这表明这次寻求的并非专门报复，而是流血本身，以便赋予革命其真正的气质。另一方面，监狱大开和歹徒获释，以致一周的时间无人在街上能免于被抢，这一事实证明，这里不涉及道德义愤。这两件事都做了，监狱由此腾空以待新的受害者。

通过大恐怖，权杖将再次确保给巴黎公社[47]，并且如果可能，将是永久的。它是且始终是一个少数派并知道这一点，因此它必须抱团儿。

想要的是杀戮本身，从现在起这将成为大革命的气质。

（2）关于国民公会的选举：巴黎公社想使新议会本着它的精神选出，并有一幅巴黎面貌。

预谋论的否定者（维廖默[48]、路易·布兰科[49]）没有认识到在为秘密委员会辩白并谴责那样的巴黎时，在强行把这些屠杀与保

---

〔43〕1418年5月，勃艮第公爵让一世（John Ⅰ）的军队攻陷巴黎并开始屠杀。
〔44〕1357—1358年，巴黎市长马塞尔（Etienne Marcel）与法国王太子对抗，由于马塞尔雇用土匪作军队，引起了巴黎民众起义，土匪雇佣军被消灭，马塞尔被杀。
〔45〕1381—1382年，巴黎发生抗税起义，后被王室军队镇压。
〔46〕国民议会于1790年11月通过了《宣誓法令》，规定教士必须宣誓效忠新宪法。
〔47〕巴黎公社（Commune of Paris），1789—1795年间巴黎的自治政权。
〔48〕维廖默（Nicolas Villiaumé，1818—1877），法国历史学家，1851年出版了《法国革命史（1789—1796）》4卷。
〔49〕路易·布兰科（Louis Blanc，1811—1882），法国报人、历史学家和政治家。他在1847—1862年间出版了《法国革命史》13卷，他赞赏雅各宾派。

卫祖国捆绑在一起时，他们泄露了内心的野蛮。巴黎必须做这些事情，以便马拉、罗伯斯庇尔[50]、比约[51]、丹东、曼努尔[52]等人能顺利脱身。九月屠杀以杀戮气质激励了大革命。

九月屠杀的确标志着大恐怖的开始，亦即，普遍的 *aplatissement*［镇压］，无论政治事务有时在国民公会中如何显现，实际上对公社及其党羽的恐惧一直都在。

9月的这些天，正像后来的5月31日，是又一个大革命的巴黎化。巴黎把大恐怖带入了大革命，首先是为了在全国造成具有这种面貌的选举。

主要影响在于大革命向恶劣方向发展。罪犯们必须消灭那些为此指控他们的人（吉伦特派）。

131. 国民公会瓦解前后

［1868年1月3日—1870年1月4日—1876年1月4日］由于当

---

[50] 罗伯斯庇尔（Maximilien François-Marie-Isidore de Robespierre, 1758—1794），法国北部城市阿拉斯（Arras）的名律师，信奉卢梭学说，1789年作为三级会议代表来到巴黎，因口才出众，在雅各宾俱乐部和议会中都有极大影响。君主立宪政体被推翻后，他作为巴黎代表中得票最多的候选人进入国民公会，在国民公会中他积极推动处决路易十六。1793年5月26日，他号召暴力推翻国民公会中的吉伦特派，5月31日—6月2日的暴动成功后，他当选国民公会主席，后又参加公安委员会，实施恐怖统治。1794年7月26日，他在国民公会发表演讲，暗示要清算国民公会和公安委员会中的阴谋家和骗子，27日热月政变发生，国民公会通过了逮捕他和他的支持者的法令，28日他被处决。

[51] 比约（Jean Nicolas Billaud-Varenne, 1756—1819），律师，大革命爆发后参加过雅各宾俱乐部，巴黎公社，后入选国民公会并成为公安委员会委员，提出很多恐怖政策，热月政变后被驱逐到法属圭亚那，后死于海地。

[52] 曼努尔（Louis Pierre Manuel, 1751—1793），文人，大革命中曾参与领导1792年6月20日和8月10日的暴动，九月屠杀时在场，后入选国民公会，但他不赞成处死路易十六并辞去公会代表职务。1792年他因出版米拉波书信而被告发，被判无罪后隐退家乡，但又在家乡被捕并解送巴黎处决。

前军国主义和工业危机前所未有的加剧，再一次回看大革命的起源是必要的，特别是鉴于面对来自上面胁迫性政权和来自下面大众骚动的力量，一切权利和生活的不确定。我们的任务不是去预言，而是去展现自大革命开始以来的那些共鸣。我们想知道自己正漂流在这狂风暴雨之海的哪一个浪头上。

为大革命做准备的是一种对未来乐观并质疑一切的大规模文学运动，以及一种多少存心跟该运动相悖的法国的财产和权力形势。此外是关于人心善良、人民善良的假设。

当时的财政困境为召开三级会议施加了压力，而各种陈情书则为烈火添加了干柴。它们要求的不再是它们曾经寄望三级会议的宪政理念，而是人的权利，并且用"人"的概念代替了"法国人"的概念。把握这一观念的维度，我们就清楚了截至1868年欧洲的"政治"人物。接下来还要求的是许多废除和平等。

由于三级会议还不能成为一个人类的议会，它就暂时成为一个国民的议会。它的伟大时刻是6月20日，那天第三等级在网球厅宣誓要给这个国家一部宪法。但在那些日子里，骚乱的巴黎左右了大革命，国民议会早在6月23日就处于保王的情绪中。紧跟着7月11日政变的是7月14日攻陷巴士底狱，这是巴黎人的第一个重大行动。旧国家在外省彻底败落；各城市小麦短缺；乡间城堡被烧毁。8月4日给这一切盖上了印章，当时贵族们放弃所有封建权利，神职人员放弃什一税。当巴黎和外省正为此后数十年的暴力王国做准备之际，国民议会正忙于人权，甚至米拉波的请求也无法予以阻止。接着宪法在一种对即将建立的合法权力不信任的氛围中被商讨，且国王有着有限的否决权。此时不法力量快活地在巴黎等地蔓延，国民卫队仅能维持表面的秩序，人们以为人为的面包价格和临时职业能缓解局势。

终于在10月5日和6日，国王和议会都作为俘虏被带到了巴黎。民众想的绝不仅仅是废除一切过去事物，而是要报复其当前代表。新的各部门建立起来，自下而上的选举到处展开。一种同质的俱乐部精神的优势力量实际上取代了政府的无力。接下来教会财产被吞没了，这在所有现代危机中都是惯例，新的教会法规很快生效。这导致了大革命与生活之古老圣礼基础的冲突，这些基础紧紧铆定在中世纪。贵族被废除；由于贵族军官不再可能，军队也解体了，可是对外国的普遍敌意却日益显著。这个新的法国不断制造威胁，且总的来说想要传播革命。《教士公民法》表明国王与大革命根本不相容；所以有了他未遂的外逃和他随后作为人质的待遇，与此同时民众公开谋求推翻王权。

其他已经变得反动但很不想走向战争的国家受到放肆的挑衅。流亡者必然充当妖魔鬼怪。在他们愚蠢行为的刺激下，对他们的普遍愤慨迸发出来。像通常的议会一样，立法议会和吉伦特派也被迅速和有意地用尽了。吉伦特派想通过战争除掉国王，纳尔蓬[53]则通过战争和军事独裁来挽救国王。那些日子里，杜木里埃[54]第一个提出了关于法国天然边界的观点[55]。

在此期间，国内形势恶化了。南方滋生着不满；阿维农落入

---

[53] 纳尔蓬（Louis Marie Jacques Amalric, comte de Narbonne-Lara, 1755—1813），帕尔玛女公爵侍女之子，其父疑为法国国王路易十五，1791年他任国防大臣，不久辞职，转赴前线，因遭到国内怀疑，他在8月10日暴动之后出逃，1801年回国，后为拿破仑效力。

[54] 杜木里埃（Charles François Dumouriez, 1739—1823），军人，大革命期间积极推动对奥地利宣战并策划入侵低地国家，1792年8月10日后开始指挥军队，他的部下于9月20日在瓦尔密（Valmy）击退了普鲁士军队，他于11月6日在比利时的热马普（Jemappes）重创奥地利军队，但1793年3月他在尼德兰的尼尔文登（Neerwinden）被击败，因惧怕国内处罚他投降奥地利，后在欧洲游荡，1800年定居英国。

[55] 该观点认为法国应以阿尔卑斯山和莱茵河为边界。

一种恐怖统治；指券的持续贬值引发各种冲突；神职人员问题依然不得安生；俱乐部的统治在四处延展。1792年4月20日对奥地利宣战，战事在比利时和萨伏伊开始。国内战斗的暴烈程度升级了。路易抗议对*réfractaires*［不宣誓的教士］的驱逐和对*fédérés*［联盟派］的召集。丹东只想着从大革命中掠夺，哥德利埃派[56]通过6月20日这个考验日摧毁了吉伦特派的支持力量。这意味着巴黎再次掌控了事物。它赢得了到来的*fédérés*［联盟派］，这些人从吉伦特派那里被完全抢走了；所以法国在这口巫婆的大锅里被一次又一次地巴黎化。与战争形势相联系，在议会中开始的那些辩论最终宣布这个国家处于危急之中。在这一可怕的动荡中加进了布伦瑞克公爵[57]的声明及其灾难性后果。对第三议会的要求被提了出来。

8月9日夜里，新的巴黎公社从巴黎各个区中产生出来。逻辑结果是攻陷杜伊勒里宫和囚禁路易。立法议会木然地看着这一切，并下令召开一个新的议会，国民公会。想让它仅仅充当一块垂幕。

国民公会而今会好得多吗？它从未作为真正的国民代表机构来统治，而只是作为各种外在力量的工具。

在它判决了国王之后，巴黎夺走了它真正政治的部分，吉伦特派；剩下的部分堕落为相互诅咒的极端党派。

整个大革命没有保持任何一个它所创造的合法体制的神圣性。这是它最坏的遗产：授权通过不断改变体制——是的，通过仅仅让

---

［56］哥德利埃派（Cordeliers），即1790年成立的革命俱乐部"人权和公民权之友社"，因最初在哥德利埃修道院集会而得名哥德利埃派。该派的突出人物有丹东、德穆兰、马拉、埃贝尔（Jacques René Hébert, 1757—1794）等，埃贝尔因反对罗伯斯庇尔而被处决后，该派瓦解。

［57］布伦瑞克公爵（Charles William Ferdinand, Duke of Brunswick, 1735—1806），奥地利和普鲁士干涉联军的总司令。1792年7月25日他发表声明，要求保证法国王室的安全，恢复法国国王的自由和权威，抵抗者不分军民，立即正法。他的声明未能震慑法国革命者，反而促成了8月10日的巴黎暴动。

不同的人居于顶端来改进事物。

它的驱动力暂时仍是暴烈的，取决于巴黎的暴民，以及领导者和各党派，他们对已经变得流动的巨大财产有着掠夺的贪欲等激情，还有农民，他们害怕真正的物主会回来。

与此同时，在对欧洲反法同盟的战争中，从底层重新涌现了那些军队和将军，他们很快就得从防御这个国家过渡到统治这个国家。因为在此期间，政治人物彼此被送上了断头台。

这个民族经历了一场可怕的消耗，尽管如此它还健在，且长成了一种奇怪的新状态：没有敬意，但有意志力，而今现代民族常常如此。

军国主义被拿破仑推向了最高点，一种人为的意志被置入了这个民族的灵魂。

当他倒台之后，只有通过大革命才变得可资利用的经济—工业力量被释放出来，并且欧洲紧随英格兰，成了工业大工场，第四等级兴起了，自19世纪40年代以来，它的内在发酵在决定任何事情时都有介入。它和自上而下的军国主义而今是一个夹子的两钳。对一切体制有一种深刻的不信任，连带着的是准备接受任何变化，与此同时工业界彼此竞逐，从这一地到那一地，直到为了在产品价格和关税方面微乎其微的差别而筋疲力尽。（1868年以来情况当然没有改善。）

132. 路易十六的审判

〔部分基于艾德加·奎奈[58]的《大革命》，1卷，425页起〕如同查理一世，路易被控以 *laesa revolutio*〔反革命〕罪。如同查理，路

---

〔58〕艾德加·奎奈（Edgar Quinet, 1803—1875），法国历史学家，他于1865年出版的《大革命》非常详细。

易也伴随着一种不同的法律观念长大,按照那种法律观念,他是不会犯错的,事后也不承担责任;这是他所清楚的唯一法律。因而惩处他所依据的是他所陌生的法律。

作为对各党派革命性的检测,这次审判高度典型。吉伦特派表明他们不是大革命的最纯正化身。在一个只要敢干就行的时期,只有最激烈的党派才是。

什么时候,比约—瓦伦建议"在充分保护下"把国王送出国界?还存在充分的保护吗?无论如何,这事儿得发生在1792年11月26日[59]之前很早。

从未有哪个王朝是通过处决一个国王而被推翻的。借助于广泛的同情,被斩首的国王在其继承者们身上复活。

君主被雅各宾派斩首;但君主政体从他们里脱身了,欧洲其他部分感到的厌恶多于恐惧。后果是一场没完没了的、不可调和的斗争,"他们给了自己另一个主人"来进行这场斗争。

被斩首的路易十六连同他家人的殉难,将比一个在国外游荡的路易危险百倍。有人猜想凶手们已经觉得无须害怕民众中的 versatilité [变化无常],民众已经与王室永远决裂了。(不,可敬的奎奈,他们不那么想。)

拿破仑的西耶士伯爵和奥特朗托公爵[60]应该算在那个微弱的多数派之内,他们赞成无条件的死刑。

---

[59] 1792年11月26日,国民公会第二次,也是最后一次审讯路易十六。
[60] 奥特朗托公爵(Duke of Otranto)指富歇(Joseph Fouché, 1759或1763—1820)。他于1791年参加雅各宾俱乐部,入选国民公会后赞成处死国王,恐怖时期他先后在旺代和里昂推行巴黎政令,以强硬闻名。因与罗伯斯庇尔不睦,他参与了热月政变。1799年他任督政府警务部长,支持拿破仑政变,政变后继续主管警务,1809年受封公爵。波旁王朝复辟后富歇任警务大臣,1816年以弑君罪自我放逐到布拉格,后死在的里雅斯特(Trieste)。

路易之死不可避免，因为如果活着并待在某个法国监狱中，他总能被一个较为温和的党派或反动力量所利用；他的死实际上是实现雅各宾派完全统治的一部分。

如果他在断头台上说，"我原谅我的敌人"，他是最后一个这么说的人；后来的人通常带着这个尘世的激情和狂暴而死。

接下来的后果是与英格兰、西班牙和荷兰的战争。最终兴起了一种新的尊王主义和对某个主人的向往。

当然，眼下的选择是胜利或失败。敌人因憎恨而加剧了他们的手段，法国人也一样。

假设议员投票宽恕了路易又当如何？他或许会被杀死在寺塔中。那些敢干九月屠杀的人也会强行实施这一杀戮。

君主政体在精神上的延续就如同一截断臂上的知觉。

而今为权力而非为原则争吵的那些党派个个陷入一种特殊的野蛮猜忌，相互指控对方怀有君主政体想法和反对共和。此外，暴力和专横确实是它们都具有的元素。没人真的相信共和国将被建成，这把它们逼得狂躁和绝望，以致一切同情都置之一旁。

133. 吉伦特派和雅各宾派

早先对法国大革命的讲述比较紧密地循着国家议会的历史：制宪议会、立法议会和国民公会。

但自泰纳以来我们已经知道，由于旧国家始于1789年的迅速衰解，这片国土已经很大程度上逃避了任何中央指令，且政治革命之后到处都是社会革命。但该民族的主要部分，无论是输家还是赢家，都想保留君主政体。

然而，立法议会及其主要的演说家们，即吉伦特派，出于抽象的憎恨而要求共和并对外宣战，主要是为了推翻王权——从1792年4月20日到8月10日。

只是到了这个时候，特别是9月2—4日，吉伦特派才开始惊愕地看到就在他们旁边已经形成了一种远为占优的新力量，它模仿他们的热情，这是一种真正的力量：存在于它们与外省俱乐部成员的交往和密切通信中的巴黎各个俱乐部的意志。它的组成包括巴黎的各个区和巴黎公社，受雇的暴徒，雅各宾派和哥德利埃派，在各种讲坛压力之下好比一个 *bureau d'enregistrement* ［登记处］的国民公会，以及全法国的地方俱乐部。

这一力量尤其剥夺了吉伦特派利用对外战争作为一种国内统治工具的可能；它迫使他们投票处死国王；此前吉伦特派也以民众愤怒的神圣性相威胁，现在这一力量在一切看起来大胆和邪恶的事情上都明显超过了他们，并且招摇地主持着而今公认的恐怖。

由于极端错误的战争指挥和军队遭到故意的解体，雅各宾派能够显得是把法国从外国手中解救出来的救星，尤其因为民众不知道反法同盟各个内阁的分歧多么深，以及它们的战争指挥究竟如何。雅各宾派的确在管理内部，尽管糟糕，亦即原有的生活资源被消耗了，指券冲到数十亿，各阶级中实际和潜在的对手都被驱逐或监禁。

这种事情不会持久，但它的确无益地持久到足以熄灭善谈者和谋略者的光亮。但直到1793年5月末，吉伦特派仍帮他们的死敌参与到大量为他们自身毁灭所设计的决策中。

134. 毫无顾忌的党派无所不能

［关于雅各宾派和他们的军队］一个不惧怕文化、商业和福利

走向彻底毁灭的政党，一时间可以无所不能。

135. 一个政权如何变得极端强大

［关于公安委员会和大恐怖的时期］一个放弃商业繁荣连同所有相关文化的政权可以极端强大且不受约束。

136. 社会主义？共产主义？

（1）那些日子里人们想做的既非共产主义者，亦非社会主义者，而是赃物的新主人。

（2）人们离共产主义当然是要多远有多远，只因农民想的首先是保留他们新的"财产"。除个人财产外别的都不相干。但在财产分配上有一种总体变化。

（3）无论如何都不是共产主义和社会主义的问题，而只是通过劫掠已经获得或即将被创造出来的新的个人财产的问题，不管罗伯斯庇尔一伙是否认识到这一点。

137. 革命的深层核心

在他论大革命的书中（2卷，雅各宾派的征服，69页，注释），泰纳讨论了恐怖分子的社会观点。安东奈尔[61]认为要巩固大革命就得"财产大体平等"，为此就得"压制三分之一人口"。根据泰纳的

---

[61] 安东奈尔（Pierre Antoine, Marquis d'Antonelle, 1747—1817），报人，法国大革命活动家。

说法,狂热者们都持这一意见,让·邦·圣-安德烈[62]甚至说是过半。居弗鲁瓦[63]甚至只想给法国留五百万居民。

新法国在此得到了清晰表露。想要的并非共产主义或社会主义,那只会导向一种平均的普遍贫穷和享受的平等(人们渴望权利平等,但暗怀着主宰别人的居心),人们想要的只是新的私有财产,近乎平等,但手头充裕。所以大批人得死,以便这些精英活得好。这就是作为一种目标的现代法国人的优雅生活。

138. 卢梭的音乐观和教堂的毁坏

让-雅克·卢梭关于音乐曾说:所有对位配合,特别是赋格,都不过是 sottises difficiles [瞎折腾],它们伤耳朵,且不能给出合理的解释,它们是野蛮和坏品味的残余,正如我们哥特式教堂的门洞,只为羞辱其耐心的建造者才值得保留。

这离毁坏教堂只有一小步。

139. 罗伯斯庇尔

(1)使罗伯斯庇尔的形象如此难以忍受的是他在把持独裁权力的尝试中完全无能;他大概把这一无能当作美德。当然,他不再能够眼看某人在他之上或与他并列而不感到一种必欲除之而后快的嫉妒。但甚至他自己也不想去统治,因为他没有积极的计划,他的土

---

[62] 让·邦·圣-安德烈(Jean Bon Saint-André,1749—1813),法国大革命活动家。
[63] 居弗鲁瓦(Armand-Benoît-Joseph Guffroy,1742—1801),律师,法国大革命活动家。

地方案甚至不是认真的。

（2）卡米尔·德穆兰写道（大概在1793年秋）："曾有言说，在每个绝对主义国家中，成功之道在于平庸。我看这对共和国也是实话。"（这大概符合罗伯斯庇尔，也显然适用于某些共和国。）

（3）面临在无政府和某种政府之间做出选择的那些时期，人们都会选择后者，无论它可能多么卑劣和暴虐。

140. 热月九日（1794年7月27日）之前

在保卫祖国的借口下，大革命已经远远冲出了任何合理的目标，以至打算除掉所有跟早先状况有某种密切关联的人并彻底转移财产。国民公会早就不过是个冗赘。

大革命已经成了一笔出自许多暴行的、交错盘结的大宗生意，在其中，董事和股东设法相互开除，以求最少的人继续当家做主，但他们的保障却在于要有尽可能多的参与者。

当时以及在后来雅各宾派历史编纂中流行的错误是，大革命作为一个具体而又抽象的事物必须被"饶恕"，或被历史地、整体地呈现，否则会促进反动。

在那时，这一错误的内在因素是去追随最暴烈和最活跃派别的愿望，因为停下来或许等同于失败，原因是这个民族最能干的部分已经被彻彻底底冒犯了。

不过与此同时，相互毁灭一直在削减参与者的数目，而今罗伯斯庇尔进而对所有剩下的人造成含糊的威胁。接着就是热月九日，以及随后通过大革命假装的延续，对妥协人物不惜一切代价的抢救，直到一个征服者接过革命的担子，省得公民们再忙活，并打发了最糟糕的一些人。

如果没有断头台而仅仅放逐对手,如果没有20万到30万疑犯的逮捕和普遍的惊吓,很难说事情又会如何,尤其是涉及财产方面的巨大变化,如果所有原先的业主生活在国外,事情将很难像实际发生的那样。

但是由于大恐怖,很多事情对于自由和法国的未来而言进展得要多坏有多坏。(对于农业的解放,要感谢[嗯?]1789年的民众而非大恐怖。)

热月之前的最后几天,每天都有50到70项处决,各委员会和国民公会中的状况肯定已经完全无法忍受。罗伯斯庇尔在每个方向上都造成了多少不确定的威胁,这使得像科洛[64]、比约和丹东派这些人有可能跟像迈兰[65]、安哥拉斯[66]、香浦[67]等人建立起针对他的令人难以置信的联合。

当热月八日在国民公会中人们让他点出"他所指控的人的名字"时,他其实迷惘了,点不出任何人。

141. 革命派别的相互毁灭

如果这些人对实际管理有哪怕微乎其微的概念,有一点真正的统治精神,他们就不会如他们所做的那样彼此对待。但他们的背景是文人和律师,他们的志向是演讲和写作,他们最疯狂的愿望是唯我正确;因为他们的文学或法律背景没教给他们别的东西。

---

[64] 科洛(Jean-Marie Collot d'Herbois,约1750—1796),演员,剧作者和剧院经理,大革命期间是雅各宾派,曾参与推翻罗伯斯庇尔,热月政变后被放逐到法属圭亚那,后死在那里。
[65] 迈兰(Durand de Maillane,1729—1814),教规学者,法国大革命活动家。
[66] 安哥拉斯(Boissy d'Anglas,1756—1828),法国大革命活动家。
[67] 香浦(Palasne de Champeaux,1736—1795),法国大革命活动家。

恐怖主义在其最后阶段基本上是文人的疯狂,至少罗伯斯庇尔、圣·鞠斯特等人的情况是这样的。

142. 果月十八日(1797年9月4日)

大恐怖看来没有作用,对法国人来说流亡者够多了。城市里断头台惨剧的荒唐,外省中对联邦派和旺代的恐怖镇压,还有对最优秀的共和派领袖的消灭,最终导致了热月九日,导致了罗伯斯庇尔的倾覆以及险些要摆向保王主义的反动。所以国民公会的那些人只能继续留在顶端并继续统治,如果他们想活命的话。于是他们将1795年新的督政府宪法加诸自身,他们中的三分之二必须被接纳进五百人院和元老院。不过,反革命在某种程度上是迫近的,若非那些其生命将被它威胁的人被留在权力中。好一个国民公会,它相继穿戴所有的颜色,而今还想继续存活!稍后,当巴黎人拒绝认可的时候,发生了葡月十三日和波拿巴指挥下的第一次政治领域的军事胜利。

于是弑君者们继续专横地统治着,伴随着禁令,伴随着为弄钱、为增加政治信誉和维护国内权力而计划的军事远征,伴随着指券的彻底破产、财产的大转移和普遍的无安全感。

之后不得不发生的是,所有将军中的一个成了这个民族想象力的主要对象——波拿巴,他正好要结束自己1796—1797年的意大利战役。人们本该预见到这位未来的独裁者吗?但他们的确想要一个巨头,也就是说,这个筋疲力尽的民族,包括革命派别,完全幻灭了。这个民族及其大量新的财产所有者(他们已经通过按票面价值支付指券而购买了教会和流亡者的土地并解除了自己的债务和租税）总的来说想要的无论如何不是路易十八[68]，也不是路易·菲利普[69]或某个西班牙亲王，而是任何能够确保他们的和平和财产享有的政权。

如果督政府能办到这一点，它将长期地与这个民族相安无事；否则它真的会转向某个个人的统治。民众并不是保王派，但逐渐地、部分是不自觉地成了君主主义者。唯一的担忧是波旁王党一时会利用这一有利于路易十八的形势。

对两院和官员的新选举，参与者寥寥。于是王党得以确保有着他们主张的人突然占据多数职位，或者说是逐渐占据，如果民众不注意的话。弑君者们炸开了锅——他们不得不力求 *d'être pris au sérieux*［被慎重对待］——忧虑这些新的选举。因为一旦该政体被允许认真运作，结果注定是毁灭他们。出版业基本上早就是保王的；许多流亡者回来了；克利希俱乐部[70]有一种保王取向。在1797年新的选举中实际发生的是，五百人院中的多数由狭义或较广意义上的王党组成；1797年5月到9月间，巴黎和两院激烈动荡。

除了那些此前在巴黎统治的人，还有人也充满忧虑：意大利的征服者，他那时正徜徉于米兰周围各个富丽堂皇的别墅中。果月十八日，1797年9月4日，一个不再受民众保护的共和国凭借士兵

---

[68] 路易十八（Louis XVIII, 1755—1824），路易十六的弟弟，1791年逃出法国；路易十六被处决后，他宣布自己在法国监狱中的侄儿为新国王路易十七并自任摄政；路易十七于1795年死于狱中后，他宣布自己为法国国王；随着拿破仑失败，他复辟了波旁王朝。
[69] 路易·菲利普（Louis Philippe, 1773—1850），奥尔良公爵路易·菲利普·约瑟夫的长子，大革命之初表现积极，1792年参加革命军队，但1793年在与奥地利作战期间出逃，居留瑞士、美国和英格兰。路易十八复辟后回国，1830年七月革命后成为法国国王，1848年二月革命后退位。
[70] 克利希俱乐部（Club of Clichy），成立于罗伯斯庇尔垮台后的第二天，成员有国民公会议员和一些在恐怖时期被捕的人。

寒碜地获救，这一天有利于一个人，他还得等待且很快就发现人们想要给他的感谢是多么少。在批准由他迅速缔结，以致督政府没法插手的《康波福米奥条约》[71]当天，督政府任命他去带领一支征英军队，以便让他离开征意军队。

143. 波拿巴和果月十八日

如果热月党人、弑君者们（和党羽！）不去正视一场严酷的算账，一个新的葡月必然近在眼前。如果他们能做到，他们本来很想避免政变。针对克利希派、温和派和王党，特莱拉[72]给仲马[73]的陈述表明了时局的特征："明说吧，在1793年1月，你们也会投票赞成路易的死刑！"对他们来说这的确不只关乎统治，而是关乎生死。

纵使心中激动万分，拿破仑有足够的自制认识到这时的果子还没熟到可以采摘（这是他在蒙泰贝洛[74]对米欧特[75]说的）。或许他对一场远在异国的征战也有迫切愿望。他很年轻，暂时不得不顺从自己作为将军的特殊天赋。

尽管很看不起督政府，但他暂时把自己视为它必然的盟友。王

---

[71]《康波福米奥条约》（Treaty of Campo Formio），拿破仑与奥地利代表于1797年10月17日在意大利东北部村镇康波福米奥签订，条约中奥地利承认了莱茵河是法国边界，承认了姊妹共和国，并与法国一起瓜分威尼斯。该条约标志了拿破仑的意大利战役胜利结束。

[72] 特莱拉（Jean Baptiste Treilhard，1742—1810），律师出身，曾任三级会议和国民议会代表，入选国民公会后他投票赞成处死国王，他还是公安委员会成员。督政府时期他先是入选五百人院，1798—1799年间担任督政官。拿破仑的执政府和帝国时期他担任顾问，死时是帝国伯爵。

[73] 仲马（Thomas-Alexandre Dumas，1762—1806），法国大革命时期的将军，作家大仲马的父亲。

[74] 蒙泰贝洛（Montebello），米兰附近的别墅。

[75] 米欧特（Miot），法国驻意大利皮埃蒙特的使节。

党运动比别的任何事情都更让他厌恶,他们若胜利了,会把大量无法预料的人、情况和特权带到场面上。侍候维也纳和都灵的宫廷当然也让他非常不快。

或许可以从他在意大利司令部所采取的措施——俱乐部体制和他给士兵们的一系列演说——估量出他愤慨的程度。他原本不会诉诸这些措施,除非形势严峻。当然无须用昂特雷格的文件[76]来告诉他大势如何导向了保王主义。他肯定能从巴黎获得第一手信息,或许他部分地编造了该文件。

如果是奥什[77]救了督政府,亦即为它发动政变,拿破仑或许会接受。事实上,或许他宁愿如此。后来,当督政府在雾月被推翻的那一刻,他就可以说:"当初不是我救了你们。"但鉴于奥什和督政府之间的不睦,他不得不送去自己的奥热罗[78]。于是有了果月十八日,或者说1797年9月4日。

之后不久,一直待在场景背后足够远处的拿破仑显示了相对于督政官们的极大独立性,并且显然很喜欢他们因追逐胜利而作茧自缚的困境。他本人后来成了《康波福米奥条约》的缔造者。

果月对他来说价值极高,因为它给了共和三年宪法和督政府政权致命一击。现在他可以任由他们继续政变并暴露出管理不善,

---

[76] 昂特雷格(Louis-Alexandre de Launay, Comte d'Antraigues, 1753—1812),法国名流,一度支持革命,后流亡意大利。拿破仑在意大利抓获他,并在他的随身文件中发现了法国将军庇什格律(Charles Pichegru)意图复辟的证据。

[77] 奥什(Lazare Hoche, 1768—1797),凡尔赛附近农民之子,16岁当兵,大革命中屡立战功,不断晋升,1797年他成为国防部长,但因与督政府不睦,很快弃职并再赴莱茵前线,不久病死。

[78] 奥热罗(Charles Pierre François Augereau, 1757—1816),巴黎水果商之子,17岁当兵,自意大利远征起是拿破仑的重要将领,1804年受封元帅,1808年受封公爵。1797年他被拿破仑派往巴黎指挥首都军团,是督政府果月政变的武装支柱。

甚至暂时从他们进一步的掠夺战争（对瑞士、罗马以及其他国家）中攫取财政利益。接着，当他在埃及的时候，第二次反法同盟形成了。

此时作为救星出现，这一举措预示了直接控制。

144. 贵族们和君主们如何屈服

贵族们退位了，但没有逃走，和君主们一样。

145. 法国人对瑞士的入侵

要仿效巴黎，就必须有彼得·奥克斯[79]，因为拉阿尔普[80]自己没有能力草拟出新宪法。奥克斯在拿破仑走后几天就去了巴黎，肯定在巴塞尔得到过拿破仑的建议。

倘若不想称它是完全败坏的，对更具天赋的"平等派"*之行

---

[79] 彼得·奥克斯（Peter Ochs，1752—1821），生在法国，但其家庭自称是巴塞尔贵族后裔，1769年他定居巴塞尔，1776年成为法学博士，后进入政界。大革命爆发后他加入瑞士的革命派，1797年他与拿破仑在巴塞尔会晤，谋划创建瑞士革命政府，此后他起草了未来瑞士国家的宪法，1798年赫尔维蒂共和国（Helvetic Republic）建立后，他的草案被接受为宪章。在新政制中他先后任议会首任主席、国家执行机构主席、督政官，1799年被拉阿尔普一派罢免，此后淡出瑞士全国政治，但在巴塞尔政治中仍很突出。

[80] 拉阿尔普（Frédéric-César de La Harpe，1754—1838），瑞士政治领袖。1782年到圣彼得堡，1784年成为未来沙皇亚历山大一世的老师。1794年回到瑞士，在家乡沃州（Vaud canton）发动反对伯尔尼统治的革命，失败后到巴黎寻求督政府的干涉。1798年在法国军队帮助下建立了赫尔维蒂共和国，他是督政官之一，但在1800年失势，之后隐退法国。1814年反法同盟军队进入巴黎后，亚历山大授予他俄国将军头衔，他代表沃州和提契诺州参加了维也纳会议，在沙皇帮助下，他确保这两个州成为瑞士联邦的主权成员。

* 手稿辨认出的"Yenken"原意不明。遵循德文编者的释读。——英译者注

为的唯一解释就是：从这个世纪的精神中他们已经酝酿出一种对一切多样和相异事物的真切愤怒，且还对从瑞士发出任何实质变化不抱希望。这种解释至少适用于那些本身属于统治阶级的人。奥克斯远比拉阿尔普有罪，后者至少是个铁了心的避难者。

霍迈尔[81]在他《历史》第2卷中转载的对瑞士多样性的赞美源自何处？是不是出自约翰内斯·冯·穆勒[82]的《瑞士史》序言？我们忙碌的、工业上高效的19世纪到处都坚持简化，它多大程度上有资格作一个评判呢？

奥克斯和拉阿尔普最糟糕的罪行表现在，他们后来闯进了瑞士督政府而非避免抛头露面。

尽管如此，瑞士很难逃脱成为第二次反法同盟（1799）战场的命运。

（我越来越不相信在《康波福米奥条约》中对瑞士有所顾及。肯定话已经到了嘴边，但两个签字人更乐于避免任何对瑞士的提及。图古特[83]当然预见到，而拿破仑当然早就渴望后来很快发生的事情。但两人都乐于缓一下并重新洗牌，暂时拿破仑想要作为和平缔造者在法国人中亮相。）

令人惊讶的是当时法兰西共和国的粗鄙。为了掠取4000万，《康波福米奥条约》实际上被废弃了。

---

[81] 霍迈尔（Joseph, Baron von Hormayr, 1781或1782—1848），奥地利和德意志政治家，历史学家。
[82] 约翰内斯·冯·穆勒（Johannes von Müller, 1752—1809），瑞士历史学家，著有《瑞士史》5卷，该书充满爱国热情并赞扬传统制度。他是霍迈尔的老师。
[83] 图古特（Thugut, 1735—1818），奥地利外交家，1793—1800年间主管奥地利外交。

146. 老伯尔尼和它为什么被嫉恨

当法国人在1798年3月4日逼近伯尔尼时,由于伯尔尼近乎失守,瑞士各地军队也出动了,从那时起,现代瑞士的一部分对老伯尔尼问心有愧,并更加嫉恨它。这里没有党派,只有设防的和不设防的民众。跟那种在面对一群群强盗时至少要保卫自己的一点儿血性比起来,所有的宪法讨论都不值一提。

147. 雾月十八日(1799年11月9日)和执政府

由于国内恐怖和国外战争,实际上的军事统治必然会从先前的暴力中生发出来。

拿破仑的统治在当时所有可以想象的政制中最不丢人。法国似乎真的投入了一个守护天使的怀抱。拿破仑的运气非常好,很快就能用马伦戈战役[84]来庇护它。

用不着为共和三年宪法及相关人物掉泪。他们部分是1793年的残余,针对继续突进的真正多数,凭借1795年葡月、1797年果月和1798年花月的政变人为地维持着。

法国再也不想依靠踌躇的议会;它受够它们了。民众迫切需要大革命之具体的、永久的结果,不愿意让议会和俱乐部来延续革命。

即便没有雾月,共和三年宪法也早就到头了,只有通过习惯性的暴力手段才能继续保持一种存活的表象。

---

[84] 马伦戈战役(Marengo campaign),1800年6月14日拿破仑率领法国军队与奥地利军队在意大利北部马伦戈平原交战,起初法军败退,奥地利司令官认为胜利在握,遂将指挥权交给下属,但法军在援军到来后发起反攻,转败为胜。

财产（也就是说，工业和交通方面刚刚开始的世界时代）发出了对秩序的呼吁，特别是出自国有产业的财产，它要求彻底终止一切进一步的运动。

主要问题是需要没有波旁家族的君主政体。说到底，即便奥尔良也太波旁了。人们对波旁家族所有人心怀恐惧，与其说是害怕沉重的过去卷土重来，不如说是担心在发生了那一切之后必须对他们采取一种假惺惺的态度。他们被过重地伤害了。在他们面前人们可能会羞愧，于是不得不在情绪上继续对他们残忍（当甘公爵[85]）。

鉴于公共事务残破混乱，很难防止波旁家族的复辟，除非推崇一个完全不同的统治者，让他很快取得君主特权。

148. 拿破仑

（1）根据近来面世的历史见证资料来描述拿破仑真实形象的任何尝试（容格[86]，《波拿巴及其时代》；雷姆萨夫人[87]的《回忆录》；梅特涅[88]的《笔记》）都必然得出片面的结论。这里没有显示出他伟大和独特的东西——一种无与伦比的神奇的意志力跟一种深广灵活的智慧的结合，两者都指向权力的生成和不断的斗争，最终指向法

---

[85] 当甘公爵（Duc d'Enghien，1772—1804），孔代的后人，拿破仑诬告他谋反，草草审判后将他枪决。

[86] 容格（T. Jung），法国人，他的《波拿巴及其时代》3卷于1880—1881年出版。

[87] 雷姆萨夫人（1780—1824），即Claire Elisabeth Jeanne Gravier de Vergennes，16岁时她嫁给了拿破仑的近侍雷姆萨伯爵（Auguste Laurent, Comte de Rémusat），并与拿破仑妻子约瑟芬交好。她的孙子于1879—1880年出版了她的《回忆录》3卷。

[88] 梅特涅（Klemens Wenzel von Metternich，1773—1859），奥地利政治家，维也纳体系的设计者。

国之外的整个世界。

（2）拿破仑在所有军事事务上都有第六感，对一切有助于权力生成的东西都有第七感。

像所有这种人物一样，他的死敌是没耐心；这给他后来的生涯招来了大祸。

149. 拿破仑一世及其远征俄国

整个世界被严重打乱，达到前所未有的暴力状态。但这是拿破仑想要完成并随后留给他儿子的。一切将被稳固地建立起来，即便这个儿子平庸无奇也不会有任何危害。这里起作用的是巨大的自私，一旦危及目标就没有任何道德顾忌。纯粹的权力意识乃是关键，当然，伴随着一个非比寻常的人物，但仍然堕入一种赌徒的激情。权力意识的爆发表现为异想天开和迫不及待，但不是疯狂，肯定不是罗马皇帝的疯狂，后者是出自贪图享乐和害怕阴谋。出于他的伟大，错误的目标拿破仑干得不仅理性，而且有天赋，以至错误的目的没有抹杀手段。他的才智和能量一直没有衰退，在1813—1815年的各个战役中，他常常有极致发挥。尽管如此也有一些虚弱的时刻。但错误的政治目标非常频繁地且在关键形势中给这位战地司令官带来毁灭，远征俄国从头到尾都是这种情况。他担心如果不夺取莫斯科会给欧洲其他部分带来不利影响，宁可在维尔纽斯、维捷布斯克或斯摩棱斯克扎下冬营。甚至当他得到了十分之九被焚的莫斯科，那更成了他的失败原因，因为他想尽可能长久地保持占领的假象。

远征俄国是拿破仑在激情中决定，接着以最庞大的精神和物质资源进行的最愚蠢的事情。即便人们承认他的使命是要统治整个欧洲，他也不该做这件事。的确，梯也尔[89]相信如果拿破仑坚持进行西班牙战争和维护大陆体系而非远征俄国，他本会制伏英格兰并因此也会使欧洲缴械。那样他可以获得时间以及一种清醒的意识，让他能够在权力巅峰时做出必要的牺牲以使他的体制更有承受力，也更持久。

但恰恰是在西班牙战争中，罪行遭到了报复。拿破仑对这场战争有种厌恶，它不再是他想象力的愉快主题。对这类事情他没有耐心；在1808—1809年的短暂造访后，他本人再也不想去那里。此外，其他人已经或被认为已经搞糟的东西对拿破仑这种人没有吸引力，他想着手新的事情而不想整饬已经弄糟的东西。他对军事艺术的敏感抵制这个。

当然，在西班牙跟在俄国一样可以看到军队的征募和补给。元帅们和普通士兵们肯定喜欢待在国内，军队中剩下的有野心的部分甚至不是远征俄国的一个次要理由。无论如何，这种事情被以下事实充分抵消，即每场战争都激起国内反对者的希望，战争与拿破仑的生死使一切都难以预料。

最看似有理的想法或许是，拿破仑困于一个心结，即在他有可能早亡之后，亚历山大将处在反法同盟的首位。不过，拿破仑可以用另一种方法挫败之，即通过仁慈甚至友好地对待和安抚普鲁士、奥地利和瑞典。

一个毫无意义的问题是，如果他成功占据了莫斯科、圣彼得堡等地，或许还迫使亚历山大逃到喀山或阿斯特拉汗，他会怎么对待俄国。亚历山大逃跑要比投降安全得多。的确，拿破仑错误估计了

---

[89] 梯也尔（Louis Adolphe Thiers，1797—1877），法国政治家和历史学家，著有《法国革命史》10卷，《执政府与帝国史》20卷。

他以及俄国人。

他相信所有君主都在他的网中,因为他们害怕自己臣民的民主倾向(奥地利的情况就是如此);但他不愿倾听这些民众的绝望和愤怒,这些愤怒都针对他,而且只要条件允许,必然会扫荡那些君主。总之,他不再容忍与他的计划不同的建议。

索 引

（页码为本书边码）

Aaron［亚伦］, 118
Absolutism［绝对主义］, 20, 52, 70, 74, 79, 171, 243
Addison, Joseph［艾迪生］, 221
Adrian Ⅵ［阿德里安六世，教皇］, 122, 147
Alba, Duke of［阿尔伯公爵］, 149, 151
Albany, Alexander, Duke of［亚历山大，奥尔巴尼公爵］, 84
Alberoni, Giulio［阿尔伯罗尼］, 170
Albigensian Crusade［镇压阿尔比派的十字军］, 63
Albrecht of Bavaria［巴伐利亚的阿尔布莱希特］, 147
Alençon, François, Duc d'［阿朗松公爵弗朗索瓦］, 150
Alexander Ⅰ［亚历山大一世，俄国沙皇］, 274
Alexander Ⅵ［亚历山大六世，教皇］, 78, 92, 95
Alexander Ⅶ［亚历山大七世，教皇］, 209
Alexander the Great［亚历山大大帝］, 13, 40
Alfonso Ⅴ［阿方索五世，阿拉贡、西西里和那不勒斯国王］, 93
American Revolution［美国革命］, 245—247
Anabaptists［再洗礼派］, 102, 111, 130, 135
Anglas, Boissy d'［安哥拉斯］, 269
Anjou, Duc d'［安茹公爵］, 见 Alençon, François, Duc d'［阿朗松公爵弗朗索瓦］
Anne of Austria［奥地利的安妮］, 189, 206
Anshelm, Valerius［安瑟伦］, 137
Antonelle［安东奈］, 267
Antoninus, Severus［塞维鲁斯·安东尼乌斯，罗马皇帝］, 21
Apocrypha［次经］, 34
Apostles［使徒］, 41, 43, 110
Apuleius, Lucius［阿普莱乌斯］, 17
Aragon-Naples, House of［阿拉贡—那不勒斯家族］, 93
Aratus［阿累塔斯］, 17
Arbogast［阿波加斯特］, 44
Arians［阿里乌斯派］, 45
Ariosto, Ludovico［阿里奥斯托］, 98, 99
Arminianism［阿米尼乌斯主义］, 184—185
Arndt, Johann［阿仁特］, 222
Artemidorus of Ephesus［以弗所的阿忒密多鲁斯］, 17

305

Asceticism［苦修主义］, 38—40
Assyrians［亚述人］, 1, 7
Astraea［阿斯特莱亚］, 17
Athens［雅典］, 10—11
Athol, Earl of［阿瑟尔伯爵］, 84
Attila［阿提拉］, 28
Aubigné, Théodore Agrippa d'［阿格里帕·多比涅］, 153
Augustus［奥古斯都, 罗马皇帝］, 15
Austria［奥地利］, 166, 174
Austrian Succession, War of［奥地利皇位继承战争］, 174
Ayrer, Jakob［雅各布·艾雷尔］, 161

Babeuf, François-Noël［巴贝夫］, 241
Babylonians［巴比伦人］, 2, 7
Bach, Johann Sebastian［巴赫］, 182
Bacon, Francis［培根］, 179, 199, 218
Balboa, Vasco［巴尔博亚］, 100
Baptist movement［再洗礼派运动］, 113, 117
Barbaroux, Charles Jean Marie［巴巴鲁斯］, 257
Bar Kochba, Simon［巴尔库克巴］, 35, 41—42
Baronius, Caesar［巴罗尼乌斯］, 153
Basilides［巴西里得］, 35
Bastille, the［巴士底狱］, 260
Bayle, Pierre［贝尔］, 218
Beaujeu, Anne de［安娜·德·博热］, 91
Beaumont, Francis［博蒙特］, 199
Becket, Thomas à, Saint［圣托马斯·贝克特］, 120
Belisarius［贝利撒留］, 45
Beni-Hassan［贝尼哈桑］, 8
Bernhard of Saxe-Weimar［伯恩哈特］, 196

Bernini, Giovanni Lorenzo［贝尼尼］, 207
Beza, Theodore［贝扎］, 153
Bible, the［圣经］, 101, 105, 106
Billaud-Varenne, Jacques Nicolas［比约］, 258, 263, 269
Blanc, Louis［路易·布朗科］, 258
Boccaccio, Giovanni［卜迦丘］, 98
Boethius, Hector［赫克托·鲍提乌斯］, 84
Boiardo, Matteo Maria［博亚尔多］, 98
Boileau-Despréaux, Nicolas［布瓦洛］, 212
Bolingbroke［博林布鲁克］, 见 Henry IV［亨利四世, 英格兰国王］
Boniface III［卜尼法斯三世, 教皇］, 98
Boniface VIII［卜尼法斯八世, 教皇］, 94
Bonnivard, François de［博尼瓦尔］, 110
Borromeo, Charles, Saint［圣卡罗·博罗梅］, 73
Bothwell, James Hepburn, Earl of［博斯威尔伯爵詹姆士·赫本］, 157
Bourbon, House of［波旁家族］, 174, 276
Bourg, Anne du［安·杜·博格］, 136
Brandenburg, Albert of［布兰登堡的阿尔伯特］, 113
Brunswick, Charles William Ferdinand, Duke of［布伦瑞克公爵］, 261
Burckhardt, Jacob［布克哈特］, xvi—xxi
Burgundy［勃艮第］, 85—86
Burleigh, William Cecil, 1st Baron［第一任伯利勋爵威廉·塞西尔］, 159
Byzantine Empire［拜占庭帝国］, 29, 58—59, 61

Caesar, Julius［尤里乌斯·恺撒］, 14—

15, 202
Caligula [卡里古拉,罗马皇帝], 21
Calvin, John [加尔文], 102, 118, 131—135, 184
Calvinism [加尔文宗], 114, 116, 118, 130, 131—135
Camerarius, Joachim [约阿希姆·卡梅拉里乌斯], 137
Camoëns, Luis Vaz de [卡蒙斯], 73, 138—140
Campo Formio, Treaty of [坎坡·福尔米奥条约], 272, 273, 274
Caracalla [卡拉卡拉,罗马皇帝], 19, 25
Caracci family [卡拉齐家族], 207
Caraffa [加拉法], 141, 143
Carthage [迦太基], 9—10, 11, 13, 14
Cassius, Avidius [阿维狄乌斯·卡西乌斯], 19
Catherine II [叶卡捷琳娜二世,俄国女沙皇], 232
Catholicism [天主教], 101—102, 118—119, 132, 162, 181; 在16世纪, 71; 与宗教改革, 104, 106, 116—118, 121—122; 与第三次特伦特会议, 144—147
Cecil, Robert, 1st Earl of Salisbury [第一任索尔斯伯利伯爵罗伯特·塞西尔], 159
Celibacy [独身], 39—40
Certosa di Pavia [帕维亚卡尔都西修道院], 120
Champeaux, Palasne de [香普], 269
Chapelain, Jean [夏普兰], 207
Charlemagne [查理曼], xviii, 55, 57, 88
Charles I [查理一世,英格兰国王], 200, 202, 263
Charles II [查理二世,英格兰国王], 216
Charles V [查理五世,神圣罗马帝国皇帝], 76, 100, 124—125, 125—128, 192; 逊位, 75, 127
Charles VII [查理七世,法国国王], 86, 91
Charles VIII [查理八世,法国国王], 86, 92, 93, 94, 95, 124
Charles IX [查理九世,法国国王], 149—150
Charles X Gustavus [查理十世·古斯塔夫,瑞典国王], 208—209
Charles XI [查理十一,瑞典国王], 174, 245
Charles XII [查理十二,瑞典国王], 174
Charles the Bold [大胆查理,勃艮第公爵], 75, 85, 86
Charon [卡戎], 17
Chastelain, Georges [彻斯特兰], 87
Christian II [克里斯蒂安二世,丹麦和挪威国王], 128
Christian IV [克里斯蒂安四世,丹麦和挪威国王], 193
Christianity [基督教], 12, 15, 31, 33, 38—39, 41—44; 早期, 34—36; 迫害的效果, 43; 与伊斯兰教, 33; 作为殉难者的宗教, 37—38; 与异教, 35; 勒南论述, 31—33
Chrysostom, John, Saint [圣·约翰·克里索斯托], 184
Cicero [西塞罗], 96
Claudian [克劳狄亚], 47
Claudius [克劳迪乌斯,罗马皇帝], 25
Clément, Jacques [雅克·克莱门特], 151

Clement Ⅷ［克莱门特八世，教皇］, 153
Clisthenes［克利斯梯尼］, 10
Clovis Ⅰ［克洛维一世，法兰克国王］, 47—48
Colbert, Jean Baptiste［柯尔伯］, 176
Coligny, Gaspard de［盖斯帕德·德·科利格尼］, 73, 149, 150
Collot d'Herbois, Jean Marie［科洛］, 269
Colonialism［殖民主义］, 69—70, 100—101；的开端, 73—74；的成长, 176
Columbus, Christopher［哥伦布］, 100
Comines, Philippe de［柯米尼斯］, 87, 92
Commerce［商业］，见 Trade［贸易］
Commodus［康茂德，罗马皇帝］, 19, 24—25, 36
Condé, Louis Ⅱ de Bourbon, Prince de［孔代］, 148, 205, 206
Constantine Ⅰ［君士坦丁一世，罗马皇帝］, 16, 22, 26, 35, 42, 44, 54
Contarini, Gasparo［干达利尼］, 127, 141, 143
Copernicus, Nicolaus［哥白尼］, 137
Corinth［科林斯］, 14
Corneille, Pierre［高乃依］, 207
Correggio［Antonio Allegri］［柯列乔］, 99, 207
Cortés, Hernán［科尔蒂斯］, 100
Cortona, Pietro da［柯尔托纳］, 207
Counter Reformation［反宗教改革］, 67, 71, 76, 78, 108, 120, 131, 140, 147, 153, 169, 182, 212
Cranach, Lucas［克拉那赫］, 104
Cromwell, Oliver［克伦威尔］, 200—203, 216
Cromwell, Thomas［托马斯·克伦威尔］, 129, 151
Crusades［十字军东征］, 29, 58, 62—64, 74, 227
Cyprian, Saint［圣西普里安］, 43
Cyrus［居鲁士，波斯国王］, 1

Dante Alighieri［但丁］, 98
Danton, Georges Jacques［丹东］, 257, 258, 261, 269
Darius［大流士，波斯国王］, 1
Darnley, Henry Stuart, Lord［达恩利伯爵，亨利·斯图亚特］, 157
Darwin, Charles［达尔文］, 238, 242
David［大卫］, 118
Decius［德西乌斯，罗马皇帝］, 36, 43
Delphi, Oracle of［德尔菲神庙］, 11
Denk, Hans［汉斯·登克］, 111, 130
Denmark［丹麦］, 174, 245
Descartes, René［笛卡儿］, 218
Desmoulins, Camille［卡米尔·德穆林］, 256, 268
Diadochi［德多齐］, 13, 40
Diderot, Denis［狄德罗］, 181
Dio Chrysostom［狄奥·克里索斯托］, 23, 24
Diocletian［戴克里先，罗马皇帝］, 16, 19, 25, 38
Diogenes Laertius［第欧根尼·拉尔修］, 10
Dionysius［圣狄俄尼索斯］, 38
Dionysius of Halicarnassus［哈利卡那苏斯的戴奥尼索斯］, 12
Döllinger, Johann Joseph Ignaz von［德林格］, 50—51, 52, 115
Domitian［图密善，罗马皇帝］, 18, 20
Donneau［德诺］, 150
Don Quixote［《堂·吉诃德》］179—180

Dordrecht, Council of [多德雷赫特宗教会议], 116, 185
Douglas, William [威廉·道格拉斯], 84
Dubois, Guillaume [杜布瓦], 170
Dumouriez, Charles François [杜木里埃], 261
Duplessis-Mornay, Philippe de [杜浦斯－莫尼], 153
Dürer, Albrecht [丢勒], 119, 120

Ebionites [伊便尼派], 35, 42
Edward Ⅰ [爱德华一世，英格兰国王], 80
Edward Ⅱ [爱德华二世，英格兰国王], 80
Edward Ⅲ [爱德华三世，英格兰国王], 79
Edward Ⅳ [爱德华四世，英格兰国王], 80, 81
Edward Ⅴ [爱德华五世，英格兰国王], 81, 82
Edward Ⅵ [爱德华六世，英格兰国王], 83, 136, 156, 158
Egypt [埃及], 2, 5, 7—8
Eighteenth century [18世纪]: 的性格, 171—173; 的工业和贸易成长, 175—177; 的思想生活, 177—179; 的文学和艺术, 179—182
Ekkehard of Urach [乌拉赫的埃克哈特], 62
Elizabeth Ⅰ [伊丽莎白一世，英格兰女王], 73, 150, 152, 156, 157—159; 的时代, 159—161
Elizabeth of Brunswick-Bevern [布伦瑞克－贝弗恩的伊丽莎白], 222
England [英格兰], 75, 166, 197—203; 与法国比较, 197—198; 的绝对主义之终结, 216—217; 在中世纪, 79—80; 的军国主义, 216—217; 在19世纪, 247; 的清教, 197—199; 王权, 117; 第二次革命, 215—216; 在17世纪, 165, 173—174
Enlightenment, the [启蒙运动], 231—232, 244—245
Epicureans [伊壁鸠鲁主义者], 62
Epicurus [伊壁鸠鲁], 18
Erasmus, Desiderius [伊拉斯谟], 120—121
Escovedo [埃斯科韦多], 151
Estrées, Gabrielle d' [加布里埃尔·德斯特蕾], 153
Eugenius [尤金尼乌斯], 44
Eugenius Ⅳ [尤金尼乌斯四世，教皇], 95
Eusebius Pamphili [优西比乌斯], 35, 36

Farel, Guillaume [法勒尔], 133
Felicissimus [菲利西斯姆斯], 42
Ferdinand Ⅰ [斐迪南一世，神圣罗马帝国皇帝], 145, 147, 150
Ferdinand Ⅰ [Ferrante] [斐迪南一世，或费尔南德，那不勒斯国王], 92, 93
Ferdinand Ⅱ [斐迪南二世，神圣罗马帝国皇帝], 182, 194, 195, 196
Ferdinand Ⅴ [the Catholic] [天主教徒斐迪南五世，西班牙国王], 93, 99, 128
Feudal state [封建国家], 74, 78
Fifteenth century [15世纪], 66, 68
Flamininus, Titus Quinctius [提图斯·昆提阿斯·弗拉弥尼乌斯], 13
Florence [佛罗伦萨], 11, 90—91, 97—98

Förster，Friedrich［弗尔斯特］，196
France［法国］，94，166；与英格兰比较，203—206；在18世纪，249；路易十六治下，166—167，174；革命前的政治形势，251—252；改革，147—148；王室，86—87，151—152，204；在17世纪，166—167；1494年的战争，91—94
Francis I［弗朗索瓦一世，法国国王］，96，124—125，126，136
Francis II［弗朗索瓦二世，法国国王］，156
Franck，Sebastian［塞巴斯蒂安·弗兰克］，107
Frederick I［弗里德里西一世，丹麦国王］，129
Frederick II［the Great］，［弗里德里西二世，普鲁士国王］，174，197，221—222，226，232，244
Frederick III，［弗里德里西三世，神圣罗马帝国皇帝］，88—89
Frederick William［the Great Elector］［弗里德里西·威廉，大选侯］，197，208
French Revolution［法国大革命］，31，169，225—226，227，230，231；的影响，234—236；立法会议，255—257；国民公会，259—262；九月屠杀，257—259；大恐怖，230—232，258—259
Fronde，the［投石党］，203—206

Galeazzo，Giovanni［吉奥瓦尼·伽雷阿佐］，93
Galileo Galilei［伽利略］，177
Gallican Articles of 1682［1682年的高卢四款］，211，213
Gama，Vasco da［达伽马］，101，138，139

Gaston，Duc d'Orleans［加斯东，奥尔良公爵］，见Orleans［奥尔良］
Gellius，Aulus［奥拉斯·格利乌斯］，18
Genesius，Saint［圣君尼斯］，38
Genghis Khan［成吉思汗］，28
Germany［德意志］，88—89，95；在18世纪，247—248，249；帝国时期，192—193；的宗教改革，76，95，102，104—106；在17世纪，108，117，136—137，166，167，172；瑞典人在，193—195
Gessner，Conrad［康拉得·格斯纳］，137
Girondists［吉伦特派］，261，263，264—265
Giustiniani，Marino［马里诺·尤定纳尼］，127
Glapion［格拉平］，106
Gloucester，Richard of［格洛斯特的理查德］，见Richard III［理查德三世，英格兰国王］
Gloucester，Thomas of Woodstock，Duke of［格洛斯特公爵托马斯］，80，81
Gnosticism［诺斯替主义］，42
Goethe，Johann Wolfgang von［歌德］，106，241
Goetz，Walter［瓦尔特·格尔茨］，xxiii
Gomarism［高马勒斯主义］，184—185
Gomez，Ruy［戈麦兹］，151
Görtz，Georg Heinrich von［高尔茨］，170
Grétry，André Ernest Modeste［格雷特利］，249
Guffroy［吉夫洛伊］，267
Guicciardini，Francesco［弗朗西斯科·奎恰蒂尼］，92，99
Guise，François de［弗朗索瓦·德·吉斯］，

151

Guise, House of［吉斯家族］, 150, 156, 158

Guise, Marie de［玛丽·德·吉斯］, 155, 156

Guise, Cardinal de［枢机主教吉斯］, 145

Gustavus Ⅰ［Gustavus Vasa］［古斯塔夫一世，即古斯塔夫·瓦萨，瑞典国王］, 113, 127—128

Gustavus Ⅱ［古斯塔夫二世，即古斯塔夫·阿道夫，瑞典国王］, 166, 183, 193, 194

Gustavus Ⅲ［古斯塔夫三世，瑞典国王］, 245

Hadrian［哈德良，罗马皇帝］, 24

Hafiz［哈菲兹］, 160

Hallam, Henry［哈勒姆］, 220

Haloander, Gregor［格雷戈尔·哈伦德］, 137

Handel, George Frideric［亨德尔］, 182

Hannibal［汉尼拔］, 13

Hanslick, Eduard［汉斯利克］, 78

Hapsburg, House of［哈布斯堡家族］, 75, 76, 174, 186

Hartmann, Eduard von［爱德华·冯·哈特曼］, 69, 242—243

Heliogabalus［赫利奥盖巴勒斯，罗马皇帝］, 25

Hellwald［海尔瓦］, 241

Henry Ⅱ［亨利二世，法国国王］, 76, 135, 156, 158

Henry Ⅲ［亨利三世，法国国王］, 151

Henry Ⅳ［亨利四世，英格兰国王］, 73, 80, 81, 166

Henry Ⅳ［亨利四世，法国国王］, 148, 152—154, 155, 183—184, 189, 192

Henry Ⅴ［亨利五世，英格兰国王］, 80

Henry Ⅵ［亨利六世，神圣罗马帝国皇帝］, 88

Henry Ⅵ［亨利六世，英格兰国王］, 81, 82

Henry Ⅶ［亨利七世，英格兰国王］, 82, 89

Henry Ⅷ［亨利八世，英格兰国王］, 128, 151

Herodotus［希罗多德］, 1

Hertzberg［赫茨贝格］, 60

Hippolytus［希坡律陀］, 42

Hoche, Lazare［奥什］, 273

Hohenstaufen, House of［霍亨斯陶芬家族］, 88

Holland［荷兰］, 76, 167; 的加尔文教, 184; 在17世纪, 166, 172, 173, 174; 与西班牙, 154—155

Holy Roman Empire［神圣罗马帝国］, 88

Homer［荷马］, 139

Hormayr, Joseph, Baron von［霍迈尔］, 274

Hotman, François［霍特曼］, 150

Hubertusburg, Treaty of［《胡贝尔图斯堡条约》］, 169

Huguenots［胡格诺派］, 145, 148—149, 183, 190, 211, 212—213

Hussites［胡斯派］, 107, 111

Hutten, Ulrich von［胡腾］, 110

Iconoclastic controversy［毁坏偶像之争］, xviii, 59—62

Ignatius, Saint［圣伊格纳修］, 143

Industrialism［工业主义］, 175—177, 228—229, 241

Innocent Ⅲ［英诺森三世，教皇］, 63

Innocent Ⅺ［英诺森十一，教皇］, 211

Irenaeus, Saint [圣爱任纽], 43
Irene [伊琳尼, 拜占庭女皇], 59
Isabella I [伊莎贝拉一世, 西班牙女王], 99, 128
Islam [伊斯兰教], xviii, 50, 51, 52; 对它反感, 29; 与拜占庭帝国, 29, 59; 与基督教, 35; 的专制主义, 52—53, 88; 的影响, 53—54
Italy [意大利], 54—55; 的文化, 95—99; 西班牙的影响, 186—188; 的文艺复兴, 75—76; 在17和18世纪, 166, 174, 186—188; 1494年的战争, 90—91
Ivan IV [伊凡四世, 俄国沙皇], 219

Jacobins [雅各宾派], 200, 256, 263, 264, 265—266
James I [詹姆士一世, 苏格兰国王], 83, 84
James II [詹姆士二世, 英格兰国王], 216
James II [詹姆士二世, 苏格兰国王], 83, 84
James III [詹姆士三世, 苏格兰国王], 83, 84
James IV [詹姆士四世, 苏格兰国王], 83, 84
James V [詹姆士五世, 苏格兰国王], 155
James VI [詹姆士一世, 苏格兰国王, 作为英格兰国王是詹姆士一世], 158
Jansenism [冉森主义], 211, 212
Jesuits [耶稣会], 142—143, 147, 151, 209, 211, 212; 的瓦解, 32; 与教皇, 143—144; 的权力, 144
Jews [犹太人], 9, 24, 33, 45
Jiménez [希梅内斯], 10, 105

Joan of Arc [圣女贞德], 191
John III [约翰三世, 葡萄牙国王], 143
Jonson, Ben [本·琼森], 199
Joseph II [约瑟夫二世, 奥地利皇帝], 232
Jud, Leo [利奥·尤德], 119
Jugurtha [朱古达], 14
Julian [朱利安, 罗马皇帝], 44—45
Julius II [尤利乌斯二世, 教皇], 78
Justinian I [查士丁尼一世, 拜占庭皇帝], 18

Kaaba [克尔白圣寺], 48
Kessler [凯斯勒], 104
Khan, Genghis [成吉思汗], 见 Genghis Khan [成吉思汗]
Knox, John [约翰·诺克斯], 156, 157
Knyghton, Henry [奈顿], 134
Koran [古兰经], 50, 52

Lafayette, Marquis de [拉法夷特], 253
La Harpe, Frédéric-César de [拉阿尔普], 273
Lainez, Diego [莱内斯], 143
Lamarck, Auguste Marie Raymond, Comte de [拉马克], 254
Lancaster, Thomas, Earl of [兰开斯特伯爵托马斯], 80
Lancaster, House of [兰开斯特家族], 81
Lang, Paul [保罗·兰], 111, 114
Lavater, Johann Kaspar [拉瓦特], 249
Leibnitz, Gottfried Wilhelm, Baron von [莱布尼茨], 177, 178
Leo III [the Isaurian] [伊苏里亚的利奥三世, 拜占庭皇帝], 60, 61, 62
Leo V [the Armenian] [亚美尼亚的利奥

五世,拜占庭皇帝],60
Leo X[利奥十世,教皇],95,105
Leonardo da Vinci[达·芬奇],99
Lerma,Duke of[莱尔马公爵],183
Levites[利未人],116
Ligue,the[天主教同盟],125
Lollards[罗拉德派],105,131,134,198
Louis IX[路易九世,法国国王],86
Louis XI[路易十一,法国国王],84,85,86,87—88,91,118
Louis XII[路易十二,法国国王],86,87,88
Louis XIII[路易十三,法国国王],189
Louis XIV[路易十四,法国国王],xviii,94,116,152,166—167,174,176,188,189,205,210—214,211—212;的战争,169,213—214
Louis XV[路易十五,法国国王],94
Louis XVI[路易十六,法国国王],253,256,257,263—264
Louis XVIII[路易十八,法国国王],271
Louis Philippe[路易·菲利普,法国国王],271
Louvois,François Michel,Marquis de[卢瓦],214
Loyola,Ignatius,Saint[圣伊格纳修·罗耀拉],141—142
Lucian[卢西安],17—18,21
Ludolf,Hiob[希奥布·卢多尔夫],205
Lusiads[Camoëns][卡蒙斯的《露悉塔尼亚人之歌》],138—140
Luther,Martin[马丁·路德],78,101,103—104,105,107,110—112,114,115,121,129—131,147,151;的信仰,101,103—104;与茨温利比较,123;的学说,129—131;他教会中的无组织,114,116

Macchiavelli,Niccolò[马基雅维里],92,99
Magdeburg Centuriators[马格德堡世纪史家],137
Magus,Simon[西门·马古斯],41
Maillane,Durand de[迈兰],269
Manichaeism[摩尼教],42
Mantovano,Battista[巴蒂斯塔·曼图瓦诺],98
Manuel,Louis Pierre[曼努尔],258
Manuel I[曼努尔一世,葡萄牙国王],100
Marat,Jean Paul[马拉],233,257,258
Marcus Aurelius[马可·奥勒留,罗马皇帝],15,18—19,25
Marino,Giovanni Battista[马里诺],207
Marius,Gaius[盖乌斯·马略],14
Martin,Henri[亨利·马丁],92
Martin of Tours,Saint[都尔的圣马丁],143
Martinucci,György[马蒂努奇],151
Martyrs[殉难者],36—38
Mary I[玛丽一世,英格兰女王],126
Massinger,Philip[马辛杰],199
Maurice[莫里斯,奥兰治公爵],126,
Maurice[莫里斯,奥兰治亲王],185
Maximilian I[马克西米利安一世,神圣罗马帝国皇帝],127
Maximilian Emmanuel of Bavaria[巴伐利亚的马克西米利安·伊曼努尔],210
Mayenne,Charles de Lorraine,Duc de[马延],153
Mazarin,Jules,Cardinal[马扎然,枢机主教],166,205—207

索引 313

Mazzini, Giuseppe [马志尼], 135
Mecca [麦加], 48—49, 50
Medici, Catherine de [卡特琳·德·美第奇], 148, 149, 152
Medici, Giuliano de [朱利亚诺·德·美第奇], 95
Medici, House of [美第奇家族], 91, 98, 187
Medici, Lorenzo de [洛伦佐·德·美第奇], 95
Méhul, Étienne Nicolas [梅羽], 249
Melanchthon, Philip [梅兰希顿], 107, 111, 151
Meletius, Saint [圣麦勒修斯], 42
Menes [美尼斯], 7
Menippus [墨尼波斯], 17
Mercator, Gerhard [格哈特·麦卡托], 137
Metternich, Klemens, Prince von [梅特涅], 276
Michael II [the Stammerer] [口吃的米哈伊尔二世, 拜占庭皇帝], 60
Michelangelo Buonarotti [米开朗琪罗], 99, 207
Middle ages [中世纪], 26—34, 65; 的英格兰, 79—80; 的评价, 34, 64—65
Middle classes [中等阶级], 129, 172, 177, 178
Milton, John [弥尔顿], 208
Miot [米欧特], 272
Mirabeau, Honore Gabriel Riquetti, Comte de [米拉波], 253—254, 260
Mithridates [米特里达梯], 14
Mohammed [穆罕默德], xviii, 48—51, 202
Mohammedism [回教], 49—50, 见 Islam [伊斯兰教]
Molinos, Miguel de [莫利诺], 211
Mommsen, Theodor [特奥多尔·蒙森], 20—21
Monasticism [修院生活], 61
Mongols [蒙古人], 29
Montaigne, Michel Eyquem, Seigneur de [蒙田], 73
Montanism [孟他努主义], 35, 39, 42
Montanus [孟他努], 35
Montesquieu, Charles Louis, Baron de [孟德斯鸠], 247
Montmorency, Constable [蒙莫朗西元帅], 125, 126, 149
Montpensier, Anne Marie Louise d'Orleans, Duchesse de [蒙庞西埃公主], 205
More, Sir Thomas, Saint [圣托马斯·莫尔爵士], 73
Moro, Ludovico il [摩尔人鲁德维克], 93, 97
Moses [摩西], 118
Müller, Johannes von [约翰内斯·冯·穆勒], 274
Münster, Sebastian [明斯特], 111, 137
Münzerism [闵采尔主义], 113, 117
Murad II [穆拉德二世, 素丹], 89
Murillo, Bartolomé Estéban [穆里罗], 207
Murray, James Stuart, 1st Earl of [第一任默里伯爵詹姆士·斯图亚特], 157
Myconius [米可尼乌斯], 118, 119

Nantes, Edict of [南特敕令], 153—154, 208, 211, 213
Napoleon Bonaparte [拿破仑], 94, 176, 234—236, 240, 257, 262, 270, 272—273, 275, 276, 277—278

Nationalism［民族主义］, 225—226, 239—240
Navarre, Henry of［那瓦尔的亨利］, 见 Henry Ⅳ［亨利四世, 法国国王］
Necker, Jacques［内克］, 253
Neri, San Filippo［圣菲利波·聂里］, 153
Nerva［涅尔瓦, 罗马皇帝］, 19, 25
Netherlands［尼德兰］, 见 Holland［荷兰］
Newton, Sir Isaac［牛顿爵士］, 178
Nicene Creed［尼西亚信经］, 40
Nicephorus［尼基弗鲁斯］, 58
Nicholas V［尼古拉斯五世, 教皇］, 95
Nijmegen, Peace of［内伊梅根和约］, 214
Normans［诺曼人］, 57—58
Novatian［诺瓦提安］, 42
Nureddin［努尔丁］, 52

Ochs, Peter［彼得·奥克斯］, 273—274
Oldenbarneveldt, Johan van［奥登巴恩维尔特］, 185
Orange, Maurice of［奥兰治的莫里斯］, 见 Maurice of Orange［奥兰治的莫里斯］
Orange, William of［奥兰治的威廉］, 见 William of Orange［奥兰治的威廉］
Origen［奥利金］, 36
Orleans, Gaston, Duc d'［奥尔良公爵加斯东］, 189, 192, 205, 206, 276
Orleans, House of［奥尔良家族］, 93
Otranto, Duke of［奥特朗托公爵］, 263
Otto［the Great］［奥托大帝, 神圣罗马帝国皇帝］, 58
Ottomans［奥斯曼人］, 73, 89—90, 174

Pachomius, Saint［圣帕克米乌斯］, 143
Paganism［异教］, 35—36, 44—45

Pantaleon of Basel［巴塞尔的潘塔雷］, 137
Papacy［教皇］, 54—55, 63, 75—76, 78, 94—95, 111, 143—144; 的权力, 54
Paracelsus, Philippus Aureolus［帕拉塞尔苏斯］, 137
Paris, Peace of［巴黎和约］, 247
Parlement of Paris［巴黎高等法院］, 204—206
Parliament［English］［英国国会］, 79—80, 157—159, 199—200, 216—217
Patroclus, Saint［圣帕特洛克洛斯］, 37
Paul, Saint［圣保罗］, 40, 43
Paul Ⅲ［保罗三世, 教皇］, 143
Paul Ⅳ［保罗四世, 教皇］, 145, 156, 158
Pauli［泡利］, 81
Paul of Samosata［萨摩萨塔的保罗］, 33, 36—37, 41
Pausanias［帕萨尼亚斯］, 17, 23, 24
Pepin［丕平, 法兰克国王］, 48
Pertinax［柏提那克斯, 罗马皇帝］, 19
Peter, Saint［圣彼得］, 43
Peter the Great, Czar of Russia［彼得大帝, 俄国沙皇］, 167, 175, 219
Petrarch, Francesco［彼得拉克］, 98
Philip Ⅱ［菲利普二世, 西班牙国王］, 94, 126, 143, 145, 146, 149, 151, 152, 155, 165, 183
Philip Ⅱ［Augustus］［菲利普二世, 奥古斯都, 法国国王］, 86
Philip Ⅲ［菲利普三世, 西班牙国王］, 183
Philip Ⅳ［菲利普四世, 西班牙国王］, 183
Philip of Macedon［马其顿的菲利普］, 13

Philip [the Arab] [阿拉伯人菲利普，罗马皇帝], 36
Philip [the Good], of Burgundy [勃艮第的好人菲利普], 85
Phoenicia [腓尼基], 2, 7, 8—9
Piccolomini, Octavio [皮克洛米尼], 196
Pirkheimer, Willibald [皮克尔海默], 113
Pisistradae [庇西特拉图，僭主], 10
Pius Ⅱ [庇护二世，教皇], 95
Pius Ⅳ [庇护四世，教皇], 145
Plantagenet, House of [金雀花家族], 82, 197—198
Poland [波兰], 167, 174, 232
Polis [城邦], 6, 8, 9, 62
Poltrot [波尔特罗], 151
Polybius [波里比乌斯], 13, 24
Pombal, Sebastião, marquês de [蓬巴尔], 248
Pomerania, Duke of [波美拉尼亚大公], 193
Pompeianus [庞培努斯], 见 Pertinax [柏提那克斯]
Portugal [葡萄牙], 99—101, 138—140
Protestantism [新教], 102, 106, 121, 130, 183; 组织的困难, 115; 在法国, 135—136; 改革教义的不宽容, 106—108; 在苏格兰, 156; 在16世纪, 71, 107
Pulci, Luigi [普尔西], 98
Puritanism [清教], 199—200
Pyrrhus [皮洛士], 13, 208

Quinet, Edgar [艾德加·奎奈], 263, 264
Quintilian [昆体良], 96

Rabelais, François [拉伯雷], 73
Radagaisus [拉达盖伊苏斯], 46
Ranke, Leopold von [兰克], xii
Raphael Santi [拉斐尔], 99
Reformation, the [宗教改革], 74, 78, 114, 118, 227; 1526年之后, 118—119; 大众的态度, 110—112; 的开端, 101—103; 对艺术的影响, 119—121; 对天主教会的影响, 121—122, 145—146; 在法国, 147—148; 在德意志, 73—74, 104—106, 116—117; 与各个政权, 112—116; 新教义的不宽容, 106—108; 的"精神自由", 108—110; 在瑞典, 117; 地方教会, 116—118
Reformverein [改革联盟], 111
Rembrandt Harmenszoon van Rijn [伦勃朗], 208
Renaissance, the [文艺复兴], 11, 26, 75, 106, 119
Renan, Ernest [勒南], xv, 31—33, 45
Restitution, Edict of [归还敕令], 194
Retz, Jean François, Cardinal de [枢机主教雷斯], 206
Reuchlin, Johann [罗伊希林], 114
Revolution, Age of [革命时代], 223—226
Richard Ⅱ [理查德二世，英格兰国王], 80
Richard Ⅲ [理查德三世，英格兰国王], 80—82
Richelieu, Armand Jean du Plessis, Duc de, Cardinal [枢机主教黎塞留], 87, 94, 166, 184, 188—192, 193, 206; 与加斯东, 189, 192; 与路易十三, 189; 对西班牙, 189
Richmond, Henry of [里士满的亨利],

见 Henry Ⅶ［亨利七世，英格兰国王］
Rivers, Elizabeth［瑞沃斯］, 80—81
Rizzio, David［里奇约］, 157
Robespierre, Maximilien Marie Isidore［罗伯斯庇尔］, 82, 258, 267—268, 269, 270
Roman Empire［罗马帝国］, 2, 16—25; 的崩溃, 46—47
Roman Law［罗马法］, 18
Romanticism［浪漫主义］, 91
Rome［罗马］, 4, 11—16, 209
Roses, Wars of［玫瑰战争］, 83—84
Rousseau, Jean Jacques［卢梭］, 31, 135, 177, 237, 241, 250, 251, 267
Roussillon［鲁西荣］, 93
Rubens, Peter Paul［鲁本斯］, 207
Rümelin［吕梅林］, 160
Russia［俄国］, 160, 162, 175, 218—220

Saadi［赛阿迪］, 160
Saint-André, Jean Bon［让·邦·圣-安德烈］, 267
Saint Bartholomew's Night［圣巴托罗缪节之夜］, 148—150
Saint Germain, Edict of［圣日耳曼敕令］, 149
Saint Just, Louis de［圣·鞠斯特］, 241, 270
Saints［圣徒］, 37—38
Salmeron, Alfonso［萨默荣］, 143
Savonarola, Girolamo［热罗姆·萨伏那洛拉］, 91
Savoy, House of［萨伏伊家族］, 187
Schiller, Johann Christoph Friedrich von［席勒］, 106, 196
Scholasticism［经院学术］, 96

Schopenhauer, Arthur［叔本华］, 179, 238
Scipio［西庇阿］, 13, 138
Scotland［苏格兰］, 83—84, 155—157
Scythians［斯基泰人］, 1, 5
Sebastian, King of Portugal［塞巴斯提安，葡萄牙国王］, 74, 139
Servetus［塞尔维特］, 134
Seventeenth century［17世纪］, 166, 171—173, 217—218; 的性格, 182—183; 的工业和贸易成长, 175—177; 的思想生活, 177—179; 的文学和艺术, 179—182, 207—208
Seven Years' War［七年战争］, 167
Severus, Septimius［塞普提米乌斯·塞维鲁斯，罗马皇帝］, 19
Severus Alexander［亚历山大·塞维鲁斯，罗马皇帝］, 19, 36
Seymour, Edward［爱德华·西摩尔］, 156
Sforza, House of［斯福扎家族］, 93
Shakespeare, William［威廉·莎士比亚］, 73, 160, 161, 180, 199
Shiism［什叶派教义］, 89
Sidney, Philip［菲利普·西德尼］, 159
Sieyès, Emmanuel Joseph［西耶士］, 254, 263
Sismondi, Jean Charles Léonard Simonde de［西斯蒙第］, 186, 187, 188
Sixteenth century［16世纪］, 66—71, 76—81; 的性格, 172—183, 186; 的思想生活, 72—74
Sleidan, Johannes［斯莱丹］, 137
Spain［西班牙］, 14, 99—101, 127—128, 155, 166—167, 169, 174, 176
Spanish Armada［西班牙舰队］, 154, 158

Spanish Succession, War of［西班牙继承战争］, 94, 169, 174, 214, 217—218, 247
Sparta［斯巴达］, 11
Spenser, Edmund［斯宾塞］, 159
Spinoza, Baruch［斯宾诺莎］, 218
State, the［国家］, 66, 74, 240—243; 与天主教会, 108, 113; 在19世纪的新概念, 225—226, 240—243; 在17和18世纪, 173—175
Stilicho, Flavius［斯提里克］, 46
Strabo［斯特拉波］, 23
Struensee, Johann Friedrich［施特鲁恩西］, 245
Stuart, House of［斯图亚特家族］, 83, 84, 158, 199, 214
Stuart, Mary［玛丽·斯图亚特, 苏格兰的玛丽女王］, 155—157, 158
Stumpf, Johann［斯杜姆普］, 137
Suleiman Ⅱ［苏莱曼二世, 素丹］, 165
Sulla, Lucius Cornelius［路西乌斯·科涅利乌斯·苏拉］, 14
Sully, Maximilien, Duc de［絮利］, 153
Sweden［瑞典］, 117, 166, 167, 173, 208—209
Sybel, Heinrich von［海因里西·冯·西贝尔］, 22, 23, 24, 55
Synodus Dordracena［多德雷赫特宗教会议］, 116, 119

Tacitus［塔西佗］, 4, 41
Taine, Hippolyte Adolphe［泰涅］, 253, 264, 266
Tamerlane［帖木儿］, 28
Tasso, Torquato［托奎托·塔索］, 73, 207
Theodosius the Great［提奥多西大帝］, 60
Theresa, Saint［圣特雷莎］, 73
Third Coalition［第三次反法同盟］, 235
Thirty Tyrants［三十僭主］, 15, 25
Thirty Years' War［三十年战争］, 102, 107, 169, 174, 183, 186, 208
Thomasius, Christian［托马修斯］, 179
Thugut［图古特］, 274
Tigranes［提格累尼斯］, 14
Tilsit, Peace of［提尔西特和约］, 235
Titian［Tiziano Vecellio］［提香］, 99, 207
Tocqueville, Alexis de［托克维尔］, xvii, 252
Toledo, General Francesco［托雷多］, 153
Trade, growth of［贸易增长］, 175—177
Trajan［图拉真, 罗马皇帝］, 15, 24
Treilhard, Jean-Baptiste, Count［特莱拉］, 272
Trent, Council of［特伦特宗教会议］, 142, 144—147
Trogus, Pompeius［特罗古斯·庞培］, 10
Troyes, Treaty of［特鲁瓦条约］, 80
Tschudi, Aegidius［楚迪］, 137
Tudor, House of［都铎家族］, 82, 83, 152, 158, 159
Tuisto［魁士妥］, 5

Urban Ⅱ［乌尔班二世, 教皇］, 63
Urban Ⅷ［乌尔班八世, 教皇］, 183, 190

Valens［瓦伦斯, 罗马皇帝］, 60
Valerian［瓦莱里安, 罗马皇帝］, 36, 43
Valois, House of［瓦卢瓦家族］, 71,

72, 127
Van Dyck, Sir Anthony [凡·代克], 207
Velázquez, Diego [委拉斯贵支], 207
Vervins, Treaty of [《韦尔万和约》], 77, 168, 169
Vesalius, Andreas [维塞利亚斯], 137
Vespasian [韦斯帕芗, 罗马皇帝], 15, 19
Vico, Giambattista [维科], 178
Vienna Concordat [维也纳协议], 89
Villiaumé [维廖默], 258
Virgil [维吉尔], 10, 13, 16, 17
Visconti, Filippo Maria [菲利波·马利亚·维斯孔蒂], 93
Voltaire, François Marie Arouet [伏尔泰], 31, 179, 180, 222

Waldensians [瓦度派], 110
Wallenstein, Albrecht von [瓦伦斯坦], 194, 195—196
Westphalia, Peace of [威斯特伐里亚和约], 209

Wicelius [韦西里乌斯], 114
William I [the Silent] [沉默者威廉, 奥兰治亲王], 73, 154
William Ⅲ [威廉三世, 奥兰治亲王, 英格兰国王], 165, 214, 216, 217, 222
Wolf, Hieronymus [希罗尼姆斯·沃尔夫], 137
Wolsey, Thomas, Cardinal [沃尔西], 129
Woltmann, K.L. [沃特曼], 106

York, House of [约克家族], 80, 81, 82

Zelter [策尔特], 241
Zenobia [季诺碧亚], 33
Zosimus [佐西默斯], 47
Zwingli, Ulrich [茨温利], 111, 116, 117, 120, 122—124, 134